河北省教育厅人文重大攻关课题项目结题成果（ZD202005）

河北中医药强省建设理论与实践研究

孙士江　方新文　主编

北京工业大学出版社

图书在版编目（CIP）数据

河北中医药强省建设理论与实践研究 / 孙士江， 方新文主编． — 北京：北京工业大学出版社， 2022.12
　ISBN 978-7-5639-8383-4

Ⅰ．①河⋯ Ⅱ．①孙⋯ ②方⋯ Ⅲ．①中国医药学—制药工业—产业发展—研究—河北 Ⅳ．① F426.7

中国国家版本馆 CIP 数据核字（2023）第 032943 号

河北中医药强省建设理论与实践研究
HEBEI ZHONGYIYAO QIANGSHENG JIANSHE LILUN YU SHIJIAN YANJIU

主　　编：	孙士江　方新文
责任编辑：	邓梅菡
封面设计：	知更壹点
出版发行：	北京工业大学出版社
	（北京市朝阳区平乐园 100 号　邮编：100124）
	010-67391722（传真）　　bgdcbs@sina.com
经销单位：	全国各地新华书店
承印单位：	北京银宝丰印刷设计有限公司
开　　本：	710 毫米 ×1000 毫米　1/16
印　　张：	19.75
字　　数：	395 千字
版　　次：	2024 年 1 月第 1 版
印　　次：	2024 年 1 月第 1 次印刷
标准书号：	ISBN 978-7-5639-8383-4
定　　价：	96.00 元

版权所有　　翻印必究

（如发现印装质量问题，请寄本社发行部调换 010-67391106）

编委会

主　编：孙士江　方新文
副主编：张　颖　周文平　王贺飞　刘虹伯　孙　萌
编　委：黑雪琴　韩　雪　孙晗冰　苏婧婧　闫　岚
　　　　许晓宇　李兆栋　李定邦　刘　旭　廖文超
　　　　康　鑫　王　伟　武宏玉　王桃喜

前　言

中医药是中华民族的瑰宝，长期以来为中华民族的繁衍生息做出了不可磨灭的贡献，在我国经济社会发展中发挥着越来越重要的作用。随着我国医疗卫生事业的不断深入发展与人民对医疗卫生服务需求的不断增加，中医药越来越受到人们的青睐。进入21世纪以来，我国部分省份从战略高度出发，制定了建设"中医药强省"的策略，全方位推进中医药事业传承发展。随着党中央、国务院不断加强对中医药工作的重视与支持，越来越多的省份提出了建设"中医药强省"的目标。

没有全民健康，就没有全面小康。习近平总书记强调，人民健康是社会文明进步的基础，是民族昌盛和国家富强的重要标志，也是广大人民群众的共同追求。为进一步贯彻落实习近平总书记关于加强人民群众健康工作的重要指示，加快中医药强省建设，河北省中医药事业发展领导小组印发了《河北省中医药发展"十四五"规划》，提出到2025年，河北省中医药高质量发展的体制机制进一步完善；中医药服务体系进一步健全，省级中医医院整体实力跻身全国前列，市级中医医院全部达到三级甲等水平，社区卫生服务中心和乡（镇）卫生院实现国医堂全覆盖并配备中医医师；中医药人才队伍更加壮大，新增国医大师、全国名中医、岐黄学者和省级名中医50人以上；传承创新能力有效提升，建设省级及以上中医药科技创新平台10个以上，建设中医药类科技计划重点研发项目30个以上，中医药与多学科融合创新发展的格局初步形成；中医药产业竞争力明显增强，培育一批绿色道地"冀药"品牌和冀产中药大品种，中药材种植面积达到255万亩（1亩 -666.67 m^2），种植和初加工产值达到500亿元；中医药文化传播和对外交流更为活跃；中医药在服务健康中国、健康河北中的作用充分彰显，中医药强省建设取得显著成效。

党的二十大做出"促进中医药传承创新发展"的重要部署，为指导中医药事业发展，充分发挥中医药文化的特色优势，推动新时代中国特色社会主义文化繁荣兴盛提供了根本遵循。中医药作为打开中华文明宝库的钥匙，承载着民族精神，是传承、弘扬中华优秀传统文化的重要载体，在坚定文化自信，建设社会主义文化强国中发挥着不可替代的作用。河北省作为中医药文化的重要发祥地、发展地和中医药资源大省，始终把"传承精华，守正创新"作为开展各项工作的基本方针，秉持"传承不泥古，创新不离宗"的理念，持续推动中医药和西医药相互补充、协调发展，努力打造中医药事业和产业发展新高地，高质量构建中医药强省新格局。本书分为以下十章。

第一章从习近平总书记对中医药事业发展的系列指示、"健康中国"战略以及构建人类卫生健康共同体三个方面，介绍了河北中医药强省建设的时代背景。习近平总书记关于中医药文化自信、中医药发展目标、中医药发展道路、中医药发展方向的重要指示以及党中央对中医药事业发展的系列决策，为中医药强省建设指明了道路，保证了中医药发展的正确方向。

第二章对中医药强省建设文化与政治属性进行双重考量。中医药具有高度文化敏感性，我国中医药文化发展已有数千年历史，中医药强省建设也是一个文化建设问题。中医药强省建设是现代化国家发展的内在要求，中医药发展由党和政府政策引导，因而也有政治属性。

第三章从中医药强省建设的总体情况与指标体系两方面展现了中医药强省建设"群雄逐鹿"的竞争格局。党中央、国务院对中医药发展进行部署，广东、四川、吉林、湖南等重点省份积极响应中医药强省建设的号召，随着党中央对中医药工作的重视，越来越多的省份加入中医药强省建设行列。

第四章阐述了河北中医药强省建设的发展历程。首先指出河北省具有深厚的中医药历史文化底蕴，燕赵大地名医辈出，具有深厚的历史积淀；其次介绍了河北省近年来启动与推进中医药强省建设的系列举措；最后从工作满意度、中医药事业从事意愿、福利待遇等方面阐述了河北中医药领域从业者的职业生存状况，反映出医护人员具有较大的发展潜力。

第五章为河北中医药强省建设实践之人才培养，主要培养医学生对中医药文化的认同；学习中医经典，培养中医优秀品格，提升人文素养；构建符合中国医药特点的人才培养模式，使中医药的师承教育与院校教育有效结合。

第六章为河北中医药强省建设实践之保健服务。首先说明中医药保健服务源于人民对中医药健康服务的高度需求；其次从当前我国面临的诸多健康问题以及人口老龄化问题出发阐述了中医药保健服务的特色、优势和独特价值；最后阐明了河北中医药保健服务的现状，并对从多个方面加快推进中医药保健服务高质量发展进行了论述。

第七章为河北中医药强省建设实践之医疗服务。随着我国对公共卫生越来越重视，中医医疗的优势日益凸显，中医全人医疗与中医精准医疗是顺应社会发展趋势的医疗服务模式，但河北中医医疗卫生资源与兄弟省份相比仍然存在一定差距。通过对河北中医医疗机构服务能力提升的个案分析以及中医名家成长经历回顾获得启示，着力提升医疗服务能力。

第八章为河北中医药强省建设实践之科技创新。主要阐述中医药科技创新的优势、中医药创新的要义，通过分析河北中医药科技的现状，推动中医药技术创新、体制机制创新、临床创新、多维度迭代创新，形成管理新闭环；加强中医药产业创新发展，加强多元化中医药创新人才培养，加快推进大健康医药产业发展。

第九章为河北中医药强省建设实践之产业发展。首先指出了河北中医药产业发展取得的政策层面和产业层面的成果；其次分析了河北中医药产业的优势与劣势；最后借鉴广东省中医药发展经验助推河北中医药产业发展，制定中医药产业发展策略。

第十章为河北中医药强省建设实践之中医药文化传承与发展。中医药强省建设要传承与弘扬中医药文化，要培育中医药文化核心价值观，将中医药文化教育融入国民教育体系，让中医药文化回归生活、回归大众，实现燕赵中医药文化的创造性转化、创新性发展，讲好"燕赵中医药故事"，推动河北中医药建设成果的分享与传播。

本书从河北中医药强省建设的时代背景、属性考量、其他省份中医药强省建设实践经验、河北中医药强省建设优势与劣势等方面进行集中论述，对河北中医药强省建设实践的人才培养、保健服务、医疗服务、科技创新、产业发展、中医药文化传承与发展进行论述，旨在加强对河北中医药强省建设的理论与实践研究，提升各方面的医疗服务能力。希望本书的出版能够为河北中医药强省建设以及中医药事业的进一步发展提供有效的理论与实践支撑。

孙士江　方新文

2022 年 6 月

目 录

第一章 河北中医药强省建设的时代背景 ·············· 1
 第一节 习近平总书记对中医药事业的关爱和匡扶 ·············· 1
 第二节 "健康中国"战略对中医药发展的期待 ·············· 8
 第三节 构建人类卫生健康共同体生动实践的召唤 ·············· 15

第二章 对中医药强省建设文化与政治属性的双重考量 ·············· 20
 第一节 中医药强省建设的文化属性 ·············· 20
 第二节 中医药强省建设的政治属性 ·············· 35

第三章 中医药强省建设"群雄逐鹿"的竞争格局 ·············· 40
 第一节 中医药强省建设的总体情况 ·············· 40
 第二节 中医药强省建设的指标体系 ·············· 53

第四章 河北中医药强省建设：自我超越的历史性命题 ·············· 59
 第一节 河北中医药的历史积淀 ·············· 59
 第二节 河北中医药强省建设的启动与推进 ·············· 66
 第三节 河北中医药领域从业者职业生存状况 ·············· 73

第五章 河北中医药强省建设实践：人才培养 ·············· 81
 第一节 中医药人才培养的基础性任务：培育中医药文化认同 ·············· 81
 第二节 中医药人才的成长基础：与经典"对话" ·············· 83

第三节　中医药文化对人才的规训与教化 ················· 88
第四节　构建符合中医药特点的人才培养模式 ············· 97

第六章　河北中医药强省建设实践：保健服务 ··············· 112
第一节　中医药保健服务：中国人生活的高度中医药化 ······· 112
第二节　中医药保健服务应对现代人健康风险的独特价值 ····· 119
第三节　中医药保健服务的经济价值 ····················· 129
第四节　河北中医药保健服务的现状 ····················· 137
第五节　河北中医药保健服务高质量发展 ················· 145

第七章　河北中医药强省建设实践：医疗服务 ··············· 153
第一节　现代医学新趋势下中医医疗服务优势凸显 ········· 153
第二节　河北与其他省份中医医疗卫生资源配置对比 ······· 165
第三节　河北中医医疗机构服务能力提升的个案分析：河北省中医院 ··· 175
第四节　中医名家成长经历简述及启示 ··················· 187

第八章　河北中医药强省建设实践：科技创新 ··············· 199
第一节　中医药科技创新的优势 ························· 199
第二节　中医药创新的要义 ····························· 206
第三节　河北中医药科技的现状 ························· 210
第四节　河北中医药科技创新的持续推进 ················· 214

第九章　河北中医药强省建设实践：产业发展 ··············· 227
第一节　河北中医药产业发展的阶段性成果 ··············· 227
第二节　河北中医药产业竞争力判断 ····················· 234

第三节 河北中医药产业发展的"他山之石" ········ 243

第四节 河北中医药产业的发展策略 ········ 253

第十章 河北中医药强省建设实践：中医药文化传承与发展 ········ 261

第一节 中医药强省建设的核心：全民精神建构 ········ 261

第二节 燕赵中医药文化的创造性转化、创新性发展 ········ 274

第三节 河北中医药建设成果的分享与传播：讲好燕赵中医药故事 ········ 290

参考文献 ········ 302

第一章 河北中医药强省建设的时代背景

第一节 习近平总书记对中医药事业的关爱和匡扶

习近平总书记在治国实践中秉持中国共产党支持和鼓励中医药发展的优良传统,在系列讲话中多次谈及发展中医药事业的重要国家战略❶,就中医药的定位、性质、发展方向、发展目标及发展原则都做过重要指示及论述,这既是习近平新时代中国特色社会主义思想的重要组成部分,也为我国新阶段中医药事业的发展指明了方向。从历史角度而言,中医药文化与我国传统文化的命运在传承过程中保持一致,屡次遭遇"合法性危机"及"文化不自信"的情况。习近平总书记关于中医药文化的系列重要论述在国家战略层面上将对中医药的认识提升到了新的高度,在客观层面上消弭了所谓的"中医存废之争",为中医药的生存发展赢得了空间和时机。因此,我国中医药事业需要在新时期按照习近平总书记的重要指示把中医药这一我国优秀历史瑰宝继承好、发展好、利用好。

一、习近平总书记对中医药工作的重要指示

习近平总书记对中医药事业发展的重要论述涉及的内容丰富且领域广泛,因此需要先对其进行系统梳理,并将这些论述统一界定为以习近平同志为核心的党中央为重振我国中医药事业所做出的一系列思想指示和发展要求,包括中医药文化自信、中医药发展目标、中医药发展道路、中医药发展方向等。

(一)在中医药文化自信上,要深刻认识中医药的发展地位及时代价值

习近平总书记指出,中医药学凝聚着深邃的哲学智慧和中华民族几千年的健

---

❶ 张洪雷,邱宗江.习近平中医文化重要论述对高等中医院校思想政治理论教育的启示[J].中国中医药现代远程教育,2019,17(14):1-4.

康养生理念及其实践经验，是中国古代科学的瑰宝，也是打开中华文明宝库的钥匙。在促进文明互鉴、维护人民健康等方面，中医药是杰出代表，发挥着重要作用。因此，我们应该深刻领会和认识到中医药的历史地位和时代价值。这些重要论述深刻阐释了中医药的历史价值、文化内涵及现实作用，是坚定民族自信、文化自信的重要力量及理论来源，有利于树立起对中国传统文化特别是对中医药文化的自信心，从而增强传承和创新发展中医药事业的底气和动力。

我国是世界四大文明古国之一，而中医药凝聚了我国儒道释等各家之长，全面吸收了我国劳动人民在实践中总结出来的天文、地理、人文等各类知识及智慧，并在几千年的运用过程中不断完善，从而形成了独具特色的系统化的健康养生和防病治病的中医药发展体系，同时也是中华文明思维方式的集中体现，彰显了中华民族的历史文化核心价值。习近平总书记对中医药文化的科学定位在一定程度上是对当前中医药"文化不自信"的一种根本性的回击和正名，在很大程度上为我国高等中医药院校的发展及中医从业人员注入了文化信心和国家力量的精神支持。

（二）在中医药发展目标上，要深刻认识中医药在防病治病中的独特优势

习近平总书记指出，坚持中西医并重，推动中医药和西医药相互补充、协调发展；发挥中医药在治未病、重大疾病治疗、疾病康复中的重要作用；努力实现中医药健康养生文化的创造性转化、创新性发展，使之与现代健康理念相融相通，服务于人民健康[1]；中医药副作用小，疗效好，中草药价格相对便宜。这些重要论述阐明了中医药与西医药的关系，彰显了中医药在维护人民健康、促进中国特色卫生健康事业发展中的重要作用。2021年5月习近平总书记在参观河南南阳中医药企业时强调，过去中华民族几千年都是靠中医药治病救人。特别是经过抗击非典型肺炎、新冠肺炎等重大传染病疫情之后，我们对中医药在防病治病中的独特优势有了更加深刻的认识。

---

[1] 谢舟.徐特立健康观及其当代价值［D］.湘潭：湘潭大学，2017.

（三）在中医药发展道路上，要深刻认识规律，守正创新

从历史上来看，中华民族屡经天灾、战乱和瘟疫，却能一次次转危为安，人口不断增加，文明得以传承至今，充分彰显了中医药的重大历史及现实贡献。中医药学是我国各族人民在长期生产生活实践中以及与疾病做斗争中，逐步形成并不断发展的医学科学。特别是在与疫病斗争中创作的《伤寒杂病论》《温病条辨》《温疫论》等经典著作，已然形成较为完备的、系统的、独特的防病治病的理法方药理论体系。我国首位诺贝尔医学奖得主屠呦呦从葛洪的《肘后备急方》中汲取灵感发现了青蒿素，通过对青蒿素的深入研发开创了疟疾治疗新方法，挽救了全球数百万人的生命。对此，习近平总书记在致中国中医科学院成立60周年贺信中特别指出，以屠呦呦研究员为代表的一代代中医人才，辛勤耕耘，屡建功勋，为发展中医药事业、造福人类健康作出了重要贡献❶。2017年诺贝尔医学奖在基因层面对生物节律的研究与我国中医经典《黄帝内经》开篇所言的"食饮有节，起居有常，不妄作劳，故能形与神俱……"等思想内涵相符合。与此同时，中医药在应对病毒性呼吸道传染病，如治疗重症急性呼吸综合征（SARS）、甲型H1N1流感和新冠肺炎等方面取得了明显成效，为应对新发突发传染病积累了丰富经验、独特理论、技术体系和经典方药。

习近平总书记指出，要遵循中医药发展规律，传承精华，守正创新；建立健全中医药法规体系，建立健全促进中医药发展的政策体系，建立健全中医药管理体系，建立健全适合中医药发展的评价体系、标准体系；用开放包容的心态促进传统医学和现代医学融合，为增进人类健康、改善全球卫生治理做出更大贡献。这些重要论述着眼于人类健康，始终坚持正确的问题导向、鲜明的目标导向，为我们在新时代传承创新发展中医药事业开出了一剂标本兼治、综合施策的良方。

（四）在中医药发展方向上，要深刻认识并走好新时代中医药高质量发展道路

习近平总书记对当前中医药事业发展的形势进行了客观、全面、正确的论断，他指出，当前中医药振兴发展迎来了天时地利人和的大好时机。而在发展主

---

❶ 孙小杰. 健康中国战略的理论建构与实践路径研究［D］. 长春：吉林大学，2018.

体的选择上，习近平总书记指出，广大中医药工作者要系统推进中医药现代化，推动中医药走向世界，切实把中医药这一祖先留给我们的宝贵遗产发扬光大。这一重要指示不仅指出了我国中医药工作者在新时代的重要历史使命，还为我国高等中医药院校指明了发展道路和人才培养方向。为走好新时代中医药高质量发展道路，习近平总书记指示要推动中医药事业和产业高质量发展，推动中医药走向世界，充分发挥中医药防病治病的独特优势和作用，为建设健康中国、实现中华民族伟大复兴中国梦贡献力量。

二、以习近平同志为核心的党中央对中医药事业发展的决策

（一）中医药发展战略规划纲要明确中医药工作重点

为促进中医药事业健康发展，2016年2月22日国务院印发的《中医药发展战略规划纲要（2016—2030年）》（以下简称《纲要》），明确了未来十五年我国中医药事业发展的方向和工作重点。《纲要》指出，要认真落实党的十八大和十八届二中、三中、四中、五中全会精神，深入贯彻习近平总书记系列重要讲话精神，紧紧围绕"四个全面"战略布局和党中央、国务院决策部署，牢固树立创新、协调、绿色、开放、共享发展理念，坚持中西医并重，从思想认识、法律地位、学术发展与实践运用上落实中医药与西医药的平等地位，充分遵循中医药自身发展规律，以推进继承创新为主题❶，以提高中医药发展水平为中心，以完善符合中医药特点的管理体制和政策机制为重点，以增进和维护人民群众健康为目标，拓展中医药服务领域，促进中西医结合，发挥中医药在促进卫生、经济、科技、文化和生态文明发展中的独特作用。

（二）中医药法为中医药事业发展提供法律保障

2016年12月25日，中华人民共和国第十二届全国人民代表大会常务委员会第二十五次会议通过《中华人民共和国中医药法》（中华人民共和国主席令 第五十九号），该法于2017年7月1日正式实施。通过立法继承和弘扬中医药，为

---

❶ 重庆市卫生和计划生育委员会. 重庆卫生和计划生育年鉴：2017卷［M］. 北京：中国统计出版社，2017.

我国中医药事业的发展提供了重要的法律保障❶。在其总则中对中医药给予了明确定义，即包括汉族和少数民族医药在内的我国各族医药的统称，是反映中华民族对生命、健康和疾病的认识，具有悠久历史传统和独特理论及技术方法的医药学体系❷。总则规定了中医药事业是我国医药卫生事业的重要组成部分，我国大力发展中医药事业，实行中西医并重的方针，建立符合中医药特点的管理制度，充分发挥中医药在我国医药卫生事业中的作用。同时，总则也明确指出发展中医药事业应当遵循中医药发展规律，坚持继承和创新相结合，保持和发挥中医药特色和优势，运用现代科学技术，促进中医药理论和实践的发展。在中医和西医的关系上，也明确鼓励中医西医互相学习，相互补充，协调发展，发挥各自优势促进中西医结合。《中华人民共和国中医药法》为我国中医药事业的发展打下了坚实的制度基础，对我国深化医药卫生体制改革具有重要的指导意义，对依法保障和促进中医药事业的健康发展以及促进健康中国建设具有深远影响。

（三）配套政策促进中医药发展落到实处

为认真落实习近平总书记关于中医药工作的重要论述，促进中医药传承创新发展，2019年10月20日，中共中央、国务院发布《中共中央 国务院关于促进中医药传承创新发展的意见》，其中指出中医药是中华民族的伟大创造，为中华民族繁衍生息作出了巨大贡献，对世界文明进步产生了积极影响。党和政府高度重视中医药工作，特别是党的十八大以来，以习近平同志为核心的党中央把中医药工作放在更加突出的位置，中医药改革发展取得显著成绩。同时也要看到，中西医并重方针仍需全面落实，遵循中医药规律的治理体系亟待健全，中医药发展基础和人才建设还比较薄弱，中药材质量良莠不齐，中医药传承不足、创新不够、作用发挥不充分等问题突出。该文件针对以上问题提出了六大配套举措：

第一，健全中医药服务体系。加强中医药服务机构建设，建立健全体现中医药特点的服务体系和现代医院管理制度；筑牢基层中医药服务阵地，鼓励实行中

---

❶ 中国药学会药事管理专业委员会.中国医药卫生改革与发展相关文件汇编2016～2017年［M］.北京：中国医药科技出版社，2017.

❷ 董竞成."中医"作为学科概念的变迁过程及意义［J］.人民论坛·学术前沿，2018（17）：7.

医药人员"县管乡用";以信息化支撑服务体系建设,实施"互联网＋中医药健康服务"行动。

第二,发挥中医药在维护和促进人民健康中的独特作用。加强中医优势专科和中医药循证医学中心建设,开展中西医协同攻关,彰显中医药在疾病治疗中的优势;强化中医药在疾病预防中的作用,推广体现中医治未病理念的健康生活和工作方式;发展中国特色康复医学,提升中医药特色康复能力。

第三,大力推动中药质量提升和产业高质量发展。加强中药材质量控制,修订中药材生产质量管理规范,探索制定实施中药材生产质量管理规范的激励政策;促进中药饮片和中成药质量提升,加快修订《中华人民共和国药典》中药标准(一部),并探索建立以临床价值为导向的评估路径,综合运用循证医学等方法,加大中成药上市后评价工作力度,促进中药产业结构调整升级;既要改革完善中药注册管理,建立健全符合中医药特点的中药安全、疗效评价方法和技术标准,又要加强中药质量安全监管,落实责任,建立多部门协同机制。

第四,加强中医药人才队伍建设。首先,改革人才培养模式,强化中医思维培养,调整优化学科专业结构;其次,优化人才成长途径,通过重大科研平台建设等,培养一批高水平中医临床人才及跨学科的中医药高层次人才;最后,健全人才评价激励机制,建立健全医护人员保障激励机制。贯彻落实习近平总书记在全国卫生与健康大会上提出的"两个允许",即允许医疗卫生机构突破现行事业单位工资调控水平、允许医疗服务收入扣除成本并按规定提取各项基金后主要用于人员奖励,同时实现同岗同薪同待遇,激发广大医务人员的活力。在改善医疗供给体系的进程中,放宽"以人为本"的思维界域,将合理满足医疗服务机构和医疗服务人员利益诉求纳入"以人为本"的考量范畴,形成新的富有活力并可持续的医疗服务生态系统。

第五,促进中医药传承与开放创新发展。积极推进中医药博物馆事业发展,将中医药文化贯穿全民文化教育始终,使促进中医药发展成为群众的共识;同时要加快推进中医药科研和创新。

第六,改革完善中医药管理体制机制。逐步完善中医药价格和医保政策,建立持续稳定的中医药发展多元投入机制；进一步健全中医药管理体制，完善中医药工作协调跨部门机制等。

到2020年，实现人人基本享有中医药服务，实现中医医疗、保健、科研、疾病防治、教育、文化等领域全面协调发展，进一步提高中医药标准化、信息化、产业化及现代化水平，要提升中医药服务能力，拓宽中医药的服务领域。到2030年，进一步提升中医药治理体系和治理能力的现代化水平，实现服务领域全覆盖，在治未病和重大疾病的防治中发挥重要的先发优势[1]，同时，在疾病康复中发挥中医药的独特优势，提高中医药工业智能化水平，进而提升其在我国社会经济发展中的比例，通过打造高水平的中医药人才队伍，提升我国中医药的科技水平和临床运用水平，为建设健康中国奠定坚实的基础。

（四）河北省各级政府积极响应并落实中医药发展政策

2021年河北省积极响应党中央、国务院的一系列中医药发展政策，乘势而上，全面开启中医高质量发展[2]，深入贯彻习近平总书记关于中医药的重要论述，全面落实省内医改工作、中医药健康促进工作以及京津冀中医药协同发展等举措，力图开创中医药高质量发展格局。一方面，要全面加强中医药应急能力建设，系统总结中医药在疫情中的使用经验，提炼和总结中医药发展在基层的有益经验并进行推广。同时要提升中医院的综合应急能力，尤其是针对传染病防治的河北省各个中医院，要补足其软硬件设施，并且要根据国家的要求高标准建设医疗救助和应急工作队伍。另一方面，河北省内各中医院要提升医院管理能力和综合服务能力，把质量和安全放在首位。质控中心要积极开展业务指导和质量提升专项工作，做到早发现问题早解决。夯实中医院的基础设施建设，不断培育省内重点专科和中医特色专科。此外，加强"三大体系"建设。首先，加强中医特色人才培养体系建设，大力支持河北中医院校的发展，并推动其进行教育改革，以临床应用为主加快中医药人才培养；其次，加强河北省中医科研创新体系建设，

---

[1] 杨柳.中国科学技术发展战略研究院副研究员张俊祥：中医作用当病前主导病中协同病后核心[N].中国中医药报，2016-09-15（4）.

[2] 黄亚博.传承精华 守正创新 江苏省中医药学科发展综合报告（续完）[J].江苏中医药，2020，52（2）：1—11.

助力中医药现代化产业化发展，开展全省范围内特别是燕赵医学的中医资料收集和整理工作，并在中药配方颗粒等省内优势项目上加大投入力度，构建质量控制体系；最后，加强中医药监管治理体系建设，提升省内中医药治理能力，并积极配合相关部门组织《河北省中医药条例》的调研及论证工作，在全省范围内加大行业监管力度，认真开展绩效管理工作。通过上述措施进一步提高河北省中医药事业综合持续发展能力。

（五）依托"一带一路"建设，世界共享中国中医药经验

2016年12月26日，国家中医药管理局、国家发展和改革委员会联合印发的《中医药"一带一路"发展规划（2016—2020年）》向世界传达了致力于共享来自中国的中医药经验智慧的信号。经过各级政府的努力，中医药医疗与养生保健的价值被"一带一路"沿线民众广泛认可，更多沿线国家承认中医药的法律地位，中医药沿线合作实现更大范围、更高水平、更深层次的大开放、大交流、大融合，并成为近200个国家和地区合作交流的项目。2021年12月31日，国家中医药管理局推进"一带一路"建设工作领导小组办公室印发的《推进中医药高质量融入共建"一带一路"发展规划（2021—2025年）》，在全面总结"十三五"期间中医药参与共建"一带一路"取得的积极进展的基础上，制定"十四五"期间中医药"一带一路"发展规划，展望2035年中医药高质量融入共建"一带一路"的基本格局。

第二节 "健康中国"战略对中医药发展的期待

一、"健康中国"的基本内涵

中国作为一个发展中的人口大国，随着人口老龄化的加剧，我国要面临比发达国家及其他发展中国家更为复杂的健康威胁，而健康需求始终关乎我国人民群众的核心利益和切身需要。国内学者从不同的角度研究"健康中国"问题，其研究架构全面覆盖健康环境、不同社会人群及相关产业等，并且更加重视公共卫生领域，将预防视为健康防护的前置关口，将有限的健康卫生资源用于引导人民群众养成健康的生活方式❶。同时，要在医疗卫生方面实现工作重点的转变，即从重视疾病的治疗转变为重视健康的维护，从解决看病难、看病贵的问题转向少生病不生病的健康水平的全面提升。为此，医疗专家组总结提出"健康中国"的基本内涵包括健康环境、健康国民、健康全覆盖三个方面，而且将卫生工作的主要阵地定位在基层和社区。"健康中国"作为一个系统概念和长期工程，其目的是为华夏儿女的身体健康保驾护航，因此，不仅应涵盖疾病预防、医疗保健、生态环保、食品安全等卫生要素，还应综合考量体育、文化、心理健康及公共安全等其他要素，并逐步完善从中央到地方的行之有效的管理体系，打造涵盖我国城市、农村及不同区域，具有不同特征，符合不同需求的全民健康素质提升路径。

二、"健康中国"战略的发展脉络

近年来，以习近平同志为核心的党中央高度重视国家卫生健康事业的发展，将"健康中国"提升到国家战略高度，成为指引中国医疗卫生事业发展的具有全局性、战略性和长期性的宏伟蓝图和行动纲领。人类个体的能力是最重要的社会资源，而健康是能力得以维持的前提。健康是生产力，健康对人力资本、企业竞争力、国家经济发展、社会稳定具有越来越重要的作用。在当代，健康是考核国家经济、社会综合发展的一个指标，其中，人均寿命是衡量国家及地区经济社会发展水平及民生水平的基础指标，国家卫生健康委员会的数据显示，我国2019年居民人均寿命达到77.3岁，比2015年的数据整体提升1岁。近四十年来，随着我国医疗卫生服务改革的深入，医疗卫生资源不断丰富，人民群众对医疗资源的可及性和获得感大幅提升，同时我国医疗卫生事业整体向好发展，构建起世界上覆盖人口最多的全民基础医疗保障体系。

我国自2015年起颁布了一系列政策措施，有力地促进了"健康中国"战略的实现。2015年3月，"健康中国"首次被写入政府工作报告；2016年习近平总

---

❶ 汤大朋，马新飞，倪菲菲，等."健康中国"背景下中医药服务能力的内涵构成及提升路径对策[J].中国卫生事业管理，2019，36（3）：198-200.

书记在全国卫生与健康大会上提出要把人民健康放在优先发展的战略地位,要顺应民生需求,对实施"健康中国"战略首次做出全面部署。在同年10月,中共中央、国务院印发的《"健康中国2030"规划纲要》指出,健康是促进人的全面发展的必然要求,是社会经济发展的基础条件,也是全国各族人民的共同愿望。党的十八届五中全会提出推进健康中国建设,从"五位一体"总体布局和"四个全面"战略布局出发,将"健康中国"战略上升为国家战略,为保障人民健康做出了明确的制度性安排,为未来15年的健康中国建设指明了方向。党的十九大报告将健康中国建设作为国家战略实施,进一步确立了人民健康在党和政府工作中的重要地位。习近平总书记指出:"推进健康中国建设,是我们党对人民的郑重承诺。"这一事关人民健康福祉的发展战略将人民健康作为民族昌盛和国家富强的标志[1]。2019年国务院印发具体的行动指导文件《国务院关于实施健康中国行动的意见》,同时中央牵头成立健康中国行动推进委员会,并配套出台《健康中国行动组织实施和考核方案》。国家要围绕疾病预防和健康促进两大核心开展15个重大专项行动,促进以治病为中心向以人民健康为中心的转变,"健康中国行动"有了清晰的路线图,并纳入地方政绩考核,政府各部门从全局视角统筹开展"健康中国"工作,为"健康中国"战略的实施、评估调整、改进完善打下了良好的基础。

三、"健康中国"战略与中医药的关系

2021年5月,习近平总书记到河南南阳的医圣祠进行调研时再次强调中医药学包含中华民族几千年来的健康理念及经验,这对于我国现阶段建设"健康中国"具有深远的意义。

(一)中医药是健康中国建设的主阵地

治未病作为中医药最突出的特色,从影响健康因素的前端入手契合了健康中国的基本要求和重要思想。中医药在历史发展中形成了治未病全生命周期的健康服务和理念体系,有利于号召人民群众养成健康的饮食习惯、生活习惯,从源头上减缓部分疾病发生,特别是在预防瘟疫方面具有先发优势。因此,发挥中医药

---

[1] 李惠玲,贺家红.论新时代马克思主义护理观:基于健康中国建设的哲学思考[J].科学大众(科学教育),2018(3):179-180.

治未病在疾病预防和治疗中的协同作用，有利于为人民提供全周期、全方位、多样性、个性化的健康卫生服务。

（二）"健康中国"战略与中医药服务相辅相成

如何让医疗资源深入基层切实服务人民群众，是"健康中国"战略的重要议题之一。中医药在我国有深厚的群众基础和较高的文化共识，在构建覆盖全民的医疗卫生体系中，中医药服务体系占据了重要地位。2016年2月国务院印发的《中医药发展战略规划纲要（2016—2030年）》提出，到2020年，实现人人基本享有中医药服务，中药工业总产值占医药工业总产值30%以上[1]，每千人口公立中医类医院床位数达到0.55张，每千人口卫生机构中医执业类（助理）医师数达到0.4人；到2030年，中医药治理体系和治理能力现代化水平显著提升，中医药服务领域实现全覆盖，基本形成一支由百名国医大师、万名中医名师、百万中医师、千万职业技能人员组成的中医药人才队伍。2016年10月我国中医药管理局等部门联合下发的《基层中医药服务能力提升工程"十三五"行动计划》提出，到2020年，基层中医服务能力上一个新的台阶，基层医疗卫生机构中医诊疗量占基层医疗卫生机构诊疗总量比例力争达到30%，所有社区卫生服务机构、乡镇卫生院和70%的村卫生室具备中医药服务能力[2]；85%以上的社区卫生服务中心和70%以上的乡镇卫生院设立中医馆、国医堂等中医综合服务区；其中100%的县级妇幼健康服务机构、100%的社区卫生服务站能够提供中医药服务，基本实现城乡每万居民有0.4～0.6名合格的中医类别全科医生，培养县乡村中医临床技术骨干1.5万名，每个县级中医医院要建设1～2个基层名老中医药专家传承工作室。中医药在全民医疗卫生体系中的健康服务能力不断增强，实现了"健康中国"战略与中医药服务的相辅相成，提高了城乡居民对中医药服务的获得感和满意度。

---

[1] 马欢. X公司产品市场竞争与企业现金流风险关系的案例研究[D]. 哈尔滨：哈尔滨商业大学，2017.

[2] 中国药学会药事管理专业委员会. 中国医药卫生改革与发展相关文件汇编：2005年度[M]. 北京：中国医药科技出版社，2006.

（三）"健康中国"战略对中医药文化传播的重要价值

中医药文化是继承和创新中医药理论与实践的源泉，是我国优秀文化和历史精神的集中体现，展现了中医学对生命健康问题的价值观念、认知思维和人文精神。倡导和强调全民健康是中医药文化体系的精神内涵，这与"健康中国"的目标及内涵是一致的，而弘扬中医药文化可借助"健康中国"的政策东风，积极发挥其在健康生活中的重要作用，为构建"健康中国"提供最基础的世界观及方法论借鉴。例如，中医药所倡导的"道法自然""天人合一"等思想以及五禽戏、太极拳等保健运动都与"健康中国"理念有深度的融合，也进一步推动了中医药文化的复兴和"健康中国"战略的实施。通过借助网络及移动信息技术等多种形式、多种媒介、多种维度进行中医药文化传播，在人民群众中普及中医药文化价值及生活方式，潜移默化地影响和引导人民群众践行健康的饮食方式及生活方式，提升全民健康水平，进而更好地推进"健康中国"战略的落实。

（四）中医药在我国医疗改革中具有独特价值

当今社会，随着医疗卫生体制改革进入深水区，困扰百姓的"看病贵""看病难"等问题成为社会关注的焦点，中医药作为中华民族的传统医药，自古具有"简便验廉"的特殊属性，其倡导以健康的生活方式发挥独特的治未病作用，在很大程度上可以为当前的医疗困难提供行之有效的解决方案，党和国家高度重视中医药的传承创新和新时代下的卫生服务能力，在多重因素的影响下中医药在我国的医疗卫生服务体系中的地位日益提升。2017 年随着互联网＋中医药领域的结合，各类中医药移动端产品及在线问诊产品呈现出爆发式增长，为中医药在广泛和深入服务基层方面提供了更为有力的技术抓手。目前我国已经将中医药书刊影像、中医药文化产品及中医药博物馆等融入"健康中国"体系，在国家的大力支持下，中医药文化产业正在蓬勃发展。例如，横跨全国的"中医中药中国行"活动成功举办超 4 万场，受益群众超过 1700 万人次；在全国范围内建设了 300 多个国家级和省级中医药文化宣传教育基地，并结合人民群众喜闻乐见的形式开发了丰富多样的中医健康类科普文化产品，得到了群众的广泛认可和一致好评。

四、中医药产业在"健康中国"建设中的作用

"健康中国"建设旨在提升人民的健康水平,充分发挥中医药产业促进"健康中国"建设的积极作用,全方位、全周期维护和保障人民群众的身体健康。

(一)中医药为建设"健康中国"提供有效的路径

根据我国产业信息网公布的关于2011—2017年中医药产值和2011—2016年的大健康产业数据,可以看出中医药产业和大健康产业呈显著的正相关关系,也就是说中医药产业能够明显带动大健康产业的发展,为实现"健康中国"提供了切实可行的路径支持。中医药的首要价值在于保证和提高人类的健康水平,而中医药作为我国特色的健康卫生医疗资源,具有广泛的适用性和深厚的文化认知及共识,为我国广大民众所认可。在"健康中国"战略的推动下,我国对中医医疗卫生资源的需求也在持续快速增长,现有数据表明,目前我国95%以上的基层医疗卫生机构均能为群众提供基础的中医药服务,同时国家在危重疑难疾病诊疗能力的提升上也进一步加强了对中医药资源的倾斜和中医从业人员的培养,从而充分发挥中医药产业在提升人民健康水平上的推动作用,在建设"健康中国"方面发挥固有优势。

同时,我们也要看到中医药在健康养老中的优势作用。中医药的理念方法及技术,可以为老年人提供从心理保健到身体改善的一整套增进健康的服务模式,是我国应对日益严峻的人口老龄化问题的重要突破口。例如,关于实施网格化养老的具体建议中,就突出了中医药的理念方法及技术对我国为老年人提供优质的养老服务所发挥的重要作用,体现在康养、护理领域具备天然优势的中医医疗机构,进一步完善医联体综合服务体系,实现医疗机构与基层养老机构的纵向资源流动,为老年人提供优质的医疗、养护、康养等专业服务,加快建设医养、康养相结合的养老服务体系,从而为老年人提供优质的养老服务。中医药经过临床证明,在健康养老方面具有减少疾病,有效遏制恶性疾病、控制慢性疾病及提高老年群体的生存质量等不可比拟的优势,而这对于减少医疗支出、缓解社会医疗压力、建设"健康中国"具有长远意义。

（二）中医药产业链优化"健康中国"系统工程

中医药以其绿色生态、原创优势突出、产业链长、促进消费作用明显的特点，为供给侧结构性改革提供了新的经济增长点。《中共中央 国务院关于促进中医药传承创新发展的意见》中提出要进一步延长中医药的产业链及健全上下游产业，通过发展中医药产业提供大量的就业机会，从而推动相关产业经济效益的增长。目前，我国中药生物资源的种植面积已经超过240万公顷（1公顷=10000 m^2），为中医药产业发展提供了坚实的物质基础，而结合中医药天然的生态价值和经济价值，可以有针对性地实现精准扶贫，并帮助当地农民创收增收。例如，河北武安加大技术、信息、涉农资金整合等方面的帮扶力度，探索出了"龙头企业+专业合作社+农户"的中药材种植经营模式，有效推动了当地中药材种植产业的良性发展。与此同时，我们也要看到中医药产业仍然存在环境破坏问题，如在运用中产生的废渣、废水等废弃物仍然有90%以上未经过无害化处理就直接以填埋或焚烧等方式进入环境，同时在药材种植过程中也存在违规使用化肥农药等现象，从而导致当地生态环境的恶化。因此，我们必须深刻理解建设"健康中国"是一个系统化工程，必须处理好人民健康与环境效益、经济利益的关系，认清短期利益和长期利益的关系，从而有序地在满足人民群众的健康需求的同时盘活区域经济，发挥提高人民健康水平和经济发展水平的双向促进作用，从而实现健康中国的建设目标。

（三）发挥中医药提升全民健康素质的基础性作用

国内外公认提升健康素质是实现全民健康的最经济、最有效的策略。就个体而言，健康素质较高的人慢性疾病的发病概率往往较低，这是源于其良好的自我健康保护意识和生活方式。而中医药治未病的突出优势可以有效帮助人们培养自我健康管理能力，这一健康理念在人民群众中具有广泛而深入的群众基础，因此政府可以充分发挥中医药在健康文化传播中潜移默化的作用，并营造覆盖全社会的健康养生文化氛围，让人民群众随时随地感受到中医健康文化的号召，时刻注意自身的健康状况，从而不断提升自己的健康水平。与此同时，中医药在养生保健上具有治未病的专长，尤其是在食疗药膳及保健药品的口服保健、推拿、针灸、刮痧等服务保健，以及八段锦、易筋经、太极拳等运动保健类的健康养生疗法上，可帮助人们调理体质，强健体魄，增强抵抗力。因此，不断优化和强化中医预防和治疗疾病的方式方法，发挥中医所长，和西医的治疗方法形成有效补充，可以有效提升全民健康素质，降低疾病的发生率。

第三节 构建人类卫生健康共同体生动实践的召唤

一、构建人类卫生健康共同体的背景

2020年5月，习近平总书记在第73届世界卫生大会视频会议开幕式上发表了题为"团结合作战胜疫情，共同构建人类卫生健康共同体"的重要讲话，呼吁国际社会共同佑护各国人民生命和健康，共同佑护人类共同的地球家园，共同构建人类卫生健康共同体。2021年5月，习近平总书记在全球健康峰会上发表了题为"携手共建人类卫生健康共同体"的重要讲话，呼吁二十国集团成员要坚定不移地推进抗疫国际合作，共同推动构建人类卫生健康共同体，共同守护人类健康美好未来。

在新冠肺炎疫情面前，更加让我们意识到人类的命运是一个共同体，习近平总书记在多个外交场合承诺，中国将秉持构建人类命运共同体的理念，既对本国人民的生命安全和身体健康负责，也对全球公共卫生事业尽责，积极开展广泛的国际合作，并为出现疫情扩散的国家提供力所能及的援助，呼吁国际社会对防疫薄弱的国家和地区提供帮助。习近平总书记不仅呼吁各国在疫情联控上加强合作，还强调在后疫情时代，各国需要同舟共济、团结抗疫，提振国际社会的信心，既要兼顾当下和长远，也要统筹国内效应和全球影响。习近平总书记关于坚持中西医并重、中西医结合的指示精神对战胜新冠肺炎疫情起到了重要作用，扩大了新时代中医药的吸引力和影响力，为人类卫生健康共同体建设贡献中国智慧、提供中国方案。

二、构建人类卫生健康共同体的依据

（一）构建人类卫生健康共同体的现实依据

目前我国正处于国际地位不断提高的重要历史发展机遇期。党的十九大以来，习近平总书记提出我国正逢"百年未有之大变局"，世界经济重心的转移趋势和世界政治多极化的发展格局，潜移默化地影响着我国的国际地位，而此时提出构建人类卫生健康共同体，不仅为世界疫情防控提供了重要解决方案，还是中国坚持多边主义与积极承担国际责任的重要体现。与此同时，新冠肺炎疫情给人类的公共卫生安全带来了威胁与挑战，而且大部分国家的应对措施及应对经验不足，导致疫情的影响更为严重且持久。此外，疫情的传播是不分国界和边界的，这就要求世界各国必须联手防控，才能够合理有效地应对疫情的恶化，因此，构建和完善全球公共卫生治理体系是紧迫且必要的，基于此，习近平总书记提出的构建人类卫生健康共同体具有深刻的国内外现实意义，也是应对全球公共卫生危机的必由之路。

（二）构建人类卫生健康共同体的历史依据

从全球政治及卫生治理的发展沿革来看，构建人类卫生健康共同体是历史发展的必然趋势，而这一趋势的核心就是国际合作。全球化的推进在一定程度上导致了全球公共卫生的恶化，可能会直接引发跨境的公共卫生危机，同时，我们可以看到，国际社会同舟共济、团结抗疫才是应对新冠肺炎疫情的大势所趋，目前国家间的经济、政治、文化交流日益密切，只有团结协作才能应对人类共同的卫生危机。

（三）构建人类卫生健康共同体的理论依据

首先，风险社会理论指出经济全球化发展必然会增加风险的全球传播，同时会带来一系列的潜在后果，因此经济全球化下的国际社会必然是一个全球的风险社会，在此背景下，人类必须以整体性共识及共同体意识去应对全球性风险，而新冠肺炎等疫情的传播恰好给予其实例证明，在全球健康危机的背景下，人类必须构建公共的应对机制来抵抗全球风险。其次，共同利益理论指出人类生命安全及身体健康是最基础的全球性共同利益，构建人类卫生健康共同体符合维护世界共同利益的基本要求，因此，加强国际合作是利人利己的。再次，全球健康理论提出全球化的深入必然会推动个性化健康问题的全球化，全球化导致的潜在社会经济因素变化及人口流动、环境变化等都会在一定程度上影响或重塑全球的健康环境，而其中任何一个因素在任一国家或地区发生变化都可能会深刻影响全球的公共卫生状况。全球卫生健康关注的是全球范围内的健康公平性及健康影响因素，因此从宏观上来看，构建人类卫生健康公共体的参与者是各国政府及公民自身，因而任何国家及个人都无法独善其身。最后，全球正义理论认为个人权利和社会福利、发达国家及发展中国家、代内及代际要创设一种平衡，这是出于对人类权利的尊重和对正义的考虑。习近平总书记所倡导的构建人类卫生健康共同体，正是寻求全球正义的具体体现。

（四）构建人类卫生健康共同体是构建人类命运共同体的实践

必须看到的是，人类卫生健康共同体不是一个孤立的概念和理论，它源于丰富的实践经验，而且是构建人类命运共同体的重要实践延伸。在新冠肺炎疫情的背景下，不仅考验各国的协同能力，还在一定程度上促进人类对构建人类命运共同体的积极探索，在宏观层面上有利于增进人类对命运共同体理念的共识和价值的认知。

三、中医药在构建人类卫生健康共同体中的价值

中医药凝聚着中国几千年的养生智慧及经过临床实践证明的具有确切疗效的健康养生理念，发挥中医药的独特优势，推进中医药现代化，推动中医药走向世界，可以为人类卫生健康共同体建设提供重要启示。因此，在增进人类健康和改善全球公共卫生治理上中医药可以做出重要贡献。

（一）中医药全球运用的普适性

医学本来就是一个具有普世一致性的领域，不同医学体系的目标相同，坚持的原则也相同。目前全世界面临非传染性慢性病和重大突发传染病的双重挑战，中医药对解决当代人类健康领域面临的困难具有重大意义和不可替代的作用。一

方面，在健康生产中，生活方式占60%，医疗服务只占10%，从以疾病治疗为主转向以预防和健康管理为主，已成为当今世界的共识，中国传统医学"不治已病治未病"的理念显示出历久弥新的当代价值。另一方面，在公共卫生问题面前，世界各国真正到了命运休戚与共、相互依赖的时刻。中医药全面介入、深度地参与新冠肺炎救治工作是这次抗击疫情中的一大亮点。发展中医药学不仅能够促进世界医学事业的发展，用中国办法保护人类生命安全和身体健康，还为正确处理传统医学与现代医学之间的关系提供了"中国模式"。

（二）中医药走向世界是历史的传承

中医药文化早在秦汉时期就已对外传播，唐朝高僧鉴真为日本带去的除了佛学还有中医学；在11世纪，中医药物就出现在阿拉伯著名的医学典籍《医典》中；明朝郑和下西洋，对外进行了大量的中医药材的输出；我国著名的医书《本草纲目》在17世纪就远传到日本及欧洲等地，成为当时国际重要的科学研究文献，被达尔文誉为"中国十六世纪的百科全书"。新中国成立后，世界掀起了中医热潮，中医药一直是我国对外文化交流和国际合作交流的重要纽带和载体。而这一历史文化传统与构建人类卫生健康共同体的理念不谋而合，同时也是中国历史文化对世界文化多样性的重要贡献。

（三）中医药效果国际公认，逐步进入国际医药体系

在国家相关部门的大力推动下，中医药逐步与国际接轨，逐步进入国际医药体系，在俄罗斯、古巴、越南、新加坡、阿联酋等国家可以见到成品的中药药品[1]。我国药学家屠呦呦从东晋葛洪的《肘后备急方》中得到启发，发现了青蒿素并引入复合疗法，成为国际卫生组织推荐的首选抗击疟疾的方案，屠呦呦因此获得了2015年的诺贝尔生理学或医学奖，这是国际社会对中医药疗效的首肯。2016年，我国药企自主研发的中成药复方丹参滴丸正式获得美国食品药品监督管理局三期临床试验的认可，这是全球首例完成三期随机双盲及大规模皮肤试验而

---

[1] 余世琪. 中国对东盟国家中成药出口的影响因素研究 [D]. 北京：北京中医药大学，2018.

上市的复方中药，打破了西方市场被化学药品和生物制药垄断的格局。

同时，中医药在治疗危急重症方面的作用为世界所瞩目，美国、日本、英国等国积极与我国开展中医药的研发与生产项目合作。此外，中医的治疗手段逐步为世界所接受，例如，针灸在镇痛和止吐方面的功效已经被美国国立卫生研究院通过科学实验和临床医疗得到证实，截至目前，已经有100多个国家认可使用针灸疗法，而中医的艾灸疗法及拔罐疗法也为国际友人所青睐。同时，中医药的理念被国际社会认可，并形成了新的生活方式和潮流，尤其是"治未病""天人合一""与自然和谐相处"等养生保健及个体化诊疗思想，正在走出国门，走进各国民众的日常生活。

第二章　对中医药强省建设文化与政治属性的双重考量

中医药强省建设在当前的"健康中国"战略背景下呈现百舸争流之势，这个命题源于历史，实践在当下，面向未来，是审视和解读中国人生存状态和精神面貌的一个"全息点"。把握中医药强省承载之复杂、理路之多维不仅是躬身实践的重要条件和基础，还是建设的第一步。

第一节　中医药强省建设的文化属性

中医药具有高度文化敏感性，它与文化的关系是相互的。它的特定表现一定能从所处的社会文化环境中找到缘由，无可避免，有些社会文化现象也是源于中医药的客观存在和实际影响。中医药强省建设首先是一个文化建设问题。

一、中医药强省建设：文化比较中凸显的命题

（一）中国传统文化在与西方文化比较中的式微

在漫长的前工业社会，人们在空间上位移的能力和信息传递技术水平有限，地理上的阻隔使每一种文化发育的环境都较为封闭，于是各民族都如美国著名经济学家乔纳森·弗里德曼（Jonatan Friedman）所言，在传统上，我们把我们的"家"所在的地方称为世界的中心❶。人类各群体相互隔绝，日常生活以及其中的价值、伦理均按照自身的逻辑各自展开，在与异质文化相遇、比较甚至冲突之前，都不约而同地界定着生活世界的普遍性，形成独立而完备的解释系统，即民族文化。正如

---

❶ 弗里德曼. 文化认同与全球性过程［M］. 郭建如, 译. 北京：商务印书馆, 2003.

张旭东先生所言，每一种文化，在其原初的自我认识上，都是普遍性文化❶。一种文化之所以是特殊的、具体存在的文化，恰恰是因其为追求普遍性而做出了贡献，唯有在比较境遇中文化特殊性才能获得现实性。客观地讲，各种文化所选择和采取的生活"路向"不同，彼此都有从对方获得助益的可能性。事实上，在人类历史上，异质文化的交流渗透是最为常见的现象，在社会变迁、文明前行中有不可磨灭的推动作用。

现代性的历史条件前所未有地把人类紧密连接在一起，促成了多样性文化的相遇、相识，世界步入尼采（Nietzsche）所说的"比较的时代"。从理想层面讲，在"比较的时代"，各方文化主体有了在观察众多"他者"中感受文化多样性、文化特殊性的机会，也得以在与"他者"的比较中全面观察"镜中之我"，进行自我认识、判断，并在借鉴、吸纳异域文化优秀元素中自我完善，建立起真正的交往关系。但事实上，近代以来全球文明的汇合由西方引发、推动，西方文化与包括中国文化在内的其他文化在此次历史性汇合中的境况悬殊。西方在经济领域中提升生产效率的科学技术、高效组织管理等方面的巨大优势使政治、文化、思想活动变成了第二性的、受经济逻辑支配的活动，浓厚的自我中心主义情结使其将自身发展路径及其意义的特殊性作为普遍性的客观历史进程强加于他人。德国社会学家马克斯·韦伯（Max Werber）则将资本主义这种世界文明的"理想类型"归结为西方特有的精神文化气质。人类必须先获得文明的一切要素，然后才能进入文明状态。平心而论，西方文明是吸收了古代文明中一切有价值的东西才有近现代的辉煌，与之前的文化交集不同，西方的文化优越感有坚船利炮、声光化电作为载体和工具，具有很强的压迫性和破坏力。

现代科学诞生于西方，给予现代人改变世界的巨大可能。西方文化在其历史构成和现实表现上极为复杂多元，但对古老文化最具威胁的是其以科技为主导的部分，也预示着一个以科学与技术为基底的价值信仰系统将重新排列人类文明间的关系。

任何一个民族对自己的文化故乡都会带有深厚的情感，哪怕持"感情的中立"态度都极为不易。上层和精英阶层处于传统文化的核心位置，相较于一般民

---

❶ 张旭东. 全球化时代的文化认同［M］. 上海：上海人民出版社，2021.

众对传统文化的认同感更为牢固，本是对异质文化排斥力最强的社会力量，而当这个主导中国发展走向的群体把西方文化作为重整的方向甚至作为他们思想主流的选择时，中国人思想颠覆之烈度和幅度可见一斑。中国人一向是讲求"法祖"、尊重"传统"、依赖"经验"的，以往的历史、旧有的知识尽管还是我们重建中国社会时所必须参考的，但已不能构成全面重建社会的充足条件了。在这种情形之下，我们才被迫开始了一连串向西方文化学习的运动，如戊戌变法和新文化运动，尽管国人对西方文化之含义之了解有深浅高低之别，但反复荡涤着作为自己"主调体系"的儒家文化传统。中国传统文化在与西方文化的比较中呈现式微趋势。

（二）在中西文化比较中中国传统医学的命运跌宕

人类的生存需要是文化创造的永恒动力。疾病对人类的普遍威胁与巨大破坏性，使护佑生命健康的医学成为任何文化的绝对性构成要件，如在中国传统文化母体中生发、绵延至今的中国传统医学。

从词源学角度来讲，背景（context）的拉丁语词根"con"的意思是"在一起"，"textere"则代表"加入、编织或者编成辫子"。"背景"之于实践则意味着连贯性，其"真"或"好"均相对于其所处的特殊文化群落或政治背景而言。一方面，医学是与文化深度交织的综合体，中国传统医学护佑中华民族从远古走来，唯有将其经验积累、总结乃至理论体系置于文化背景中才能准确定义和全面理解。另一方面，与其他科学技术门类相比，医学总是深深植根于特定的社会土壤，更顽强地保持着发源地的民族文化特质，受强大文化力量的支配。不同地域发祥的医学在漫长的历史进程中就是族群心目中医学的全部，"中医""西医""印度医"等均为不同文化归属的医学相遇时加以区别的称谓，彼此之间的差异是在比较中才得以凸显出来的医学特殊性的面貌，其命运必然与其所属文化母体保持高度一致。

从人类学角度来讲，无论医学在哪里发祥，均为人类追求健康的共同需求所驱使。故从无可比拟的普遍一致性的角度来讲，分属于不同文化类型的医学间相互借鉴具有足够的动力，医学确实是在相互学习和借鉴中跋涉至今。只要能够吸取他人的经验,获取诊断、救治病人的新方法,距离并不是障碍。因此,西医和中医同为护佑人类健康的文明成果,它们本不是非此即彼的关系,接纳、提倡西医并不代表要否定中医。可以说,二者的相遇、相知甚至相互借鉴实属必然,是对医学世界自身发展逻辑的诠释。在这里,人类对健康的经常性需求起到减少彼此敌意和排斥力的作用,近现代良好的技术条件恰恰为这种沟通的实现提供了助力。

从文化人类学角度来讲,医学是异质文化较早接触和交流的部分,也是文化间最具代表性的交往领域。西医和中医是在不同历史条件下发展起来的医疗体系,体现东西方两种文化的根本特征,西医东传是一道特殊的文化景观。文化的表层部分即处理实际问题的经验、知识和技术,其"有用""有效"最容易互相发现、比较乃至移植和借用。一套医学体系能否被人们接受,取决于其突出的工具特点,即医疗手段是否有效。因此,西医东渐在初始阶段并无武力作为后盾,中医学与西医学从整体而言并不对立或对抗,属于常态的文化接触传播。社会大众并不视西医为侵略威胁,有无疗效才是他们最关心的。不仅中国康熙皇帝是通过见识西药的效力而对西方传教士心生好感,西医在民间被接受也是因为传教士济世救人,能满足民生需求。同时,中国人尤其具有直观崇信医疗效果的特点,对西医背后的基督信仰可以存而不论,治愈疾病就能有效消除人们对西医的偏见和戒备。正如潘骏猷❶为嘉约翰(John Glasgow Kerr)的《内科全书》作序所言,余诚不敢谓西医之学,驾于中国神圣之上,然其术往往有施之立效者。显而易见,较之在思想转轨、文化转型乃至政权更迭方面发力的精英文化,民众则在日常生活中悄然进行着物质文明的选择、交流和拓展。如余英时先生所言,文化问题的发生,必然先于人们对它的注意,中西文化的问题自然也无从例外。早在我们还没有讨论中西文化如何求配合之前,这两者事实上已经在不断的接触中逐渐地融合了。当然,文化是一个整体,在文化接触中一定有一个从表层到深层从而系统性改变的过程。贯穿医学体系的理念以及技术应用所依赖的社会体制属于深层次的文化,相互共存和融合较为困难,但医疗手段的有效性客观上能逐渐改变

---

❶ 何小莲.西医东渐与文化调适[M].上海:上海古籍出版社,2006.

人们的思想观念，对接纳、移植文化核心部分起到铺垫作用。正如葛兆光教授在《中国思想史》中所言，知识储备是思想接受的前提，知识的变动是思想变动的先兆。正是由于西医多在中医无能为力之处有"新出之法"，它渐为中国人认可和接受，且日渐"喧宾夺主"成为主流医学模式。用杨念群教授的话来说："当西医的第一把刀切入中国人的身体时，它就变成了一个'现代性事件'"❶。显而易见，在接受西方医学这个问题上精英文化与世俗文化具有同频共振的优势。

西方世界的霸权冲击是我国经济、社会、政治、文化等全方位转型的关键性启动因素。事实上，没有哪一个时期的历史比近代中国历史更能诠释文化与医学的密切关系。中国传统医学在其文化母体受到猛烈冲击时，无法身处巨大的波澜之外，它是中国传统文化近现代命运的缩影。法国哲学家孔德（Comte）把人类精神发展概括为神学阶段（虚构的认识）、形而上学阶段（抽象的思辨）和科学阶段（实证的知识）三个依次递进的阶段。自然科学是最稳固的知识典范（胡适语）、"科学"为万能的知识来源（丁文江语）是在中国具有代表性的同义表达。这个知识进化表述归根结底是一种价值判断，在这个价值序列中，西医和中医的文化归属决定了它们在根本上是"新"与"旧"之别。

一个社会系统回应外来文化挑战不外乎两种表现：一种是"病态"的抱残守缺或放弃传统的全盘接受，对应本位文化论和全盘西化论；另一种是在摆脱传统束缚的基础上吸收外来文化新质，表现出综合异质文化乃至生成新文化特质的创造力。虽然对西方文化的病态反应不足以将绵延几千年的中医连根拔起，但近代以来中国医学领域内中医在西医的攻城略地中一路退缩至丧失主导地位是事实，甚至有人将中医走向现代的历程描述为"衰落史"。从人类学角度来看，"文化遗失"和"文化退隐"是异质文化比较和选择中的正常现象。但中国传统医学的一路式微并不是因为其在防病治病方面乏善可陈而退出历史舞台，而是在中国丧失文化主体性的大背景下中医承受的挤压，尚不属于理性层面的优胜劣汰。为中国传统医学正名，一方面，要寄希望于为科学祛魅，这是现代性反思的题中之义。要知道，真正的文化就存在于科学的有限性、文字的有限性、语言的有限性之

---

❶ 杨念群. 再造"病人"：中西医冲突下的空间政治：1832～1985 [M]. 北京：中国人民大学出版社，2006.

外。另一方面，中医的问题归根结底是中国文化问题，作为文化利器的西方医学不是通过"扩散"而是作为摧毁中国传统医学的一种力量进入中国的，只要中国在西方文化面前的创造性文化态度不够坚定，"中医存废之争"就无望平息，中医自证其身的命题和困扰必或隐或现挥之不去。

（三）中医药强省建设是中国文化自信的新时代表达

1. 中国走向现代化是中国文化主体性的重构历程

文化的确变动不居，但没有任何一个民族可以一夕之间尽弃其文化传统而重新开始。在人类历史上，民族间的互动总是基于各自的社会特殊性和历史传统，在新的环境条件下对社会存在的形式进行变革和创新，又不失与众不同的特征。事实上，中国面对西方文化冲击或被动或主动地求变、求新，仍然是在自身特有的文化逻辑中展开，或者说是将西方打动我们、能够移植的部分融入生活。正如《论传统》一书作者希尔斯（Shils）先生所言，每一代人都毫不例外地活在过去的掌心中。人类社会具有不可抗拒的历史继承性，不管哪一代人多么富有想象力、创造力，真正出自他们的文化成果一定在他们所使用的文化成果中仅占很小的比例，更多的则是历史传递给他们的。无论在愿望上如何决绝地要重新开始，哪怕极尽破坏、摧毁之能事，都无法使所有的历史遗产丧失殆尽。如美国人类学家克拉克洪（Kluckhohn）所言，一个社会要想从它以往的文化中完全解放出来是根本不可想象的事。设想以统一的速度抛弃所有昔日的事物，那从根本上不合乎社会的本质和规律，也就绝无实现的可能。在现代科技的强烈冲击下，每一个民族都必然经历一个"传统"与"现代"互相碰撞的阶段，特定的文化传统都有其特殊的"现代化"问题。换句话说，无论缓变还是剧变，历史、传统都是不可或缺的根基，因此，不会在价值取向方面完全以西方文化为依归。用英国哲学家维特根斯坦（Wittgenstein）的"家族相似"观点来说，在共识性的现代性家族里，各成员由于历史经验、现实情境以及对现代性的理解等不同，没有一个家族所有成员的共同特征，但总有一些最基本的特征为大部分成员所共同拥有。也就是说，现代性势必呈现出既趋同又有差异的多元现代性特征。就中国而言，现代化并非如最早遭遇西方文化冲击的激进知识分子所想象的那般，简单地认同、模仿欧美国家，亦非主客间"冲击—反应"的单向过程。它既是古老的历史在新时代的骤然断裂，又是这一历史在以往的传统中的悄然延续。中国的历史文化固然给现代化的发展带来了众多负面的抗拒效应，但毋庸置疑的是，推动社会变迁的某些要素也是在中国自身的传统根基中提炼、转换而来的。将"现代化"和"西化"简单地等同，首先是一个认识上的错误，其次是现实上的不可能。在人类发展史中，一个民族总是依据本民族的社会特殊性和历史传统与来自国际环境的外部影响和作用进行互动，对社会存在的形式进行变革和创新，从而使这个民族的社会形态呈现出与众不同的特征。如果强求脱离文化传统的基础去求变求新，往往会招致创伤，最终不免痛定思痛地开展文化回归。

英国哲学家罗素（Russell）曾在《西方哲学史》一书中呼吁东西文化之交流，这种交流以东方与西方间政治尤其是文化平等为前提条件。在他看来，西方仅为世界之一部分，西方人以西欧文化代表世界文化的文化优越感极为狭隘、偏颇。东西文化各有其面目，各有其贡献。罗素先生的观点在其所处的时代能让东西方都认为言之有理，尤其让中国人能理性地评估自己文化的分量以及对中西方文化有一个客观的比较，是一件特别不现实的事情。罗素先生在访学时对中国人有应"保存国粹"的坦诚表述，竟遭到"进步的中国人"的抵制、责难。胡适先生笃信中国万事不如西人，竟然不肯与罗素先生谋一面之缘，其所说"无缘"实际上是"无心"。每当社会面临重大转型的时候，走在十字路口需要选择方向，文化就成为普遍关注的热点问题，每当思想危机降临时，中国激进的知识分子总是表现出一种激烈的反传统倾向。但中国人在反复荡涤自己的传统后发现，中国走向现代化可以超越历史到某一程度或某一部分，但不可能超越其全部。用习近平总书记的话来说："没有中华五千年文明，哪有我们今天的成功道路。"任何人都不可能完成不信仰之事，故迈向进步最重要的先决条件是澄清进步的本质，如余英时先生所言，不管我们是否愿意，我们都必须试着决定真正文明的本质。对于任何文化而言，真正的进步一定是保持着鲜明主体性的自我完善，绝不是丧失区别于他者的独特面孔。在西方文化的冲击下，中国的求新求变实际上是求生存、求延续，但在这个过程中无论吸收多少西方元素，新与变都是朝向一个更好的自己而不是成为别人的复制品。一方面，传统文化的意义取决于我们在多大程度上成为世界史的主体而不是客体。另一方面，一个独立的文化政治主体必然依照自身生活世界的逻辑发展，而不是作别自己的历史去接受、迎合任何普遍性指标。因此，中国的现代化不应该仅是一种与西方趋同的时间性赶超，其文化转型也不只是克服古老文化的惰性与弊病，融入世界性的欧美现代文明的浪潮之中，尽管中国人的认识曾经一度徘徊于这种线性的时间叙事。中国文化的自我提升和丰富过程，是以独立的个体积极奉献与参与，以在时间向度上的现代化以及在空间向度上的世界化诠释进步之于中国的内涵。

在求生存、求富强的过程中确认和强化自己的文化身份，是中国人20世纪未竟之事，自然成为正在走向世界中央的21世纪中国人心中的大事。中国人真正实现文化回归和站立验证了一个命题：文化自信与国家强大、民族独立密不可分，文化是综合国力的重要组成部分。中国坚定不移地改革开放，实际上是中华民族在新的历史条件下对自身文明结构的重新塑造。中国全面融入经济全球化进程，成为世界历史进程的积极参与者，在特定的历史文化视野中对现代化的价值取向和模式进行最适合自身的选择，能够主动而积极地汲取他人之长，在生产方式或工艺技术方面不断缩小与发达国家的差距，在国家经济实力提升的同时并未失去文明本位。中国人在实现民族复兴的伟大征程中对西方文化的态度日渐理性、成熟，深刻而一致地认识到自己的文化传统才是发展现代化事业的宝贵资源，这是中华民族在现代化进程中被激活的文化自觉。显然，走中国特色社会主义道路才能实现符合中国民情、国情的现代化，这样的现代化才是中国人真正受益、发自内心喜欢的现代化。在从站起来到富起来进而强起来的进步节奏中，"中国模式"获得前所未有的影响力和话语权，这是中国人文化自信的实践源泉。

2. 中国传统文化在应对和解决现代性问题中凸显其优越性

现代人经常以文明人自居，这种自信和界定文明的基本依据是人类在科学技术方面的进步以及其支撑的工业文明。当现代性像压路机一般碾过世界的每个角落，其弊端也从思想家的忧虑、理论家的文字成为现代人生活中的现实境况。如吉登斯（Giddens）在《现代性的后果》中所言，人类进入了一个"反射性的现代化"的社会，生活环境越来越多地成为自己行动的产物，而很多行动是在应付自己造成的风险和机遇。事实上，一种文化能不能成为人类普遍的文化取决于其品质、实用的程度、提供非宰制人的自由与促进生活的能力❶。随着现代化的弊端越来越多地暴露出来，一方面，表明西方文化远非为人类解决所有问题、具有普遍意义的完美类型；另一方面，中国传统文化对于削弱现代性负面效果的意义体现出来。著名哲学家、思想家梁漱溟称中国文化是一种早熟的文化，免不掉一个自我标榜的嫌疑，但西方人反思现代性时屡屡到东方文化中汲取智慧则说明此"超前性"的客观存在。英国哲学家汤因比（Toynbee）❷认为，21世纪是中国人的世纪，因为，中国文化在很多方面具有普适价值，包括中华民族的经验、中华民族的世界精神、儒家的人道主义、对宇宙的神秘性的敏感、与自然保持协调而生存的信念、敢于向西方挑战的勇气。《再看西方》的作者美国哲学家史蒂芬·罗（Stephen C.Rowe）在为复兴西方思虑时也把希望寄托在对东方文化的汲取上，他说："我发现，这种复兴西方的取向使我能比以前更诚恳、更深入地吸取东方思想的深刻内涵。"❸真正好的文化不但是自己认为好，一定是别人也觉得好。中国文化能为解决世界性问题提供参考，这是中国人文化自信的有力支撑。

二、中医药强省的文化建设要旨

中医药强省建设在根本意义上是构建一个文化空间，具有涵养精神面貌的价值和效能。人们的日常生活细节体现着中医文化的逻辑与智慧，甚至人生设计与价值追求都不乏对中医文化的借鉴与发扬。中医药强省即为"弘道于民""明道于心"的中医真义长袖善舞之地。

（一）生活世界的中医养生文化底色

健康毫无疑问是生命最大的福祉和所有其他福祉的基础，它为各种实践提供充分的可能性，人类生命过程中所发生的一切都可以以此得到解释。从

---

❶ 成中英.从中西互释中挺立：中国哲学与中国文化的新定位［M］.北京：中国人民大学出版社，2005.

❷ 汤因比，池田大作.展望二十一世纪［M］.荀春生，朱继征，陈国梁，译.北京：国际文化出版公司，1985.

❸ 罗.再看西方［M］.林泽铨，刘景联，译.上海：上海译文出版社，1998.

存在论角度来讲,健康是一种日用而自知、和谐的生命状态,不仅其自身包括生物的、心理的、社会的等立体组合,而且影响健康的众多要素交织于生活世界的方方面面,接近其全部真相实属不易。尤其是在现代人类享受着没有最发达只有更发达的物质文明时,生命健康的风险因素更加复杂多变,人们对健康的追求愈发强烈,医学对健康的关照需要定位在生活世界内。但是在当代社会,人们习惯在以疾病为定位的生物医学框架内关注生命健康,将医疗体系等同于健康体系,认为医疗行业和健康教育计划倡导的疾病预防行动之产品即在应对全部的健康需求,健康研究自始就陷于"不健康"的视域,健康维护与促进处于长期被遗忘的境地。面对这种只关注疾病而忽视健康的简约化向度,美国哲学家伊凡·伊里奇(Ivan Illich)曾经大声疾呼:"现代医学通过疼痛、疾病、衰老和死亡等个人命运中的苦难和宿命全面转变为技术问题(一切健康问题都是技术问题),事实上剥夺了人类以传统(身心抚慰)方式应对自身健康问题的权利和潜能,这种技术主义的医疗观已成为新的健康危机的源泉。"❶因此,人类健康利益需要医学将关注重点转向健康促进方面。

中国传统医学有言:"医者,易也。"在中医视野中的是实存的人,即在变动不居的物质世界和复杂的生活世界中活生生的人,人的生命健康不是偏离健康的疾病及其思维的逻辑与实践起点,典型表述为"不治已病治未病"(《黄帝内经》)。显然,相较于通过视觉延伸直面疾病真相、锁定因果关系并有的放矢的现代西方医学,中国传统医学更加贴近医学的"人学"本质。在这一点上,中医的"超前"是显而易见的,也就是说其具有对医学发展方向的前瞻性。当然,将对人生命关注的关口前移意味着一个远比关注疾病要宏大的叙事和与之相应的艰辛指数。用陈平教授的话来说:"中国人的运气不太好,一上来就是处理复杂的生物和化学现象,从复杂到复杂,所以总在主观内心去'悟'。西方人却幸运地从简单的问题开始,从简单到复杂。"事实上,中国传统医学与西方临床医学具有各自的优势与短板,西医的"短平快"为中医所不及,但是以悬置一定的复杂性

---

❶ 布拉克斯特.健康是什么[M].王一方,徐凌云,译.北京:当代中国出版社,2011.

为代价的。悬置是一种方法、一种态度，但消灭不了事实本身，复杂性永远需要被观察、被应对。所谓中国传统医学"运气不太好"的一面恰是其泽被中华民族今天能够造福人类的独到优势，以中医养生文化为其重要体现，以至于习近平总书记在全国卫生与健康大会上专门强调"努力实现中医药健康养生文化的创造性转化、创新性发展"。

文化本是要保存人的，中医养生文化"为人"的一面更为突出，它是医学生活化和生活医学化的合体。一方面，中医养生之道归根结底是好的生活经验，贴近和关照上自人格修养，下至起居饮食、衣食住行的生活大问题和小细节。另一方面，中医养生文化又反哺生活，至今各种养生方法有数千种之多，大体上有调摄精神、气功、导引、按摩、药膳、药茶、药浴、房室养生、琴棋书画、旅游远足等门类，是保全生命健康价值诉求的有效传递。中医药强省会把更多的关注、资源放在中医养生文化建设方面，男女老少在人生的每个阶段都将享受到中医养生文化的泽被，生活世界的面貌将变得大不一样。

1. 养成健康的生活方式

健康是一种受多种因素共同影响由个体体验的生命状态，社会如何分配教育和专家资源、如何调节经济与就业以及如何为弱势群体、贫困人口提供救助都会影响到健康，导致群体间的健康差异，个体间的健康差异则与生活习惯、生活方式具有高度相关性。在国际公认的影响健康的决定因素中，生活方式占到60%，远超过遗传、医疗、环境因素。在当代人类疾病谱系中，心脑血管疾病、癌症、慢性呼吸系统疾病、糖尿病等慢性非传染性疾病导致的死亡人数占总死亡人数的88%，导致的疾病负担占疾病总负担的70%以上，而这些疾病与不健康的生活方式密切相关。借用托马斯·阿贝尔（Thomas Abel）的观点，健康的生活方式是指群体中的个体，为了回应经济、文化和社会环境的要求所采取的"与健康相关的态度、价值和行为模式"，涉及食物、锻炼、休闲、个人卫生、事故风险、应对压力、吸烟、酒精和药物使用等诸多判断与实际选择[1]。现代医学突出的科学技术倾向导致人们常常把健康希望寄托在医院、医生身上。实际上，医生常常是在

---

[1] 德吕勒.健康与社会：健康问题的社会塑造[M].王鲲，译.南京：译林出版社，2009.

做亡羊补牢的努力,其成本之高不言而喻,而从良好的生活方式这个源头有所作为才是投入最少、产出最大的健康保障思路。据专业人士估算,预防与治疗脑血管疾病的费用比为1∶400。如果说一种生活方式的传播是生活在既定条件下的人的相对失落导致的,那么发展中医养生文化的必要性在于解决人们在日常生活中健康意识和知识的欠缺、健康资源的匮乏乃至健康责任的淡漠等问题。也就是说,防病于未然对社会来讲是为公众营造更有利于增进健康的生活环境,提供更具可及性的健康服务;对个体来讲,则是明确自我对健康的责任,自觉履行健康义务,能够自由地体验和谐的生命状态。

2. 培养健全的人格

人的生命是生命的最高形式,是生物性与精神性的高度统一。中医养生之"生"指向人生命的全部,它不是外在于人的、在历史中自动发生作用的非人格力量,而是从改变人们对生活细节中健康的认识,到引导人们自觉调整的行为,其运行的内在表现主要是人们心态的改变和思维方式、价值取向的形成,在逐渐稳定的生活习惯中收获和谐的生命体验,并积淀成熟的、健全的人格特征。正如瑞士心理学家荣格(Jung)所言,一切文化都会沉淀为人格。其一,正确认识和处理人与自然的关系;其二,正确处理人与社会的关系;其三,正确处理人与自我的关系。

(二)全方位关照"病人"的医疗空间

临床诊疗无疑是医学的重要环节,中医药强省建设不仅要在资金投入、硬件设施等方面为中医实践提供良好的物质条件,而且要以中医文化为现代医疗空间寻回失去已久的温度。

医学将深刻的道德关怀与表面的科学技术功能融为一体,从中华文明源头的"医者,艺也"与古希腊柏拉图的"医学是一门照顾人身体的艺术"中足见医学跨越文化藩篱的普遍一致性。在前现代,人类只能靠有限的经验、思辨与想象来揣摩人体与疾病,渴望医学的清晰性和准确性却不得其门而入。诞生在西方的现代医学能通过显微镜、成像技术细致入微地观察生物学意义上的疾病现象,并通过直接的技术手段进行精准治疗,其显著的科学技术优势为人类带来福祉和希望。现代医学遵循与自然科学一致的还原论逻辑,把人还原成尽可能小的单位，暂时忘掉完整意义上的"人"，这是现代医学弄清生命、疾病真相的必要条件。尽管人的完整性暂时被悬置本身具有重要意义，但在临床实践中这种逻辑一以贯之，医疗即表现出不断强化的标准化技术服务的偏好，导致医疗空间内人文色彩越来越稀薄。"有时治愈，常常帮助，总是安慰"，爱德华·特鲁多（Edward Trudeau）医生的墓志铭很中肯地对医学进行了描述，但现代医疗空间内的具体表现与之反差较大。

1. 医学以消灭疾病和死亡为目标，医学局限性常常被遗忘

由于疾病对人的困扰相较于生活中其他困难更严重，人类将疾病"尽收眼底"并"一网打尽"的愿望更为一致且强烈。现代医学能为人的痛苦状态找到确切的证据，建立起体验与客观事实之间的因果链条，使用针对性的药物和技术手段，给越来越多的病人带来恢复健康的希望，并在世人面前展现前人无法企及的美好前景：只要有科学技术这个撒手锏，消灭疾病、死亡只是时间问题。尽管是否能彻底消灭疾病、是否应该以消灭死亡为目标都有待探讨，但现代医学一直走在追求这个梦想的路上。基于实证性知识的迅速积累和令人应接不暇的技术突破，无论医方还是患方都在给予科学技术更多的期待和信赖，无形中遗忘了生命、医学那些不可逾越的界限。例如，永不言弃的无效治疗使很多人的死亡不再是一个自然事件，而成为一个医学事件；疾病不被彻底根除、死亡的最终发生都一定是医学的失败、医者的无能；人们会把医疗服务等同于一般的市场消费，以自己的经济成本去要求相应的医疗效果，苛求医学做其无能为力的事情等。于是，无谓的资源浪费、失和的医患关系成为其派生的问题。

2. 医患交往简化为主客关系，医疗实践拒斥患者的参与

美国思想家鲍曼（Bauman）直言，科学不仅是现实主义的，力图表述事物的本来面目，而且是帝国主义的，决意提供唯一真正的表述。在现代生活中，科学话语不仅是描述性的更是价值性的，它代表先进、正确、真理、极致，否定其他话语的存在价值。现代医学的声望大部分源于科学技术，越来越多、越来越有效的诊断和治疗方法，但医院、医生用的科学仪器越多，医生离他的病人就越远。医学追求最大的客观化，知识的主体与客体分离，视疾病自成一门脱离病人的学问，临床实践成为医生对身体进行预见、控制、改造的工程，通过复杂的科学诊

断过程得出的事实被认为最精确、与诊断结果关系最紧密,医生用感官探到的事实则在其次,最末等的则是病人自述的疾病感知事实。这就意味着,患者在医疗过程中仅作为医者行为的对象而非和医生合力的主体,整个医疗过程不是医者帮助患者,而是医生一心改造和支配作为对象的疾病。患者求助医生是在寻找依靠,也是在寻找希望,其需要倾诉,唯有能够表达自己特殊的生命感觉,自己的声音能够被倾听才意味着其作为一个有尊严的人在完整显现和充分参与。

3. 医者看"病"不看"人",医疗空间成为缺失安慰的"后情感空间"

一方面,医者往往把权威建立在理性知识与技术的基础上,而来自医者智慧和品格的医学权威被弱化。另一方面,医者通过显微镜、成像技术从疾病表面现象追踪到更深的层次,患者则被化约为一个身体、一个器官、一种疾病。医患交往是破碎的,关注重点在实在、实用的技术层面的"最佳效果"上,接触的仅仅是多面自我的一个部分;医患交往也是短暂的,似乎没有过去和将来。

基于此,中医药强省建设具有释放中国传统医学智慧,弥补现代医学缺憾的功能和效果。

(1) 医学是谦卑的

中医文化的谦卑是相对于现代医学对其局限性的遗忘而言的。自然科学取得节节胜利首先放弃对自然物的某种敬重,现代医学为探究一切的雄心壮志所驱使,以自然科学自居,已习惯将人的生命作为次一级的现实性。如德国哲学家恩斯特·卡西尔(Ernst Cassirer)所言,为了研究自然并发现和制定自然规律,我们必须忘掉人。在科学思想的发展中,拟人的成分逐渐地被迫退至后台,最终在物理学的理想结构中完全消失。人类生命是世界上最完美的造物,其复杂、玄妙程度无他物可以媲美,远非人类后天的努力和智慧可以企及。医学的职责复杂而艰辛,在生命面前,医学有义务保持内敛、谦虚和恭敬,其谦卑具体表现在以下方面。

其一,敬畏生命。人的生命作为宇宙精华的最高结晶同时集中了宇宙最尖端的矛盾,生命本身不仅是各种功能活动密切联系的复杂系统,而且与生活环境间保持着多维的本质联系,认识人的生命是认识世界中最困难的部分。于是中国古代医者感叹"人之所病,病疾多;医之所病,病道少""学医三年,自谓天下无不治之症；行医三年，始信世间无可用之方"。对于医学来说，保持对生命的敬畏是要正视自身的能力，永远不可能像对大自然其他的造物或者人自己设计制造的机器那样彻底了解其真相。医学发展至今，和文化的其他方面一样，离目的地还很遥远，无论有多少层出不穷的新知识和新疗法，都应保持适度的谨慎。现代医学亟须从救世神学的躯壳中脱身而出，承认和传达作为世俗实践活动的真实信息：医学是有局限性的，医生是人道主义的践行者而绝非无所不能的天使。中国古代医者的感叹有助于消解现代医学的狂妄和傲慢。生命是人类创造的活性基础，能把无数的可能性赋予自身，但其规定性的另一面就是有限性。从存在论角度讲，生命的有限性也体现了人类的本质属性。例如，死亡为生命运动的特殊形式，成为包括医学在内的人类所有活动的背景。医学在科学技术的助力下能不断挑战生命现实的局限性，不断满足人们对健康人生的渴望，但也应该对关乎人类的本质属性的界限保持敬畏。

其二，尊重生命。对个体生命的尊重是医学发生的前提和存在发展的依据，也是中国传统医学一以贯之的立场。远在文明发祥时期的《黄帝内经》中就有"天覆地载，万物悉备，莫贵于人"的表述。唐代孙思邈的《千金要方》中有"人命至重，有贵千金，一方济世，德逾于此"等。在一般意义上，尊重个体生命即尊重个体生命遗传的独特性、尊重个体生命独特的成长经历与经验、尊重个体的生命需要与价值诉求。就医学自身而言，医学要遵从、服从自然生命的生存本性，并且承认人类个体具有同等的人性价值和平等的人格。

（2）医疗空间是世俗的

医学离痛苦最近、离脆弱最近，也离人性最近，世俗的医疗空间内医患双方都能作为完整的人存在。

其一，感官知觉是人最基本的能力和社会性的根基，世俗的医患交往意味着感官知觉的信息表达和交流较为充分。看、触、听、品、感的风格体现着医学的支配性逻辑，在中国传统医学中，医者与患者在望、闻、问、切中直接接触，患者的体验表达有效弥补了医者对疾病直接经验的不足，医患尤其是患者对医疗过程深度参与，彼此不乏情感信任与支撑，堪称"心际"交往。当现代医学实现了视觉延伸，走在一条视觉主导之路上，医者保持职业的冷静，患者的病痛经验叙事几无立足之地，医患交往停留于"事际"层面裹足不前，医患之间也处于不平等的状态。疾病本身作为个体的人所经历的生活的印记，绝非单纯地发生在一个生物性身体中的生理事件。徐复观先生曾言："在人类生活中，永远存在着只能由心灵去接触，而不能完全诉之于用耳目感受的东西。这种不能完全诉之于耳目感官去感受的东西，并非等于不真实，更非等于不需要。站在人的生活立场来讲，或许这些东西即是最后的事实，最后的需要。宗教、道德、艺术这一属于'文化价值'系列的东西，便是如此❶。"德国思想家尼克拉斯·卢曼（Niklas Luhmann）指出："信任总是从已有的证据进行推断，信任的理由实际上意在维护信任者的自尊并在社会上证明自己是正当的。"这给我们解析医患的现状提供了一个视角，即患者没有对医生投以信任是因为他们的自尊在医生面前没有实现，不信任医生是他们捍卫自尊的一种特殊表现。从中国传统医学中汲取营养，尊重患者客观上有改善医患关系的功能和效果。

其二，世俗的医患交往能保证医患双方都不是对方达到某种目的的工具，他们都是鲜活的、完整的个体，有情感、有理性，能够为实现健康目标深度合作，彼此都能在这个过程中有获得、有成就。一方面，医者必是在时时依据自己的愿望、目的、意义和价值进行创造，感受医学实践的精神感召与滋养。另一方面，医者关心别人的处境和尊严，必是出于自己的内在尊严体验。

第二节　中医药强省建设的政治属性

从生活世界的结构来看，医学与政治彼此间的关联渗透实属必然。无论是在传统社会还是现代国家，医学都具有跨越时空的普遍一致性，但它终归要在国家范围内、在为政治所笼罩的空间内实现自己的价值，与政治的关联有着错综复杂、风格各异的表现。礼教、儒学在中国历史上处于居高不下的地位，而儒医在医家中为最高称誉自有其道理。"不为良相，便为良医"的特定文化现象反映出行医与为官高度一致的社会效果，都是实践主流意识形态儒家思想的重要方式，

---

❶ 李维武.徐复观文集［M］.武汉：湖北人民出版社，2002.

如林亿先生所言"斯医者，虽曰方技，其实儒者之事乎！"（新校正《黄帝针灸甲乙经》序），此为医学政治属性在中国的历史佐证。中医在近现代的生存背景在微观层面是异质医学文化的碰撞与交流，实质上是中国近现代政治的转型与重构。19世纪流行病学家鲁道夫·佛尔楚则对民族国家范畴内医学与政治的关系进行了简洁明了的表述：医学就是政治，政治不过是更大的医学❶。既指医学所受的政治约束及其肩负的政治责任，也指政治治理与医学治疗之间的同理性。中医药强省建设是基于中医药在国家走向现代化过程中的跌宕起伏和实现民族伟大复兴的内在要求，由党和政府通过一系列政策引导的集体行动，其政治属性即其本质属性。

一、中医药强省建设的政治缘由与背景

如前所述，与西方列强的坚船利炮相比，西医东来首先表现出改善人们世俗境遇的效果，对中医的冲击表现为在技法层面的胜出，但政治因素的助推使彼此的纠葛比术业对比复杂深刻得多。

首先，西医作为典型的文化现象，无论在哪里立足必然需要较为接近西方的社会条件，潜在地具有改造中国政治环境以求生存的诉求与动力。西医进入中国之初，最迫切的需要是被国家行政管理系统所认可和接纳，取得政治方面的合法性进而确立在政治层面的主导地位，实现对中医药生存权的制度化剥夺。借助显性的科技优势，更有其背后中西文化比较中占据的压倒性优势，其诉求会渐次实现以至反客为主，即演化为一个显性政治问题，实现在制度层面对中医的压制。

自从西医东来，从国家卫生政策上即可判断中医的政治处境。1912年，北洋政府教育部颁布《中华民国教育新法令》，里面没有中医中药的内容。在当时，西医的疾病观念、公共卫生观念已上升为国家层面的医学意识，国民政府在国家体制化管理的过程中建立起以"西医体制"为蓝本和基准的医疗体制，将西医纳入国家政府的管理体系，在政治体制层面确立了西医在中国的主导地位，形成西医在"朝"中医在"野"的格局。显然，这个医学体制化进程远非本土医学的自

---

❶ 杨念群.再造"病人"：中西医冲突下的空间政治：1832~1985 [M].北京：中国人民大学出版社，2006.

我更新过程，而是权力机构推动的西医体制移植和本土化。1929年2月，国民政府卫生部召开第一届中央卫生委员会，通过了"废止中医案"。不久，教育部、卫生部又发出通令，中医一律不得称学校、医院，而改称传习所、医室，并禁止中医参用西械西药，中西医之争由民间讨论发展到以行政手段废止中医，中医存亡完全超出优胜劣汰的自然范畴上升为政治事件。虽国民政府在1943年9月颁布"医师法"，批准中医与西医具有法律上的平等地位，而且在新中国成立后，毛泽东等党和国家主要领导人力挺中医发展，中医曾经获得过短暂的独立发展的条件支持，但西医始终保持在医药领域的垄断地位，中医未获得独立的行政权、教育权及适合其自身发展的政策和环境，这种情况一直持续到"文革"结束后。

其次，西医是西方政治进入中国的重要载体之一，有贯彻西方现代帝国政治、经济和文化大规模扩张殖民逻辑的功能。在近代西医向全球范围传播和移植的过程中，中国传统医学是其最强大的对手，抢滩中国市场是一个借助政治压力攫取经济利益、在实现经济目标的同时展示和巩固政治优势的问题。美国人汉斯·鲁斯克（Hans Ruesch）在《洛克菲勒药品帝国的真相》一文中清楚地揭露了洛克菲勒及其家族早在1927年以学术基金会的名义"帮助中国实现中药现代化、科学化和国际化"背后的战略图谋：要中国人对自己的中医药学术的根源与体系产生怀疑，以至于厌弃，从而彻底操纵、把控中国的中医药及其市场❶。作者在文中写道："洛克菲勒基金会投资达四千五百万美元用来'西化'（实际是摧垮）中医。医学院校被告知，如果它们想从洛克菲勒慷慨的赠予中得到好处，它们必须使中国人民信服地把他们经过多少个世纪检验的安全、有效却又廉价的草药扔到垃圾箱里，让中国人民赞成使用美国制造的昂贵的有致癌、致畸作用的'神'药，当这些药致命的副作用再也掩盖不住的时候，则需要不断地用新药来替代。如果他们不能通过大规模的动物实验来'验证'他们古老的针灸的有效性，这就不能认为有任何'科学价值'。西医对几千年来证实的针灸对人类的有效性毫不关心。但是共产党在中国执政以后，既然跟中国进行贸易已不可能，洛克菲勒一家也就对中国人民的健康突然失去了兴趣，并逐渐把他们的注意力转向了日本、

---

❶ 吕嘉戈. 挽救中医：中医遭遇的制度陷阱和资本阴谋［M］. 桂林：广西师范大学出版社，2006.

印度和拉丁美洲。"可见，西医是西方某些人谋求利益的工具，中国人获得的好处是政治经济攻略实施的客观结果之一隅。

二、中医药强省建设的政治要义

中国传统医学的近现代发展处境充分说明，一种医学方法体系的强弱不仅取决于它自身的客观效果，还要看社会政治群体的理念是否容纳它所依托的世界观、是否能客观评价它的作用并愿意给予足够的发展空间。平心而论，国家不简单等同于一群人，而是一个现实的生活问题，国家的观念暗含着它要着力实现的生活状态，或者说是人们借助国家的力量正在或将要过的生活模样。现代国家进行社会治理的最基本方法就是推行公共政策，按照一定的原则和标准对利益、权利和权力进行界定和分配，其中包括对公民生命健康权利的肯定和承诺，以形成公共生活的秩序。关于医疗卫生事业之于现代国家的重要作用，"第二国防"是最贴切的描述和界定。一方面，它揭示和强调国家在发展医疗卫生事业、护佑民众生命健康方面不可推卸的重大责任。另一方面，阐明医学、医疗卫生事业的政治属性，其发展空间受执政党、政府所秉承的政治哲学左右，其地位可从一个国家的政治理想与追求理想的实践中去观察和判断。作为能够为公众生命健康做出贡献的一门学问、一套实践体系，中国传统医学在历史上的作用世人皆知，虽近代以来在体制层面与西医的比较中长时间处于劣势但它始终延续，其原因在于政治可以暂时决定它的地位，但效果才是决定其存亡的关键所在。法国哲学家福柯（Foucault）曾说，与疾病做斗争必须先与坏政府做斗争❶。这句话的另一面是，与疾病做斗争是和好政府道一风同，因为"善治"的关键在于执政党、政府政策活动能有效回应公众需求，切实履行政治与伦理责任。

中国共产党从成立起就坚持以为广大人民谋利益为己任，把保障人民健康与争取民族独立、人民解放的事业紧紧联系在一起。中国共产党建立的国家发展的最重要目的就是在社会变迁中不断增进人民的福祉，对民众利益和需求的照护是其核心关注点。中国共产党关于人民健康问题的表述，虽在不同时期略有区别，

---

❶ 福柯.临床医学的诞生［M］.刘北成，译.南京：译林出版社，2011.

但无疑都将其放到极为重要的位置，也在一直努力履行人民生命健康方面的责任：善待国民，减少或避免疾病的发生，配备可靠、充分的医疗资源和医患交往的基本条件。也可以说，人民群众所获得医疗服务具有特定的政治意义。党的十八大以来，习近平总书记明确指出，"没有全民健康，就没有全面小康""推进健康中国建设，是我们党对人民的郑重承诺""要坚持正确的卫生与健康工作方针，以基层为重点，以改革创新为动力，预防为主，中西医并重，将健康融入所有政策，人民共建共享"。党的十八届五中全会明确提出推进健康中国建设，从"五位一体"总体布局和"四个全面"战略布局出发对更好地保障人民健康进行了制度性安排。事实上，只要是有利于护佑人民生命健康的医学知识和技能都会为党和政府所依赖、所信赖，也必然获得全力支持和充分发展。

2016年，国务院印发《中医药发展战略规划纲要（2016—2030年）》，提出到2030年中医药服务领域实现全覆盖，中医药健康服务能力显著增强，对经济社会发展和人民群众健康保障的贡献率更加突出。这是中医药事业发展的一个纲领性文件，也是中医药事业发展中的一个重要里程碑。2017年7月1日，第一部全面、系统体现中医药特点的综合性法律《中华人民共和国中医药法》正式实施，党和国家关于发展中医药的方针政策用法律形式固定下来。显而易见，充分发展中医药事业是健康中国建设的重要组成部分，是党和政府最大限度地护佑人民生命健康的庄严选择[1]。中医药法实施后，全国多个省份相继完成条例修订并颁布实施，增强了地方政府对于中医药事业发展的责任担当，中医药强省建设如雨后春笋。各省省情不同，中医药文化区域特色异彩纷呈，但中医药强省建设的政治意蕴是高度一致的。

---

[1] 郭清. 我国近十年来中医药发展状况与趋势分析[J]. 浙江中医药大学学报，2019，43（10）：1045-1051.

第三章 中医药强省建设"群雄逐鹿"的竞争格局

中医药学蕴含着丰富的古代朴素唯物主义理念,承载着我国古代人民同疾病做斗争的丰富实践经验和理论知识,中医药理论诞生于原始社会,形成于春秋战国时期,发展于秦汉,鼎盛于唐宋,完善于明清,数千年来一直为炎黄子孙的延续保驾护航❶。其在历史的发展长河中形成了各具特色的不同地域学术流派,对我国医学发展乃至各个省份中医药格局的改善都发挥着较大的促进作用。现以地缘维度视角,分析中医药强省建设总体情况和中医药强省建设的指标体系。

第一节 中医药强省建设的总体情况

中医药强省建设是直接关系到地方中医药事业发展的战略部署❷。21世纪以来,一些中医药大省(区)立足本省(区)发展情况从战略层面对中医药强省建设进行宏观部署,全方位、立体化地推进各地方中医药事业的持续发展。自党的十八大以来,随着党中央对中医药工作的重视程度逐步提高,中医药事业发展已经上升到国家战略层面,各省(区)市在立足本省(区)中医药发展现状的同时,着力开展顶层设计和统筹规划,全方位推进中医药振兴发展的重大举措。加快中医药强省的建设步伐,有利于推动我国中医药的振兴与发展,更好地传承和向世界弘扬中医药文化。

---

❶ 王秉姝.基于胜任力特征模型的福建省中医医院中医医师执业能力研究[D].福州:福建医科大学,2018.
❷ 江苏中医药强省建设战略研究课题组,黄亚博,冯广清.中医药强省建设综合评价指标体系构建研究:关于加快推进江苏中医药强省建设战略的思考与建议[J].江苏中医药,2019,51(1):1-8.

一、重点省份的发展概述

(一) 广东省

2006年,广东省积极落实党中央、国务院有关中医药发展的部署,在全国范围内率先提出建设中医药强省的重大决策,并成立高规格的中医药振兴计划领导小组,在国内外引起广泛影响。广东省主要从以下几个方面来推进中医药强省建设。

第一,突出特色打造品牌,以建设中医药强省为指导思想,以建设名院名科为重点,全面提升中医医疗水平[1]。建立覆盖全省城乡的中医医疗卫生服务体系,着重打造一批疗效显著、特色鲜明的中医科室,引导重点专科整合资源,优化升级,打造中医特色鲜明、治疗水平领先的区域诊疗中心,进而形成以优势病种带动塑造特色品牌,以品牌效应促进医院发展的良性循环。

第二,加强人才队伍建设。人才是医院前进的核心动力,医院人才培养路径主要有两个,一是对在岗员工加强培训提升其技能,二是对外部人才健全引进机制,吸引新鲜血液加入医院建设中来。以广州中医药大学为例,学校一直秉承以临床病种为导向,不断健全学科门类、加强师资团队培养、完善基础设施建设、深化体制机制改革,为广东省的中医药事业发展输送大量优质人才。

第三,注重科研创新,大力提升中医药行业的自主创新能力,积极弘扬中医药传统文化。支持中医药学科带头人开展相关科研工作,并逐渐形成古典医籍研究、岭南地域文化挖掘、中医药现代科研三位一体的独特优势,取得了重要的研究成果。近年来,在广东省政府的大力支持下,中医药政策机制逐渐健全,广东省中医医疗科研基础设施逐渐完备,广东省也成为我国中医药事业发展的一面旗帜。

广东省中医院作为省级三级甲等中医医院,秉承"中医为体,西医为用"的办院理念,综合救治能力逐年增强,近几年,门诊量一直位居全国中医医院首位,据统计,广东省中医院每天的中药饮片使用量可达12吨。不仅如此,广东

---

[1] 于杰.中成药广东市场营销策略研究[D].天津:天津大学,2014.

省人民在中医药文化的熏陶下，潜移默化地接受中医，理解中医，走近中医，甚至在民间流传着"一个广东人，半个老中医"的谚语，这充分表明广东省作为中医药强省的局面已初具规模。

（二）四川省

四川省积极响应中医药强省建设的号召，成为全国最早颁布中医药条例的省份之一，为中医药的发展提供了坚实的政策和法律保障。四川省作为中医药生产大省，拥有药材资源 5000 余种，道地药材 49 种，川产道地和大宗药材居全国之首❶，省委省政府高度重视"川药"品牌塑造，推出了一系列政策。例如，实施中医药文化传承发展工程，加快出土文献、文物考证工作，组织专家团队开展川派中医名家学术思想及临床经验整理研究项目，打造川派中医药特色健康文化；推动中医药信息化建设进程，建立健全中医药应急体系，打造中医药人才高地，搭建四川省步入中医药强省建设的"快车道"；立足省情发展规划，逐渐实现中医药产业的优化转型升级，着力延伸中医药产业链，以第三产业为主体，提升中医自主创新能力，走出了一条具有四川特色的中医药发展道路❷。

近年，四川省在中医药科研、人才队伍、互联网+中医药等建设方面持续发力。2020 年，四川省组织开展院士后备人才培养项目，打造老中青三代有机结合的科研传承团队，推进中医药重点学科建设，实施中医药重大科技攻关项目，2021 年省政府印发的《四川省中医药强省建设行动方案（2021—2025 年）》❸明确提出：要建设 20~30 个四川省重大疾病中医药防治中心，培育 3~5 个中医药产业发展示范市，到 2025 年为基层培养 2 万名中医药人才。互联网、物联网等新兴行业逐渐兴起，"互联网+中医药"的信息化建设正在潜移默化地改变着人们的生产与生活。四川省紧握时代契机提出了建设"互联网+医疗"的综合服务医疗体系，借助互联网大数据新兴媒介为传统的经典的中医药产业发展注入新的

---

❶ 孙毅，李婷，何娇丽，等.四川省中医药信息化建设和发展的思考［J］.电脑知识与技术，2018，14（30）：258-259.

❷ 毛嘉陵，罗建.四川实施建中医药强省战略［N］.中国中医药报，2006-11-01（1）.

❸ 四川省政府办公厅.四川：出台中医药强省建设行动方案 将培育 3-5 个中医药产业发展示范市［J］.中国食品，2021（4）：81-82.

动能，使中医药信息化朝人人共享的目标稳步前进，推动四川省的中医药事业高质量发展，更好地造福四川省人民❶。

（三）吉林省

2007年，吉林省政府高度重视中医药事业发展，紧跟时代发展步伐，充分发挥区位优势，深入挖掘本地中草药优势、塑造长白山道地药材品牌，以长春中医药大学为人才培养基地，加强人才培养、技术传承，助力中医药事业和中医药产业的全面发展。

一是把握区位优势，精准定位功能。吉林省位于中国东北中部，土壤肥沃，道地药材品种多，植物、矿物和动物等中药资源十分丰富，所产药材在国内素有"北药"之称。吉林省充分发挥中药材优势，实现产业转型发展，但在建设中医药强省的过程中也存在产业结构不平衡、东西区域不合理的现象，因此，吉林省应注重西部草原区的特色中药资源开发，优化农业产业结构配置等。

二是储备人才团队，立足长远规划。吉林省坚持以人为本的发展理念，充分尊重传统中医药人才的成长发展规律，采用高校教育、民间师承、社会培训相结合的多元化人才培养模式，加强中医药人才队伍建设，为中医药人才搭建了成长平台。该省顺应中医药人才成长规律，开展"真中医"培养工程❷，积极开展青年医师跟诊实践活动，切实践行"跟名师、读经典、勤临床"的成长路径，培养一批功底扎实、技术过硬的临床医师；通过传统师带徒模式，挖掘民间高手妙招，进行系统性整理，加强传统中医技术传承保护；鼓励社会化办学，开展多样化的中医技术培训会，提高中医养生产业从业人员水平，促进中医外围产业链的健康发展。

三是紧跟时代步伐，实现协同建设。十八大以来，党中央高度重视中医药产业发展，推出了一系列发展措施，中医药产业也迎来了发展的春天。吉林省紧跟时代步伐，针对本省中医约发展现状，更新和完善发展举措。如2021年1月1日开

---

❶ 孙毅，李婷，何娇丽，等.四川省中医药信息化建设和发展的思考［J］.电脑知识与技术，2018，14（30）：258-259.

❷ 郭士晨，聂海洋.吉林省中医药供给侧改革探讨［J］.现代商贸工业，2019，40（18）：10-11.

始施行的《吉林省中医药发展条例》，立足省情实际，在中医药产业、中药材开发、中医人才培养、中医药相关医保政策、中医药平台建设、中医药相关服务业等领域进一步完善已有措施条例，从政策层面为中医药强省建设保驾护航。

（四）湖南省

湖南省高度重视中医药产业的产业化发展，立足本省省情，充分发挥本地特色优势，制定和完善中医药相关政策，助力实施中医药强省发展战略，促进中医药传承创新发展。

第一，借助地利，充分发挥中医药品种多样化优势。湖南省位于我国南方，山陵湖泊遍布，雨量充沛，植被覆盖率高，土壤、气候等条件为中药材生长提供了天然的优势，中药材品种繁多，其中药材总蕴藏量排名全国第二，靖州的茯苓产量占全国的13.3%，茯苓外贸出口量占全国的70%，已经建成全国最大的茯苓专业市场，靖州因此亦有"中国茯苓之乡"的美名。

第二，借助人和，充分发挥中医药人才优势。人才是发展的原动力，湖南省高度重视中医药人才队伍建设，着力培养高素质的中医药人才，搭建全方位人才梯队。通过建设中医药机构孵化中医药人才，现已拥有国家级生物产业基地1个，高等中医院校2所，开设中医及中医药资源等相关专业的综合院校9所，药物研究机构22个，新药研发医疗机构6个，同时，湖南省成立了国家中药材生产（湖南）技术中心、国家植物功能成分利用工程技术研究中心、湖湘中药资源保护与利用协同创新中心等一批从事中药材产业研究的机构。

第三，借助天时，充分发挥国家政策优势。党的十八大以来，国家高度重视中医药事业发展，中医药事业发展迎来了重要的战略机遇期。近年来，湖南省出台了《关于促进中医药传承创新发展的实施意见》等一系列鼓励和发展中医药产业的政策措施，全力争创国家中医药综合改革示范区，全面提升中医药服务能力和水平，深化综合医改，加强基层中医药服务能力建设，坚持守正创新，坚持开放发展，发挥湖湘中医药资源优势，充分利用政府间"国家年""中医药周"和"中非经贸博览会"等平台，拓展中医药文化海外传播渠道，不断提升湖湘中医药的国际影响力。

地利、人和、天时的协同发展，为大力弘扬中医药文化和湖南省中医药产业的发展提供了强大的发展动能。

二、其他省份发展概况

从空间而言，各省份之间存在中医药产业发展不均衡的现象，但随着党中央不断提高对中医药工作的重视度，越来越多的省份加入中医药强省建设的行列。

（一）江苏省

2008年，江苏省提出中医药强省建设规划并制定了有针对性的措施和方针，为中医药产业发展奠定了坚实的政治基础。例如，在中医药科教方面，主抓中医素质教育，将中医药文化纳入中小学必修课程；在人才培养方面，先后实施了中医药领军人才培养计划、省优秀中医人才研修项目，打造一支高水平的中医疫病防治队伍；在科研创新方面，建立切实可行的晋升机制，充分挖掘中医药人才的科研能力，培养高素质的科研团队，在传承中医药文化的基础上进行创新，实现中医药科技创新和成果的有机转化，发挥科技创新的引领和支撑作用❶，更好地服务江苏省的人民群众。

（二）浙江省

浙江省立足省情，充分发挥中医药事业在经济社会发展中的重要战略作用。2018年颁布的《浙江省人民政府关于加快推动中医药发展的实施意见》着重强调要提高中医医疗服务能力，促进中西医结合临床发展、推动中医药文化和健康旅游产业协同发展、建立健全中医药人才培养体系，从而创造中医药事业现代化发展新格局，为增进人民群众健康做出更大的贡献。

（三）黑龙江省

黑龙江省作为黑土地的代表省份，土壤资源丰厚，光照充足，其充分发挥自身地理优势，紧抓中医药发展的重大机遇，积极鼓励中药企业在产地建设加工基

---

❶ 林晓斐.《江苏省"十三五"中医药健康服务发展规划》发布［J］.中医药管理杂志，2017，25（15）：133.

地，加强采收、净选、切制、干燥、分级、保鲜、包装等设施建设，鼓励合作社、种植大户发展初加工❶；为促进中药材产业可持续发展，专门组建中药材种植专家团队，设立了技术协同创新体系中药材首席专家，积极培养技术人员，建立协调机制，促进行业专家与基地双向互动。同时不断完善现代化配套设施，提升产地清洁化、连续化、自动化、标准化加工水平，并确立了"北药强县"战略，建设了东北首家黄芩苷提取厂，推进以黄芩为重点的产、加、销一条龙产业化发展，使中药材加工产业链得到了大幅度完善，生产出高品质的中医药材。优越的地理环境、政策的支持等多方协同，联动推进，必然会大力促进中药材产业的发展。

（四）安徽省

安徽省高度重视中医药资源在经济社会发展中的作用，出台优惠政策，完善中医药管理体系，加大经费投入，逐步驶入中医药强省建设的"快车道"。近年来，不断提升中医药服务能力和服务水平，努力建设中医药医疗、保健、科研、教育、产业、文化"六位一体"的高质量发展机制。建立符合中医药特色人才成长的激励机制，支持中医药院校自主招生，开办传统中医实验班，面向社会中医药爱好者开设继续教育。从多个维度增强安徽省中医药发展的活力，有力地推动了安徽省中医药改革与发展。

（五）云南省

云南省作为中草药资源丰厚、少数民族医药多样的大省，近年来高度重视中医药产业化发展，先后出台了一系列"打造中医药强省"的措施，确定中医药发展规划。通过完善基层医疗卫生服务等措施健全中医药服务体系，全面提升中医药服务和继承创新能力，把云南建设成全国具有较大影响力的中药材种植基地和天然药物研究生产基地。不断完善中医药价格和医保政策❷，建立高效的中医药管

---

❶ 尹文仲.恩施州道地药材特色产业发展策略探讨［J］.时珍国医国药，2008（4）：1029-1030.

❷ 王秋颖，关晓光，曾雪璐，等.高质量发展视阈下中医药管理人才培养的机遇与挑战［J］.中国医药导报，2021，18（2）：191-193.

理体制和人才评价激励机制,打造符合云南省中医药发展特色的传承创新模式,助力民族医药多样化发展。

(六)甘肃省

甘肃省作为中药材的主要产地之一,素有"千年药乡"和"天然药库"的美称。在推进中医药强省建设的过程中,甘肃省不仅重视在政策上向中医药事业倾斜,而且重视中医药事业的实质性发展。充分发挥高品质的中药材资源优势,形成以中医药种植为主产业,以中草药加工为附加产业的经济链条,坚持"以药扶贫""以药为媒"的发展方针,带动当地经济发展,其中陇西地区已经将中医药产业发展为支柱产业,在县域经济发展中位列榜首,陇南的中药材也逐渐成为农民增收致富的"铁杆庄稼"。同时,甘肃省是我国"一带一路"沿线省份,具有重要的战略地位,是我国同其他国家交流的必经之地,甘肃省着眼未来发展,充分发挥区位优势,加强与世界对话,持续扩大国内外高校、医疗机构和企业的合作范围,为更多沿线民众提供中医健康服务。

(七)陕西省

陕西省素有"秦地无闲草,自古多名医"之说,被誉为"天然药库""生物资源库"和"中药材之乡",有药用植物、动物及矿物等中药资源4700余种,其中植物药3291种,占全国药材种类的30%以上。在全国中药材资源普查统一布置的364个重点品种中,陕西省有283种,占77.7%,其中248种药材被收入《中国药典》。有600多种国家颁布标准的名贵中药材,其规范化种植面积有60多万亩,规模排全国第四位,优质地产药材32种,大宗药材400余种,广泛分布于秦巴山区、关中平原和陕北高原。2020年,陕西省政府印发《关于加快推进中药产业发展的意见》[1],鼓励市县建立区域特色"秦药"种子种苗繁育基地,推动优势企业横向联合、纵向兼并,加快培育规模以上中药企业集团,倡导医疗机构自主或联合中药制药企业研发疗效确切的中药院内制剂,支持校企、院企进行深度合作,开展新药研发;提升中药材种植(养殖)品质,重点提出种植养殖、

---

[1] 赵文.陕西印发中药产业发展意见及规划[J].中医药管理杂志,2020,28(12):154.

加工制造、大健康产业、商贸流通、科研创新、保障体系等19项建设任务。计划到2025年，陕西省中药材种植面积稳定在400万亩（规范化种植面积200万亩），中药产业产值达到1000亿元；到2030年，全省中药材种植面积稳定在500万亩（规范化种植面积300万亩），中药产业产值达到1500亿元。

（八）山西省

2013年，山西省发布的《山西省发展中医药条例》明确把"建设中医药强省"目标写入法规，这在全国属首创。《山西省发展中医药条例》提到山西省的中医医疗机构应当加强中西医结合，发挥中医药特色，吸收和运用现代医学诊疗技术，提高中医诊疗技术水平，提供优质的中医药服务，并提到鼓励运用现代科学技术，开展对疾病的中医药防治技术和方法研究，开发和应用中医药新技术、新成果。推进中医药强省建设期间，在中医药人才培养方面，山西省推进中医药教育改革，探索开展大专（高职）中医药人才免费培养，加强中医药职业教育，将中医药知识纳入中小学基础教育。同时，加强中医药人才队伍建设，培养一批高层次复合型中医药人才。在加强中医医疗机构建设方面，山西将发挥中医药在深化医疗改革中的作用，设立省级中医药综合改革先行区，并提升基层中医药服务能力，充实中医药人才队伍，增加全科医生中医师特设岗位[1]。推进中医药的传承，山西省在迈进中医药强省的路上，目标是到2030年，全面建成中医药强省，使山西省的中医水平上升到一个新的台阶。

（九）河北省

河北省作为中医药大省，中医药文化底蕴深厚，2016年，省委、省政府就明确提出推进中医药产业大发展的战略，实现由"大省"向"强省"的跨越式转变。为更好地满足基层群众对中医药服务的需求，全面提升基层中医药服务能力，河北省以基层中医药工作先进单位创建活动为抓手，提高基层党委、政府对中医药的重视程度，加强对口帮扶工作，推进二级以上中医医院对口帮扶基层医疗卫生机构。在建设过程中，逐渐形成以中医医疗联合体建设为依托，以分级诊

---

[1] 中国中医药年鉴编委会.中国中医药年鉴：2011 行政卷[M].北京：中国中医药出版社，2011.

疗为导向，以多产业协同发展为主线，推进省、市、县、乡中医药服务一体化进程。依托各级中医医院，在基层大力推广中医药技术，促进中医养生保健服务规范化、专业化、规模化发展，形成一批具有品牌效应的中医养生保健机构，建立一批具有引领带动作用的中医养生保健基地，拓展中医特色康复服务，加快基层国医堂建设。此外，河北省进一步优化了中医药的发展环境，为中医药强省和新时代经济强省建设做出更大的贡献。

（十）江西省

江西省在推进中医药强省的建设中，充分发挥中医药产业协同带动作用，深入挖掘中医药产业链，形成了第一、第二、第三产业联合发展的格局。据不完全统计，实施《中华人民共和国国民经济和社会发展第十二个五年规划纲要》以来，江西省全省规模以上医药企业达311家，主营业收入1258.72亿元，中医药类企业115家，有8家进入全国中医药企业100强榜，主营业收入514.66亿元，居全国第三位，中医药产业成为江西省最具发展前景的新型特色产业。江西省委、省政府高度重视中医药产业发展，设立中医药产业扶持资金并出台相关优惠政策，鼓励和支持中医药企业的创新和开发、产能提升、重点产品开发、完善市场营销体系及科普推广服务工作，以及推进中医药、养老健康和科普旅游融合发展❶。将中医药产业作为全省六大优势产业之一倾力打造，实现中医药产业的多层次协调发展，加强创新研发引领、高端产业集聚，大力建设中医药科研创新高地，努力把中医药产业打造成江西省的优势产业、未来产业，有效拉动产业发展，助力解决就业问题，从而使江西省的中医药产业更快、更好地促进江西省经济的发展❷。

（十一）湖北省

湖北省是中医药大省，中医药资源丰富，中药材物种资源位居全国第五位，

---

❶ 胡万进，丁淼.科学配置医疗资源 提升卫生服务能力［J］.中国医院管理，2012，32（1）：11-13.
❷ 徐慧慧，韦国兵，胡奇军.基于中医药强省战略的江西省中医药产业可持续发展对策探讨［J］.卫生职业教育，2020，38（21）：148-150.

中药材产量位居全国第七位，科教文化实力位居全国前列[1]。近年来，湖北省委、省政府为推动中医药传承创新发展，建设中医药强省，提出了具体的发展目标，出台了一系列政策措施[2]，例如，建设完善的中医医疗服务体系，以省中医院为龙头，打造国家区域中医诊疗中心，推动市级公立中医医院达到三级甲等标准，在每个县建立1所标准化公立中医医院，实现乡镇卫生院国医堂全覆盖。通过推进中药材标准化种植、实现中药材产业化经营、做强做优中医药企业、促进中医药产业融合发展等多项举措，加大对中医药及相关产业发展的支持力度，全面促进中医药产业高质量发展[3]。2019年湖北省政府颁布的《湖北省中医药条例》[4]共八章60条，其中在加强中医药文化宣传方面，将每年5月26日李时珍诞辰纪念日设立为湖北省中医药日，将中医药知识纳入中小学健康教育。鼓励学校开设中医药特色课程，从法律法规层面切实保证了中医进课堂的实施。在完善中医药服务体系方面，县级以上人民政府应当设立符合国家和省规划、标准的中医医疗机构。《湖北省人民政府关于全面推进中医药发展的实施意见》[5]明确提出到2030年，中医药治理体系和治理能力现代化水平显著提升，服务领域实现全覆盖，健康服务能力显著增强，在治未病中的主导作用、在重大疾病治疗中的协同作用、在疾病康复中的核心作用得到充分发挥，科技水平显著提高，人才队伍不断壮大。

（十二）河南省

河南省中医药资源优势明显，历史文化底蕴深厚，中药材资源丰富，地理和

---

[1] 鲍江峰，宗庆波，马毅平，等.湖北省道地药材产业发展现状及展望[J].华中农业大学学报，2021，40（6）：1–6.

[2] 中国中医药年鉴编委会.中国中医药年鉴：2011行政卷[M].北京：中国中医药出版社，2011.

[3] 湖北省人民政府.湖北省人民政府关于促进中医药振兴发展的若干意见[J].湖北省人民政府公报，2018（14）：45–48.

[4] 秦宇龙，毛旭.《湖北省中医药条例》发布[J].中医药管理杂志，2019，27（16）：34.

[5] 湖北省人民政府关于全面推进中医药发展的实施意见[N].中国中医药报，2018-06-01（4）.

自然环境优越，中药材产业基础科研平台初具规模[1]。河南省在加快中医药大省向中医药强省转型的过程中，充分发挥南阳作为"医圣"张仲景故里[2]的地区优势，打造区域品牌，加强中医药人才队伍建设，开启"仲景人才工程"，培养了一批又一批的创新团队、领军人才和代表性传承人，不仅实现了中医药人才的传承发展，而且有效地提升了河南省的中医在全国的影响力和知名度，让中医成为河南一张靓丽的名片。河南省中医药产业已具备快速发展的基础和能力，随着中医药强省战略的启动，在生态平衡方面，可以减少中医药自然资源的破坏；在国家层面，既可以促进中医药文化对外传播，提高中医药产业的国际竞争力，展现华夏文明古国的魅力，又可以有效地减少国家医疗财政投入；在社会层面，大力促进中医药文化传播，可使社会正确看待并广泛接受传统医药，形成中西医并重的良好局面；在经济层面，推动中医药产业发展，对发展社会经济尤其是农村经济，提高相关产业从业人员的收入具有重大现实意义，还将有效拉动经济增长，增加就业。推进中医药文化传播，带动中医药产业发展，不仅能为国民健康保驾护航，还有利于提高经济文化软实力，增强国际竞争力。总之，加快对中医药文化的进一步挖掘、整理和传播，对河南省具有重大意义[3]。

（十三）山东省

山东省作为中医药大省，其中医药的发展历史悠久。2021年，山东省人民政府发布《山东省国民经济和社会发展第十四个五年规划和2035年远景目标纲要》，提出在"十四五"期间，大力弘扬中医药文化，坚持中西医协同发展，加快中医药传承创新，创建国家中医药综合改革示范区。加强中医药特色人才培养，实施中医药学经典、用经方、传经验"三经传承"战略，打造"齐鲁中医"品牌，努力建成中医药强省。为推动山东省中医药强省建设，山东省从实际出发，因地制宜

---

[1] 苗祯,章亚东,陈彦亮.河南省中药材产业SWOT分析及对策建议[J].北方园艺,2021（24）：142-148.

[2] 蒋民主.痹痛灵治疗类风湿性关节炎100例疗效观察[J].新疆中医药,1989（4）：30-31.

[3] 姚学旺,杨中杰,郭爱菊,等.河南省中医药发展概况及展望[J].中国中医药现代远程教育,2021,19（5）：197-199.

地开出了一系列有效的"药方"，主要包括五个方面：一是健全中医药高质量发展治理体系，促进中医医院姓"中"，强化以中医药服务为主的办院模式和服务功能，建立健全体现中医药特点的现代中医医院管理制度。二是推进中医强基层建设，持续推进中医优质资源下沉，开展中医药特色技术挖掘，加强社区卫生服务中心和乡镇卫生院中医药人员配备并提高其服务能力。三是坚定青年人从事中医药行业的信心，夯实中医药的人才支撑，完善中医药的人才梯队，打造以"名医课堂+名医工作室+名医讲坛"为特色的齐鲁中医"三名"育人体系。四是中医药在发展过程中，要坚持中西结合，布局现代康养大产业，加强中医药养生保健知识宣传，健全各级各类医疗机构老年病科建设，研究推广一批老年人养生保健中医适宜技术，提升"中医药+银龄产业"服务能力。五是打造齐鲁中医药优势专科集群，持续推进专科集群建设，打造临床疗效卓越、特色优势明显、创新能力突出、综合实力雄厚、辐射带动强劲的齐鲁中医药优势专科集群。相信有了符合山东省中医药发展实际的"药方"，在不久的将来，山东省必将建成全国中医药强省，从而实现人人基本享有中医药服务，让更多群众享受到优质的中医服务❶。

相较于以上省份，西藏自治区、贵州省、青海省等地区，在推进中医药强省的建设中发展得较慢。

（十四）西藏自治区

西藏自治区党委政府高度重视藏医药发展，成立了健康西藏建设领导小组，由领导小组统筹推进藏医药传承创新，推进藏药事业的发展，使政策环境得到了进一步的优化。西藏自治区也在努力贯彻落实全国中医药大会精神，扎实地推动藏医药的传承创新与发展，推进藏医药文化建设和对外交流合作不断引向深入，从而在丰富藏医药文化的同时，也丰富了中医药文化的实践经验和理论内容。

（十五）贵州省

贵州省在发展中医药的过程中，一直致力于发挥中医药"未病先防，既病防

---

❶ 杜加辉."一带一路"视域下中医药文化传播研究[D].济南：山东中医药大学，2019.

变"的独特优势。在暴发新冠肺炎疫情以来,贵州省坚持中西医并重与中西医结合,及时推广了有效方药和中成药,全省 31 家中医医院共派出 192 名医护人员奋战在省内外抗疫一线,为打赢疫情防控阻击战贡献了中医药力量❶。随着强力推进新冠肺炎中西医结合救治工作,实施新冠肺炎中医远程查房制度等工作措施力度的不断加大,贵州省中西医结合救治新冠肺炎病人在缓解病情、缩短病程、降低医疗救治费用等方面发挥的作用越发明显❷。

(十六)青海省

青海省中医药的发展水平较低,但是在新冠肺炎疫情中也发挥了重要作用。青海省各个中医药医疗队及专家,第一时间加入了医疗救治队伍,积极开展中西医结合防控工作。按照中医理论,以中医辨病与辨证相结合的原则,青海省中医院充分发挥了中医药在预防救治中的优势作用。此外,青海省中医的医疗队并不是死板地应对疫情,而是随着疫情的变化不断调整应对政策和诊疗手段,在很大程度上提高了中医药在阻击新冠肺炎疫情中的参与度,达到了中西医结合共同治疗的目的。

虽然我国部分省份存在中医药发展水平较低的情况,但在国家大政方针的指引下以及中医药从业人员的努力下,我国各个省份都在中医医疗、教育、科研等方面取得了较大的进展,推进我国中医药强省战略的实施,推动中医药走向世界。

第二节 中医药强省建设的指标体系

在中医药强省建设方面,目前尚无统一的综合评价指标。我们在广泛调研和梳理"群雄逐鹿"的中医药强省建设总体情况的过程中,探索出一套能够在省份间进行对比的评价指标,这套指标不仅能体现政府对中医药事业的支持、投入力度,还要能衡量中医药在人民群众生活中的影响力和实际效果,也要体现中医药界人士的荣誉感、成就感、幸福感,以期更好地推进各省份中医药强省建设,为

---

❶ 陈英.冲锋,战疫中挺起中医人的脊梁[J].当代党员,2020(6):51-53.
❷ 岳振,刘丹.战疫援鄂州:"贵州力量"承大义[J].当代贵州,2020(8):48-51.

各省份中医药强省建设提供参考。

一、政策指引

在政策方面，党的十八大以来，以习近平同志为核心的党中央站在党和国家发展全局的高度，提出了一系列治国理政新理念、新思想、新战略，强调把发展中医药事业作为维护人民健康、推进健康中国建设、促进经济社会发展的重要内容，纳入"五位一体"总体布局和"四个全面"战略布局之中，全面谋划、系统部署，为推动中医药振兴发展提供了理论指导和行动指南。2016年12月25日发布的《中华人民共和国中医药法》，在中医药发展史上具有里程碑意义，开创了依法扶持促进保障中医药事业发展的新局面。2017年10月，习近平总书记在党的十九大报告中强调"坚持中西医并重，传承发展中医药事业"，为新时代中医药的发展指明了方向。当前，中医药振兴发展迎来天时、地利、人和的大好时机。

省级政府要把对中医药事业的支持落到实处，出台一系列支持中医药发展的政策文件，逐步形成相对完善的中医药政策体系，使中医药强省的建设和发展走上"快车道"，加快中医药强省的建设步伐。充分支持中医药事业的传承与创新发展，既要传承中医药的传统文化，发挥中医药治未病、辨证施治、多靶点干预的独特优势，也要坚持在传承传统中医药文化的基础上创新发展，这就要求坚持中西医结合、中西药并用，使中医和西医各自的优势得以充分发挥[1]。要充分发挥中医药事业带动其他事业发展的作用，例如，可以把中医药行业分为中药材等原材料的种植、养殖，经过加工后成为中成药药材，在生产后还可以作为中药饮片、中成药、中药配方颗粒等产品在医药市场中流通，从而达到延长中医药产业链，促进中医药的深加工，加快中医药产业的融合的目的。要坚定青年学习中医药的信心，加强中医药人才培养，提升中医药界人士的社会地位，建立健全中医药服务体系，让更多群众享受优质的中医药服务[2]。

---

[1] 郑慧凌. 中医药文化传播对留学生中医药文化认同的作用机制研究[D]. 南京：南京中医药大学，2020.

[2] 闵晓青. 中医医疗机构服务能力发展研究[D]. 南京：南京中医药大学，2017.

二、实施方略

在资源配置方面，中医药资源源于百姓还要回归于百姓，充分发挥政府的宏观调控作用，切实恢复中医药简便验廉的质朴属性。

第一，进一步优化中医药资源配置，缓解中医药资源分布不均衡的问题。科学配置中医医疗服务资源，将中医医疗机构建设纳入区域卫生发展总体规划和医疗机构设置规划。实施公立中医医疗机构标准化建设，全面建成以中医类医院为主体、以综合医院等其他类别医疗机构中医药科室为骨干、以基层医疗卫生机构为基础、以中医门诊部和诊所为补充、覆盖城乡的中医医疗服务网络。大力推进各级区域中医诊疗中心、重点专科、学科联盟建设，打造中医优势病种，加大中西医结合力度。

第二，合理配置基层医疗卫生机构中医药人员和设备。加强乡镇卫生院和社区卫生服务中心中医科室建设，持续发展村卫生室、社区卫生服务站的中医药服务，筑牢网底，提高基层中医药服务可及性。构建城乡基层同步发展、政府办与社会办协调发展，涵盖预防、保健、医疗、康复等功能的现代中医药服务体系。进一步促使中医药广泛参与医疗保障和公共卫生事业，充分发挥中医药特色优势。

第三，政府应科学认识中医药事业发展的规律，充分认识到扶持和促进中医药事业发展的重要性和紧迫性，加大对中医药产业的资金支持，充分发挥中医药事业在各个省份的地区优势以及对各个省份所起到的积极的经济作用，并通过发展中医药事业来带动中医药其他相关产业的发展，从而达到传承中医药学术思想和繁荣当地经济的双重目的。

三、现实意义

各个省份积极响应国家建设中医药强省的政策，目的不仅是传承中医药文化和促进中医药事业的发展，其根本目的是为各个省份的人民群众提供更优质的中医药服务。在建设中医药强省的指标体系中，在衡量中医药在人民群众生活中的影响力和实际效果方面，以新冠肺炎疫情为例，中医药发挥了巨大的诊治作用，成为抗击疫情的主力军。各个省份的中医机构和中医药相关部门纷纷派出中医专家组和医疗队奔赴抗疫一线，大多数确诊患者接受了中医药的治疗，总有效率超过90%，迎来了我国中医药发展的高光时刻，这也使中医药的战"疫"力量以及中医药维护和增进人民健康的独特作用得以充分发挥[1]。钟南山先生曾说过："人，最好的医生就是你自己。"中医药讲究四季环境的变化，保持阴阳平衡，从而达到延年益寿的目的，其最大的特点和优势就是治未病。要把中医药养生保健的知识和文化普及给更多的人，帮助人们养成良好的心态，保持健康的身体和心理，从而充分发挥中医药在疾病治疗中的优势、强化中医药在疾病预防中的作用、提升中医药特色康复能力，使中医药在人民群众生活中的影响力和实际效果得以充分彰显，为更多的人提供更加优质的中医药服务。

  以文化建设为引领促进中医药产业化发展。充分发挥省级中医药产业的资源优势，打造区域中医药龙头企业，推进中医药产业园区建设，促进中药产业转型升级，支持研发机构与生产、制造和流通、中药材和中成药、保健食品企业之间进行上下游整合，构建完整的中医药产业链。支持省内知名中医药企业进一步扩大规模，鼓励中药优势企业进行兼并重组。加强中药材资源保护和利用，打造道地中药材优势产区，塑造优势品牌。鼓励探索并深化中药饮片剂型改革，加快中药新药、天然药物、中药提取物、新型中药饮片的研发，促进中医药国际化。深入挖掘地区中医药历史素材、丰富中医药文化底蕴，大力发展中医药文化养生旅游，弘扬中医药优秀文化，加强中医药文化保护和传承，积极建立保护数据库、保护名录和保护制度，促进中医药文物设施保护和非物质文化遗产传承，推动更多非药物中医诊疗技术列入省级和国家级非物质文化遗产目录。加快完善中医药博物馆建设，促进中医药文化宣传教育基地发展，进一步发挥各级中医院弘扬中医药文化的阵地作用，创建一批"药、医、养、食、游"相融合的高质量养生旅游基地，大力实施中医药健康文化素养提升工程，打造中医药科普品牌，创作精品科普作品，开展形式多样的中医药文化宣传活动，不断提高广大人民群众的中医药健康文化素养，促进文化惠民，为建设中医药强省奠定良好的群众基础。

---

[1] 张洁. 老年 COPD 患者关键要素置顶法中医健康教育方案构建研究［D］. 长沙：湖南中医药大学，2020.

基于国家对中医药事业的高度重视和大力支持，各个省份培养中医药创新人才，对推进中医药强省建设是至关重要的。因此，在中医药强省建设的指标体系中，应增强医药界人士的荣誉感，各个省级政府不仅要充分肯定中医药的积极作用，更要看到中医药界人士的贡献，充分肯定中医药界人士为维护人民的生命健康和发展国家的健康事业所做出的重大贡献，健全人才评价激励机制，如为在抗击疫情中做出重大贡献的中医药界人士颁发"全国优秀中医临床人才"等荣誉称号，或者对其他促进中医药事业传承与发展的人赋予中医药行业的最高荣誉——国医大师。但要注意的是，在进行人才评价的过程中，万万不能死板套用，因为党管人才的原则是总体性的，人才又分布在各行各业，而医学人才的专业性要求很高，由各级党委直接去考核评价难免出现偏差。鉴于这种情况，人才评价权的下放显得尤为重要，这就要求各个用人单位要结合实际，灵活运用，对人才进行科学合理的评价。人才评价要敢于打破传统思维。实践是检验真理的唯一标准，工作实绩是人才价值的真正体现，实干肯干的人才是我们需要的人才。在人才评价上，我们要敢于打破壁垒，坚决摒弃唯学历、唯资历、唯论文、唯奖项等思想，坚持实事求是，对不同行业的人才设定不同的标准，以人才的工作实绩来考核评价人才，解决人才评价一刀切的问题，充分发挥人才评价的作用。只有这样，才能为中医药界人士带来荣誉感。在中医药界人士的成就感方面，一方面，在中医药文化理论上，要加强对中医药传统文化的传承，让优秀的中医药文化得以延续，在传承中发展，在发展中传承，从而促进中医药事业的持续健康发展，还要加强对中医药传统文化的创新，要坚持在传承中创新，坚持中西医结合、中西药并用的原则，从而充分发挥中药和西药各自的优势，有效解决西医所不能解决的诊治问题，从而使中医药文化在与西方药物文化的紧密结合中得以创新❶。另一方面，在中医药文化的实践上，中医药界人士可以用自己的医学技术和医学经验，尽最大努力去救治一个又一个病人，在救治的过程中，不停地总结过去的经验，为中医药界人士带来满满的成就感。在中医药界人士的幸福感方面，中医药

---

❶ 刘志学.纳入国家规划，让中医药文化源远流长：访全国政协委员、河南中医学院基础医学院副院长司富春教授[J].中国医药导报，2012，9（10）：1-3.

作为我国古代文化的瑰宝,是我国优秀传统文化的集中体现❶,中医药界人士深爱着我国的中医药文化,为我国中医药文化的悠久历史和博大精深感到自豪和骄傲,而且中医药界人士比其他人更懂得善待自己的身体,守护好自己的健康,基本人人都有一套独特的养生方式,拥有积极乐观的心态和健康的生活方式,不仅能保持自己身体的健康,还能为患者带来健康的身体,与患者保持良好的人际关系。毋庸置疑的一点是,拥有健康不仅是最基本的幸福,还是最大的幸福,没有健康就意味着失去了一切。有研究表明,身体健康和主观的幸福感有紧密的关系,这也使中医药界人士的幸福感能够得到快速提升。总之,在加强中医药强省建设之中,要夯实中医药人才基础,充分发挥中医药人才的积极作用,不仅要提升中医药界人士的荣誉感、成就感、幸福感,还要改革人才培养模式,优化人才成长途径。

---

❶ 中国中医药年鉴编委会.中国中医药年鉴:2010 行政卷[M].北京:中国中医药出版社,2010.

第四章　河北中医药强省建设：自我超越的历史性命题

中医药强省建设是河北中医药发展历史的延续，也是在历史维度上实现的自我超越。要突破制约中医药发展的各种因素，就要探索出一条可以体现燕赵特色的发展之路，焕发河北中医药新活力。

第一节　河北中医药的历史积淀

河北是中医药历史文化底蕴深厚的重要省份之一，这也是目前中医药强省建设的主要背景和基础。通过对河北中医药历史的总结和梳理，突出中医药强省建设所承载的历史意义，不是选择题，而是必答题。

河北自古名医辈出，流派纷呈，不仅是中医药的重要发祥地，而且是有着巨大影响力的中医药大省，其中中医药的发展历史最早可以追溯到春秋战国时期。这一时期，铁具和牛耕的使用与普及推进了社会生产力的进步和发展，井田制的逐渐瓦解，促进了以小农经济为主体的、精耕细作的自然经济的形成，这使封建土地所有制得以确立。随着经济的发展，中医药学也同其他学科一样迅速发展起来。与此同时，采取了重农抑商的政策，不仅减轻了农民沉重的经济负担，而且有效地扶持了小农经济，在一定程度上也推动了封建小农经济的发展，为中医药文化的繁荣和发展提供了一定的物质基础。在小农经济的推动下，思想文化也迎来了繁荣的春天，私学的兴起培育了一大批学识渊博和阅历丰富的学者，人们的思想空前活跃，百家争鸣，圣贤齐出，医界也是人才辈出。此时河北内丘诞生了中医学的开山鼻祖——扁鹊，他穷尽毕生精力，认真总结前人和民间经验，结合自己的医疗实践，在诊断、病理、治法上对我国医学做出了卓越贡献。扁鹊创立了中医独特的辨证施治，以诊脉而闻名，总结出"四诊"方法，即"望诊、闻诊、问诊、切诊"。在四诊中，扁鹊最擅长的就是望诊和切诊，即通过观察病人的神、态、气、色和诊脉的方法判断病人的病情。相传有名的中医典籍《难经》就是扁鹊所著，他的医学经验和所创立的诊治方法，奠定了我国传统医学诊断法的基础，也开创了中医切脉诊断的先河，在我国医学史上具有承前启后的重要作用，对我国医学发展产生了较大的影响，为中医药发展奠定了坚实的基础❶。

宋朝是中国历史上一个关键性时期。这一时期，结束了五代十国的分裂局面，其经济繁荣程度可谓达到了前所未有的状况。以农业为主体的宋代社会经济得到了长足的发展，经济的繁荣推动了人口的增长，北宋后期的人口数量曾达到高峰。同时，农业、印刷业、造纸业、丝织业、制瓷业的重大发展也为医药的进步创造了有利条件。宋代的当权者认为医药是救民疾苦的良方，亲自研究药方，以身示范，从中就可以看出其对待医学高度重视的态度。统治者对医学的积极推崇，让整个社会都开始重视医术，流行着"不为良相，便为良医"的说法，意思是如果不能做一个辅助君主治理好国家的好宰相，那么做一个救死扶伤的好医生也是可以的。良医与好宰相具有同等地位，都含有拯救天下苍生的寓意，医生的社会地位得到了明显的提高。官府重视，百姓知医，对中医学的发展无疑是有利的条件。此外，政府利用发达的印刷术颁布医书，促进了医学在民间的广泛交流与传播。国家统一、官府高度推崇以及印刷术的兴盛等因素的综合作用，使医学经典著作丰富多样，形成了空前的局面。这一时期，位于河北省中部、保定市南部的安国，是中国最大的中药材集散地和中药文化发祥地之一。安国药业源远流长❷。安国古称祁州，中药材交易已有千年历史，始于北宋，盛于明清，素以"药都"和"天下第一药市"享誉海内外。位于河北省安国市的药王庙是全国最大的纪念历代医圣的古建筑群，所供奉的对象是唯一的一个皇封药王——邳彤。传说邳彤发现了一种名为"王不留"的草种子，具有舒筋活血、通乳止痛的效果。他

---

❶ 张明，于井尧. 中国科技史［M］. 长春：吉林文史出版社，2006.
❷ 王亦然. 河北省实施共建"一带一路"倡议实践研究［D］. 石家庄：河北经贸大学，2020.

还经常扮作游医给老百姓治病,因常常在外,自己的母亲得了重病也不能亲自为其治病。民间所流传的传说,都附带着百姓对邳彤情感上的期许,代表的是民间对大医"公心济世"的期待和向往。

金元时期经济发展状况较好。粮食、桑麻、纺织、冶铁、煤炭、商业等方面呈现进一步发展的趋势,铁制工具的广泛使用,又进一步增强了手工业、畜牧业等的优势。各方面的繁荣发展,在一定程度上对中医学的研究有积极的促进作用。金朝的政治体制一元化,使金朝逐步强大,客观上也促进了金朝经济的发展。经济的发展又带来了工艺技术的发展以及发展迅速的新兴手工业部门,为中医学的研究提供了经济条件。不仅如此,医学在金元时期进入繁荣发展阶段,中医学理论发展活跃,中医学派枝繁叶茂,中医学迎来了长达百年的理论成果喷涌式发展的黄金时期。事实上,中医学理论(除针灸学理论外)真正成型也是在这一时期,且这一时期在医学方面也有长足的发展,对中医今后的发展产生了重要的影响,主要表现在:更新了医事机构,将主要医事事务统归于一个部门管理,开历史之先河❶;设立医学院校,严格要求医学生;采用多种方式进行医官选拔、医学分科等,在一定程度上促进了中医的发展。动荡的社会环境和活跃的学术氛围促使社会出现了医术界"百家争鸣"的局面,这一时期形成了以张元素为代表的主张"寒凉攻下"的易水学派和以刘完素为代表的主张"补虚益损"的河间学派❷,还出现了李东垣、王好古等具有重要地位的医家。易水学派和河间学派的形成和发展既有相似性,又有很大的不同。易水学派提出以文献研究为基础,以患者临床实践为导向,通过分析病人的特点来遣方用药。在分析中发现脾胃内伤最为常见,究其原因有三:一为饮食不节;二为劳役过度;三为精神刺激❸。其主要代表医家是张元素,他在《内经》脏腑理论的启示下,结合自己数十年的临床经验,总结了以脏腑寒热虚实以言病机的学说,使脏腑的生理、病理、辨证和治疗各成系统,较前又有提高,使脏腑辨证说由此逐渐被众多医家所重视。至清代,脏腑辨证理论趋于完善,现已成为中医辨证理论体系中的重要内容。可见,张元

---

❶ 郑宇.金代医学研究[D].长春:吉林大学,2009.
❷ 孟昭勋,康兴军.丝路华夏医学辨析[M].西安:陕西人民出版社,2004.
❸ 杨新建.河北中医五千年[M].北京:中国中医药出版社,2010.

素的脏腑辨证说对中医学的发展做出了重要贡献。此外，张元素还对药物学颇有研究，尤其在药物学的理论认识和临床脏腑用药方面。中药学的理论与其临床效用紧密结合起来，推动了中药学理论的发展❶。河间学派则是从运气角度出发，探讨火热病机，擅长治疗火热病，善用寒凉药物，故后世又称之为寒凉派，有"热病用河间"之说❷。张从正作为河间学派的一位重要医家，重视邪气致病，最著名的观点是"夫病之一物，非人身素有之也，或自外而入，或由内而生，皆邪气也"（《汗下吐三法该尽治病诠》）。张氏所论之"三邪"是指"天地人三邪"，他认为天地各有六气，人有六味，太过都会成为邪气，导致人体上中下三部发生病变，这反映了张从正对邪气的独特见解❸。对于如何祛邪，主要有三个办法，即发汗、泄泻及催吐，每种方法都是有一定适用范围的，各个方法都有所禁忌的事情，汗、下、吐三法也是医家张子和学术思想和临证经验的核心❹。这两个学派善于继承的同时又勇于创新，在医学理论中有许多独到的见解，开拓了中医学发展的新局面，在中医学上起到了承前启后的作用，对后世的影响甚大❺。

　　李东垣，名李杲，河北正定人，是金代重要的医家之一，其流传比较广的著作有《脾胃论》《内外伤辨惑论》《兰室秘藏》等，其中《脾胃论》是补土学派的代表著作，全书遵循《内经》"人以水谷为本"的宗旨，以"人以胃气为本"的思想为基础，着力阐发"内伤脾胃，百病由生"的病机理论，将内伤脾胃的原因主要概括为三条，即饮食失调、劳役过度及精神刺激，他倡导培补脾土、潜降阴火的治则思想，形成了较为系统的脾胃内伤病的辩证论、治理论体系❻。书中用方虽多沿用《内外伤辨惑论》，但又做了进一步的理论阐发，总以培土补中，甘温除热，甘寒泻火为原则。有一著名学说"内伤脾胃，百病而生"，也是李东垣提出的，他认为疾病的发生发展，多与脾胃内伤有关。中医又认为"脾胃是后天之

---

❶ 栾胜军.学习医家张元素的体会［J］.中国现代药物应用，2008（13）：109-110.
❷ 冯丽梅，鲁兆麟.我国医学流派时空变迁分析［J］.陕西中医，2007（3）：311-313.
❸ 秦玉龙.中医各家学说［M］.北京：中国中医药出版社，2009.
❹ 温长路.对张子和及其《儒门事亲》的考辨［J］.光明中医，2012，27（1）：1-5.
❺ 曲世积.古典文学名著要介［M］.哈尔滨：黑龙江人民出版社，1984.
❻ 雷云霞，盛好.东垣《脾胃论》治诸疾学术渊源及理论特色［J］.四川中医，2018，36（7）：33-35.

本"，人出生以后，生命活动所需要的很多营养物质有赖于后天脾胃的摄入。李东垣不仅高度重视人的脾胃，而且将所创立的脾胃学说在针灸临床中应用，为祖国医学的不断发展做出了卓越的贡献❶。

元代赵州（今河北省赵县）的王好古，曾经和李东垣一起学医于张元素。张元素强调脏腑辨证，重视分辨病变所在脏腑的寒热虚实，李东垣阐发脾胃学说，尤重脾胃内伤虚证的探讨。在张元素、李东垣二家的影响下，王好古又着重于伤寒论方面，而独重由人体本气不足导致阳气不足的三阴阳虚病症，另成一家之说。还著有《阴证略例》《医垒元戎》《此事难知》《癍论萃英》《汤液本草》等书，其中《阴证略例》为其代表作，所阐述的阴证学说也正是其对中医学的重要贡献之一，对阴证的发病原因、病机鉴别诊断和辨证施治，都做了非常详细的论述，提出了不少独到的见解。王好古这些关于阴证学说的理论和实践，不仅丰富了张仲景的学术思想，还充分发扬了易水学派的学说，对阴证学说做出了很大的贡献，许多观点和思想都被后世的医家所继承，大大促进了中医学的发展。

清朝的医疗背景体现在医事制度和医学教育两个方面：在医事制度上，多沿袭明朝旧制，设太医院为独立的中央医事机构，但是更加趋向简化，太医院的分科不断简化，合并为五科。在医学教育上，在地方开办医学，虽然规模比较小，但是制定了考试的制度，开始更加重视医家的医德教育，大体可以归纳为以下几点：不图名利，急病人所急，贫富一视同仁，珍重人的生命，谦虚谨慎，互相学习，这对于提高医务人员的文化素质和研究水平客观上是有利的❷。而这一时期，当权者为进一步巩固封建王朝的统治，采取了海禁和闭关锁国的外交政策，限制和禁止对外交通和贸易往来，主要特点是故步自封。这一时期的外交政策是弊大于利的。虽然闭关锁国的外交政策可以抵御境外敌人的入侵，但是，其不仅抑制了中国资本主义的萌芽和发展，而且阻碍了中国人学习世界先进的思想文化和医学理论，限制了人们的眼界，阻碍了国民思想进步，影响中国文化教育和医学教育事业的发展，造成中国人才的匮乏，最终导致中国的医学文化难以传播的现象出现。总体来说，对我国医学的发展是不利的。俗话说"物极必反"，当清朝的

---

❶ 李玉梅. 侯平玺治疗恶性肿瘤临床经验［J］. 中医学报，2014，29（11）：1557-1558.
❷ 许健鹏，高文柱. 中国传统康复治疗学［M］. 北京：华夏出版社，2005.

专制统治到了一定程度,必然会对清朝的统治造成影响。此时西方的一些国家正在发展资本主义,不断向外侵略和扩张,而清政府又采取了落后的"闭关锁国"政策,统治内部充满了腐败与软弱。1840年英国发动了侵略中国的鸦片战争,且鸦片战争后中国多遭列强入侵,甲午中日战争和八国联军侵华战争使民族危机进一步加剧,主权和领土严重丧失,民族危亡之际,大臣中才开始出现向西方学习的思潮。西方传教士的到来,使中国人了解到一些先进的外来文化,开始出现中西文化的交融。中西医文化的交流可以丰富我国医学学术的内容,取之所长,避之所短,一些先进的人士,包括我国的医学家,也开始睁眼看世界。这一时期的王清任,玉田(今河北玉田)鸦鸿桥人,是清代具有革新精神的解剖学家和医学家。王清任十分重视实践,对祖国医学中的气血理论进行了更深入的研究,创立了很多活血化瘀方剂,注重分辨瘀血的不同部位而分别给予针对性治疗,特别是在活血化瘀治则方面有独特的贡献。他的方剂一直在中医界受到重视,并广泛应用于临床,不仅对中医内科、外科、儿科各科做出了贡献,而且对针灸临床也有重要的指导意义❶。其代表作品是《医林改错》。在这本书中,他一是比较准确地描述了胸腹腔内脏器官、血管等解剖位置,较过去有校正、有发现;二是创活血化瘀新理论,拟出许多新方,于临床颇有奇效;三是否定胎养、胎毒等陈说及综成"灵机记性在脑不在心"新说。其贡献巨大,值得肯定。王清任为后世医家留下了宝贵的资料,在瘀血证的立法及方剂的创立上,其发扬和革新有很大的学术价值。他还是影响深远的大师和学术创新的典范,奠定了中医事业坚实的基础,并深刻影响中医未来的发展❷。

但是从总体而言,清朝闭关锁国政策的落后性和统治阶级内部的腐朽性,使得近代的中国开始沦为半殖民地半封建社会。此时我国国内兴起了洋务运动,引进科学技术,选派留学生出国深造,创办新式医学堂,培养西方医学书籍翻译人才,客观上刺激了中国资本主义的发展,且近代企业的出现,对外国的经济侵略起到抵制作用,促进了中国的封建经济进一步解体。这减少了中国民族资本主义

---

❶ 刘钧.王清任活血化瘀理论在针灸临床运用举隅[J].江苏中医药,2004(10):43-44.

❷ 王莒生.名老中医经验集[M].北京:中国中医药出版社,2006.

发展的阻力，为其产生与发展奠定了基础，使中国慢慢被卷入世界资本主义狂潮，西方资本主义列强加强了对中国原料的采购，客观上推动了中国的现代化进程，促进了商品经济的发展，为我国医药学的发展创造了比较好的条件。近代的思想归结为一个主题就是向西方学习，探索救国救民之路。魏源提出的"师夷长技以制夷"的思想，则成为近代向西方学习的口号，同时也是对几千年传统观念的一次挑战，迈出了近代中国向西方学习的第一步❶，对当时知识界解放思想、向西方学习有重要的启迪作用。近代先后兴起了洋务运动、维新变法、辛亥革命、新文化运动等向西方学习的运动，打破了封建思想对中国人的束缚。西方医学在国内的传播，也为医学的发展创造了良好的社会环境，促进了东西方医学的交流，因此中医也能够在传统学术的基础之上汲取西医的智慧，在实践中得到了不断的创新与发展，从而达到更好的医学效果❷。

当前，我国领导人高度重视中医学的学术思想和诊治方法，提出了建设中医药强省的战略，河北省也积极响应国家的号召，努力推进中医药强省建设，从各个方面把中医药大省建设成中医药强省。河北省地区地貌复杂多样，兼有高原、山地、丘陵、平原、湖泊和海滨❸。主要适合种植的常用中药材包括：具有催眠、刺激子宫收缩、祛斑等作用的草本植物远志；有延缓衰老、活血化瘀、减肥瘦身、预防糖尿病之功效的丹参；用于感冒发热、子宫脱垂、月经不调等症的柴胡；有宁心安神、降脂降压、养颜益寿之功效的酸枣仁；有治风寒咳嗽、气喘、虚劳、咳吐脓血等功效的紫菀等。河北省不仅有经营中药饮片和处方药的发展状况良好的河北顺全隆药业有限公司、安国市誉林药业有限公司和河北珍强商贸有限公司，还有各地具有发展特色的中药材种植基地。

随着我国经济和科技的发展，河北省的中医学理论和实践也在不断发展和变化，相信在综合国力不断提升的背景下，河北省的中医药事业也会发展得越来

---

❶ 沈为慧.用课程理论引领教学实践：读陈志刚老师《历史课程术休研究》有感［J］.中学历史教学，2013（6）：2.

❷ 许玲.文化自觉视角下东盟来华留学生思想教育研究［D］.贵阳：贵州财经大学，2017.

❸ 王刚，王继红，胡洪平.教学医院特色专科专病教学实践与探索［J］.按摩与康复医学，2019，10（5）：91-93.

越好，从而加快建设河北省中医药强省的步伐，不仅可以造福国人，还能走出国门，为全世界的人民提供更优质的中医服务。

第二节 河北中医药强省建设的启动与推进

2016年10月16日，作为全国首个召开卫生与健康大会的省份，河北省全面吹响了健康河北建设的号角，积极响应国家中医药强省建设的政策。河北省人民政府印发《河北省贯彻〈中医药发展战略规划纲要（2016—2030年）〉实施方案》，方案明确提出到2020年，实现人人基本享有中医药服务，初步建成中医药强省；到2030年，要扎实做好中医药的继承工作，加强对中医药传统知识的保护与利用，提高中医医疗服务能力，把中药产业做强做大，从而顺利实现全面建成中医药强省两个阶段性的发展目标[1]。

2017年，为进一步提高基层中医药的发展水平，以中医药强县助推中医药强省建设，推动全省中医药产业的均衡发展，形成全省中医药振兴发展的一盘棋格局，河北省人民政府办公厅印发《河北省中医药强县建设方案》，主要任务分为全面发挥中医药"五种资源"作用、加强中医药服务体系建设、强化中医药人才培养、促进中医中药协调发展和努力创造优越发展环境五个方面[2]。

2018年，河北省实施"中医药强省建设人才支撑计划"，省卫生计生委、省财政厅等八部门联合印发了《河北省中医药强省建设人才支撑计划（2018—2030年）》。该计划明确提出：从2018年开始，河北省将实施中医药强省建设人才支撑计划，到2030年全省中医医师达到6万人，进一步健全和完善中医药人才培养体系，符合中医药发展特点，有利于中医药人才成长和发挥作用的体制机制基本建立，中医药人才队伍规模显著扩大，布局、结构更加合理，素质明显提高，成为全面建成中医药强省的重要支撑和重要力量。

2019年，河北省卫生健康工作会议指出：要坚持政治引领、稳中求进、创新

---

[1] 中国生产力学会秘书处.科学持续地发展生产力：世界生产力科学院中国籍院士文集[M].北京：经济科学出版社，2009.

[2] 全区中医药事业发展再提速[N].中国中医药报，2009-10-15（2）.

驱动、高质量发展,从十个方面精准发力,加大全国基层中医药工作先进单位和河北省中医药强县创建力度,年内再新建 200 个国医堂。

2019 年,河北省加快发展中医药产业,制定出台《加快推进中医药产业发展行动计划》,明确指出:要立足全产业链提档升级,统筹推进中药材种植、中药工业、商贸流通、中医药健康服务和健康养老等领域的发展,实现行业间的有效衔接,坚持质量标准引领,产学研用一体化,加快中医药产业化、现代化,充分发挥河北中医药产业传统优势,把中医药产业打造成河北省的亮点特色产业。

2020 年,河北省政府新闻办召开了"河北省中医药传承创新发展"新闻发布会,明确规定了河北省下一步将打造中医药发展新格局,从而形成覆盖城乡、上下贯通的中医药服务体系。

河北省中医药发展环境进一步优化,省委书记、省长多次对中医药工作进行专题调研,做出了重要指示批示。建立了由分管副省长任组长、33 个部门负责同志为成员的河北省中医药事业发展领导小组,修订出台《河北省中医药条例》,河北省成为《中医药法》颁布后全国首个完成中医药地方性法规修订的省份。

为实现"把河北省建成全面的中医药强省"的目标,需要给河北省中医药强省的建设提供重要的支撑,从而使河北省建设中医药强省驶入"快车道"。截至 2020 年年底,河北省全省已拥有三级中医院 26 家、二级中医院 165 家,293 家医院成为省级中医重点专科建设单位,建成国医堂 1760 个,有 107 家县级中医院完成改扩建,70 家县级中医院完成标准化建设,各级中医院的硬件条件、技术水平、服务能力都得到了显著的提升。国医堂建设数量的增加,使河北省基本实施了公共卫生项目中医药服务,上到 65 岁以上的老年人,下到 0 至 36 个月的婴幼儿,都纳入了中医药的服务体系,让老百姓在家门口就能够方便获得艾灸、拔罐、推拿、刮痧、穴位贴敷、耳穴埋豆等中医药服务;全省中医院床位数由 2015 年的 3.8 万张增至 2019 年的 5.5 万张,年诊疗量由 1895 万人次增加至 2647 万人次,中医药服务的可及性得到了明显的增强;为进一步加强中医药文化的传播,使河北省丰富的中医药文化资源得到充分挖掘,进而推动中医药文化创造性转化和创新性发展,实施了"扁鹊计划",建成五个全国中医药文化宣教基地;不仅如此,河北省更是加大中医药人才培养和科技创新力度,2015—2019 年,河北中医学院本科专业由18个扩增至24个，6个学科入选河北省与国家中医药管理局共建中医药重点学科，博士、硕士学位授权点分别达到24个、28个，共培养中医、中药、中医护理及创新骨干人才1293名，给河北省中医药强省的建设提供了中医药人才支撑。

河北省拥有多个中医药实力雄厚的中医院，其中河北省中医院最为出名。创建于20世纪70年代的河北省中医院，位于河北省石家庄市，是一所集医疗、教学、科研、预防、急救、康复等功能于一体的综合性三级中医院，更是一家设施完善、人才济济、具备创新研发能力的综合性三级甲等中医院。为丰富医院医疗服务的内容、提高医院诊疗效率，河北省中医院构建了全省领先的以管理、临床、科研、中药，四个数据中心为一体的"4643信息化体系"❶。建设医院的最大目标就是为患者提供更优质的医疗服务，提高医院对患者的综合救治能力成为河北省中医院工作的重中之重。医院引进高端人才，拓展救治领域，完成科室全部建制，将外科技术与中医药现代技术、现代护理技术相融合，建立完善的医疗救治体系，实现术后快速康复和对身体紊乱机能进行整体调理，最大限度地减轻患者痛苦。河北省中医院在治病救人的同时，还肩负着中医药文化的传播和发展任务。河北省中医院的办院理念是努力打造患者康复的家园、职工发展的家园，因此医院也在大力倡导家园文化建设。同时，打造文化引领工程、文化塑院工程、文化精品工程、文化传播工程、文化形象工程，真正让文化看得见、体会得到、铭记于心、浸润到言行。不仅如此，河北省中医院积极投身于中医药强省建设，使命在肩、责无旁贷。近年来，河北省中医院在国家大力倡导下，以探索职业化管理破题，实施差异化发展定位，科学设定发展目标、路径和举措。该院认为，改革创新是中医药强省建设的核心驱动。这当中需要实现三个转变：一是医疗理念重塑——从治已病转向治未病；二是医疗机构转型——从以治疗为主转向预防与治疗并重；三是医疗政策调整——从以正面清单管理为取向转向以负面清单管理为取向。这引领全院成功实现倍增式发展，为中医药强省建设做出了应有的贡献。

---

❶ 何光辉.某三甲中医医院药学科研模式构建的研究[D].郑州：河南中医学院，2015.

位于河北省省会石家庄市的河北中医学院，是河北省唯一一所独立设置的中医药本科院校，也是国家中医药管理局与河北省人民政府的共建高校。河北中医学院的文化底蕴深厚，教育教学能力强，培养了一大批涉及医学和政界等多方面的、优秀的知名校友。就文化底蕴而言，河北中医学院将"博学求源，厚德济世"作为校训。"博学求源"是中医人一生不断追求的目标，意在体现医学生的学识素养，希望河北省中医学院的学生广泛学习，学识渊博，从而做到溯本求源。"厚德济世"是中医学生毕生所践行的责任，意在体现医学生的人文关怀❶。其中，"厚德"是希望河北中医学院的学生不断提高自身的品德修养和道德水平，做到理想崇高、信念坚定、情操高尚、人格完善，像大地一样，包容万物。"济世"则出自《后汉书·费长房传》中的"悬壶济世"，告诫广大从医者一定要牢牢记住医生的职业操守，努力践行救死扶伤的责任。在教育教学能力方面，河北中医学院设有基础医学院、中西医结合学院、针灸推拿学院、药学院、护理学院、临床医学院等11个二级教学单位，开设中医学、中西医临床医学、针灸推拿学、中药学、护理学、中药资源与开发、中医儿科学、中医养生学、健康服务与管理等本科专业。河北省中医学院的师资力量雄厚，截至2020年2月，学校拥有专任教师621名。其中拥有高级专业技术职务的404人，正教授156人；博士生导师44人，硕士生导师374人。李士懋、李佃贵教授分别于2014年、2017年被授予"国医大师"荣誉称号，李佃贵、方朝义教授2016年12月被评为"中医药高等学校教学名师"。同时拥有包括国务院政府特殊津贴专家、全国名中医、"新世纪百千万人才"国家级人选、国家级名老中医学术继承人指导老师、全国优秀教师、全国优秀中医临床人才以及省管优秀专家、省级教学名师等各类人才工程专家人选共计100余人。

河北中医药强省建设的启动与推进离不开河北省中医药企业的支持，如神威药业、以岭药业、乐仁堂以及石药集团等。神威药业是全国医药百强、中药行业十强，是专业从事现代中药研发、生产、销售的大型企业。主要针对的是中老年用药、儿童用药、抗病毒用药三大高速增长的目标市场，专注发展现代中药新剂

---

❶ 张继静.中医药院校校训在大学生医德教育中的价值实现研究［D］.广州：广州中医药大学，2019.

型、新产品，形成了以现代中药注射液、中药软胶囊、中药颗粒剂三大剂型为特色的强大优势产品组合，现代中药注射液、软胶囊产量雄踞国内第一位。神威药业公司拥有现代化的生产设施和大规模商业化的生产能力，且神威药业的现代中药产品具有"三小（剂量小、毒性小、副作用小）、三效（高效、速效、长效）、五方便（生产、运输、服用、携带、储藏）"的特色优势，实现了中医药与现代生活的同步发展，真正做到了良药不再苦口。先进的研发能力是神威药业持续发展的基础，神威药业积极开展中医药药学的研究和临床研究，提高现有产品技术标准并开发新产品，成功地完成了五福心脑清软胶囊等几十个现代中药产品的大规模商业化生产，形成了"生产一代、储备一代、开发一代、研制一代"的新产品格局❶。神威药业未来五年的发展目标是继续专注于现代中药的研发、生产和销售，着重培养以严细求实为核心的神威文化等四个方面的核心竞争力，从而打造一流的现代中药品牌，引领现代中药，促进健康产业的发展。以岭药业自从创立以来，始终坚持"以科技为先导，以市场为龙头"的科技创新发展战略，创立"理论—临床—科研—产业—教学"五位一体的独特运营模式，建立起以中医络病理论创新为指导的新药研发创新技术体系❷。五位一体的发展模式曾被科技部领导赞誉为"我国中医药科技成果产业化的创举"❸。以岭药业的核心产品是有血液保护、血管保护、缺血心脑组织保护三种保护作用的通心络胶囊；有促进心功能改善，抑制心房、心室电重构，发挥抗心律失常作用的参松养心胶囊；有强心、利尿、扩血管作用的芪苈强心胶囊❹；具有广谱抗病毒、抑菌、抗炎退热、化痰止咳作用的连花清瘟胶囊等。乐仁堂衍生于北京同仁堂，是河北省"著名商标"和医药行业的"中华老字号"。多年来，乐仁堂人继承而不拘泥于传统，创新而不脱离传统，恪守"乐施仁爱，济世健民"的企业精神，践行"追求卓越，服务健康"的行业使命，在时代的浪潮中领航前行。乐

---

❶ 甄兰敏.迅猛发展的神威药业集团［J］.中国创业投资与高科技，2005（10）：78.

❷ 吴以岭.重视与加强心脑血管病及糖尿病等重大疾病防治体系建立［J］.中国食品药品监管，2013（3）：21-22.

❸ 王卫霞.石家庄以岭药业股份有限公司价值评估研究［D］.天津：河北工业大学，2014.

❹ 杨红星.通心络干预大鼠心肌缺血再灌注损伤的自噬机制及其相关microRNA途径［D］.北京：北京中医药大学，2019.

仁堂作为河北省成立时间最长、规模最大的医药企业,凭借诚实守信的商业道德操守、勇于担当的社会责任感、专业的医药运营管理以及突出的经营业绩,树立了良好的企业形象,赢得了广泛的用户口碑和社会赞誉,成为政府的好帮手、用户的贴心人、百姓健康的守护神。石药集团是全国医药行业以强强联合方式组建的特大型制药企业之一,也是河北省大型支柱型企业集团之一。石药集团以"做好药,为中国"为企业理念[1],阐明了石药集团的社会责任,体现了石药集团的庄严承诺。石药集团创新药产品的项目有200多个,多个创新药项目已经在美国开展了临床试验,8个获批品种在美国实现销售。此外,石药集团高血压治疗药物马来酸左旋氨氯地平已经在美国申请NDA(新药申请),这是中国医药企业第一次向美国食品药品管理局提交新药上市的申请。

河北中医药强省的建设又推动着安国、内丘、滦平等中药基地的建设。

安国是全国最大的中药材集散地和中药文化发祥地之一,素有"千年药都"和"天下第一药市"之称,在国内外享有较高的声誉。当地中药材常年种植面积15万亩左右,适宜种植的品种有300多种,常规种植的品种有40余种。目前已建成中药材种植示范园区15个,拥有中药材种子种苗繁育基地1万亩,标准化、规范化种植基地10万亩。保定市安国中药材现代农业园区是现代中药示范基地建设项目,这个现代农业园区围绕"种好药"的理念,整合京津冀中药材科技资源,以打造全国一流的中药材种业科技孵化中心和现代中药农业产业聚集区为目标。同时,通过发展中药材加工和生态观光旅游,延伸中药农业产业链条,推进了中药产业规模化、产业化、标准化、品牌化,促进了第一、二、三产业的合理布局和农村城镇化发展。

河北省内丘县被誉为"中国酸枣仁之乡",是全国最大的野生酸枣仁生产、加工、销售集散地,道地药材酸枣仁的加工销售占全国市场份额的70%以上。县内最大的中药材种植基地为扁鹊药谷。目前,扁鹊药谷已种植中药材6000多亩,药材品种达28种。在扁鹊药谷内,工人还在建设中药材种子加工车间,建成后,年可生产加工中药材种子100余吨,可满足太行山周边地区道地中药材种植需求。

---

[1] 王海涛. 新医改背景下医药生产企业发展战略研究:以石药集团公司为例[D]. 北京:华北电力大学(北京),2011.

同时，位于太行山中部的内丘县有深厚的中医药文化底蕴，境内有丰富的野生中草药资源，是历史和现实公认的扁鹊中医药文化发祥地，被评为"全国中医药文化宣传教育基地"。现在仍保存着中国历史最悠久、规模最宏大的扁鹊庙，被列为全国重点文物保护单位。

滦平县以中药材产业为核心，推进中药材种植规模化、标准化、产业化发展，集中连片开发了滦平狼山顶中药材种植基地等大型项目，全县中药材种植总面积已达10万亩。同时，这里依托中国中医科学院燕山中药材科技研发中心，加强中药材无公害、绿色、有机、CAP（美国病理学家协会）认证和生产技术认证及培训，构建标准化中药材生产体系。引入中药材深加工企业，完善产业链条，提升中药材产业经济效益，引进奇滦饮片加工等中药材生产加工企业4家，年加工成品药材40万吨，加工药材地上部分延伸链条产品600吨，大大提升了当地中医药发展的水平。

河北中医药强省的建设，加强了河北百姓对中医知识的了解和认同，人们已经潜移默化地把中医药文化融入了日常生活之中。中医无处不在，无时不有，人们的日常生活和中医已经形成了相辅相成、互相促进的密切关系，主要表现为人们在传统的生活方式中形成了一套传统的中医基础理论，这套中医基础理论对人们的生活进行指导，人们在生活中既可以获得新的中医知识，又可以完善现代中医理论，从而促进现代中医理论的进一步发展。不仅如此，现代人的生活和工作节奏快，竞争日趋激烈，很多人精神压力大，人际关系复杂，有很多客观因素让人们的身心长时间处于过度疲劳和紧张的状态，这种状态得不到及时有效的缓解，必然会造成内脏功能的过度消耗与身体各种机能的持续下降，身体会出现亚健康状态[1]。对于这种情况西医一般没有太好的方法，而中医在养生调理方面的优势就会凸显出来。随着我国经济的繁荣发展，人们生活水平的提高以及中医的影响力在人们生活中的不断扩大，越来越多的人开始意识到养生调理对身体健康的重要性[2]，并利用中医的理论和方式来解决生活中所遇到的各种健康问题。例如，

---

[1] 顾有守. 顾有守皮肤病诊断和治疗精选［M］. 广州：广东科技出版社，2009.
[2] 徐琼琼. 山东省女性糖尿病患者心理健康状况与生命质量相关性研究［D］. 济南：山东大学，2019.

眼保健操是一种眼睛的保健体操，是根据中国古代医学的推拿、经络理论，结合体育治疗综合而成的按摩法，主要是通过按摩眼部周边穴位，达到保护眼睛视力，调整眼及头部的血液循环，调节肌肉，减缓眼疲劳的目的❶。除此之外，拔罐和刮痧也是有效调养身体的中医方法。拔罐是以罐为工具，借助燃火、抽气等方法来达到通经活络、行气活血、消肿止痛、祛风散寒等目的❷。刮痧是以中医经络腧穴理论为指导，利用特制的刮痧器具和相应的手法，蘸取一定的介质，在体表反复刮动、摩擦，使皮肤局部出现红色粟粒状或暗红色出血点等"出痧"变化，从而达到活血透痧的目的❸。中医可以通过刮痧、拔罐、艾灸、针灸等一系列方法来调养，从而达到恢复健康的目的，中医药治未病的优势使中医迎来了一个发展的春天。

第三节　河北中医药领域从业者职业生存状况

中医药强省最重要的因素是人才。只有全社会有崇尚中医药事业的情结，优秀人才愿意投身于这项事业，能够领悟其中的真谛，做勤耕不辍的实践者、教育者、探索者，中医药事业才有希望，中医药的发展根基才更牢固。

本节主要从中医文化的发展和医护人员本身两个方面论述河北省中医药领域从业者的职业生存状况。一方面，随着西医在我国的发展，其医疗水平越来越高，而中医的发展速度相对较慢，这主要是由中医自身的局限性造成的，因为中医讲究用"望诊、闻诊、问诊、切诊"的方法诊断病情。在科学技术不发达的时候，中医有独特的优势。而随着科技的进步，一些先进的检查设备的检查结果更为直观精准。规模较大的中医院也都引进了这些设备，从而导致检查过程过分依赖设备，"望诊、闻诊、问诊、切诊"四大法宝也就很少用了，随着老一代中医

---

❶ 于菁.不可不知的365个身体锻炼常识［M］.北京：中国中医药出版社，2012.
❷ 王丽萍.中医理疗治疗强直性脊柱炎的回顾性分析［D］.沈阳：辽宁中医药大学，2016.
❸ 伍利芬，夏桂选.刮痧、拔罐配合指针治疗小儿感冒［J］.临床医药文献电子杂志，2015，2（32）：6741-6742.

的退隐，那些依赖科技设备的新人，"望诊、闻诊、问诊、切诊"的能力水平必然下降，"望、闻、问、切"在各种设备面前就显得无足轻重了。中医在治疗方面的局限性就体现在：中医理论讲究的是因人施治，一人一方。每个人的体质不一样，同样的病，未必是一个治法，用的药方也会有所不同。这是严格中医意义上的治疗，也是中医的精髓。同样的病，不同的人，用真正意义上的中医疗法治疗就会较为麻烦。中医各个方面的局限性，使得中医没有西医发展的速度快。同时，相较于西医发展的优越环境，中医院普遍面临治疗率低、危急重症就诊率低、中草药使用量小的现状，尽管中医诞生于中国，但中国普遍是中西结合的医院，存在相较于中医，西医更容易被大多数人所接受的问题[1]。另一方面，由于医学生在本科阶段要读五年，相较于其他专业学习内容更加广泛和深奥，且对理论知识和实际操作的要求都非常高，医学专业毕业的大学生在实习几个月后，还不足以成为一名合格的医生。助理医师、执业医师、主治医师等各种考试都和自己的收入紧密相关，医生的待遇不高，且我国存在医患关系紧张的情况，导致未来愿意从事医药事业的人比例比较小、医护总量不足和职业卫生专业人员分布极不均衡的问题。河北省在推进中医药强省的过程中，也认识到了中医药文化传承和发展以及医护人员的重要性。为使我国的文化瑰宝重新回到历史舞台，站在新的历史起点上，在深刻地了解到了医护人员对建设中医药强省的重要性，认识到医护人员所发挥的决定性作用的基础上，为了防止青年医学人才的流失和加强医学人才的培养，提高职业医师的培养质量，河北省对医护人员给予了政策和生活两方面的支持。在抗击新冠肺炎疫情的过程中，更是表现出了河北省政府对医护人员的高度重视，把对抗疫一线人员的帮助与支持体现得淋漓尽致。在政策支持方面，2020年2月17日，为激励和引导广大医务人员在疫情防控一线担当作为，在医疗救护、科研攻关、基础预防等岗位积极发挥作用，坚决取得疫情防控阻击战的胜利，河北省人力资源和社会保障厅、河北省卫生健康委员会联合印发了《关于新型冠状病毒肺炎疫情防控一线医务人员优先晋升职称的通知》（以下简称《通知》）。《通知》提出：可把投身疫情防控一线的医护人员在疫情防控一线的品

---

[1] 李杨，梁晶. 中医院的现实困境[J]. 中国新闻周刊，2007，309（3）：23-25.

德能力和业绩直接作为申报评审职称时的重要依据，对投身疫情防控一线表现突出的医务人员，同等条件下用人单位可优先聘用到相应专业技术岗位，对在疫情防控工作中表现突出的，同等条件下优先晋升高一级职称。不仅如此，《通知》还要求，各市、省直各部门要加强对医务人员的政治引领，加大激励力度，落实好职称申报评审和聘用优先政策，关心关爱在抗击疫情一线的医务人员，凝聚起众志成城、共克时艰的强大正能量，坚决打赢疫情防控阻击战。2020年3月7日，河北省政府为支持抗疫一线医务人员全身心投入打赢疫情防控阻击战，消除其开展科研工作的后顾之忧，由河北省科学技术厅印发了向医护人员倾斜的《关于关心支持新冠肺炎疫情防控一线医务人员的六条举措》，内容主要包括：优先支持抗疫一线医务人员科研项目立项、进一步放宽科研项目执行和验收期限以及同等条件下，优先推荐一线医务人员参加国家有关人才计划评选，优先支持入选省科技型中小企业创新英才和产业创新团队，优先支持一线医务人员开展国际创新人才交流合作，且一线医务人员不受科技奖励提名间隔年限限制。在生活支持方面，则采取了以下措施。第一，河北省第一时间努力为抗疫一线医护人员解决通信的"后顾之忧"，为打赢这场疫情防控歼灭战贡献信息通信行业力量，为奋战在疫情防控歼灭战一线的医护人员提供通信保障：属于省内通信用户的，每人赠送500元话费，赠送话费不清零；属于省外通信用户的，每人赠送500元充值卡。第二，河北省对参加疫情防治工作的医务人员等给予临时性工作补助，在卫生健康部门确定的定点医院的隔离区或其他收治确诊病例的医疗卫生机构的隔离区直接参与患者救治的医务人员，直接进行病例标本采集、病原检测和病理检查的医疗卫生专业技术人员每人每天300元。其他一线医务人员每人每天200元。支援湖北疫情防控的医务人员临时性工作补助标准相应提高1倍。同时，对参加疫情防治工作的医务人员和防疫工作者按照政府规定标准取得的临时性工作补助和奖金，免征个人所得税。第三，为了向战斗在抗击疫情一线的医护人员表达感谢之意，河北省近300家景区对医护人员免费开放，全国持有医师证、护士证的医务工作者可免费游览。第四，河北省教育厅为解决新冠肺炎患者的一线医务工作者以及河北支援湖北抗疫医疗队全体人员对子女教育的后顾之忧，为一线抗疫人员的子女建立教育关爱档案，要求各级各类学校高度关注新冠肺炎救治一线医护人员子女延迟开学期间的学习和生活、关注学生的心理健康，且根据实际需求，小学生可全部享受学校免费课后服务，并结合家庭实际情况，尽量延长免费课后服务时长。

  对于抗疫一线人员的帮助与支持，不仅体现在政府在政策和生活两方面的支持上，还体现在各个医院对抗疫一线人员采取的行动上。河北省中医院在新冠肺炎疫情突然来袭的时候，努力为抗疫一线提供有力的关心、爱护、保护，全力提供物质保障和人文关怀，当好医务工作者的"娘家人"，为前往抗疫一线开展医疗救治工作的医护人员准备火腿、方便面等后勤物资和护目镜、防护服、隔离衣等防护物资，并号召全院职工积极踊跃地为一线抗疫队员捐款和拨付8万元大额党费，用于一线人员的奖励。除此之外，河北省中医院还为前线队员购买了大额保险，提供电话资费、常用药品等，全力提供各项保障。河北工程大学附属医院成立了爱心关爱抗疫人员领导小组，并分成4个工作组。爱心关爱抗疫人员领导小组通过电话、微信视频等方式了解援石队员的生活情况，还为医护人员提供专业的心理支持与情绪疏导，及时了解他们的思想动态，在微信群中给予鼓励支持，且为加强对援石援邢医护人员家庭的关怀，河北工程大学附属医院组织"一对一"志愿帮扶活动，由志愿者每天定时入户服务，及时帮助解决老人、子女照料，生活用品代购，视频电话连线等实际问题，有针对性地排忧解难。承德市中医院不仅为抗战在一线的医护工作者送去了医用口罩、防护服、隔离衣等物资，还为他们建立起坚强的后盾，采用"点对点"的方式，承接支援一线的工作者的后勤保障工作，努力在第一时间拿出解决办法，切实解决一线工作者的后顾之忧。有记者采访到医护人员的家属说："最让我感动的是，从了解到我家情况的那一刻起，儿子的班主任、同学和家长都在尽可能地帮助和关心我们一家。网课开始后，考虑到我家的情况，老师对孩子进行了单独的辅导，包括怎么用手机App、具体的课程内容等，帮我减轻了很多负担。"在此期间，几乎每天都发生着像这样对一线医务人员家属照顾关怀的暖心故事。

河北省的医护人员在发展方面也具有较大的潜力，其可发展空间表现在以下几个方面：

第一，随着国内大趋势的变化，医护人员的社会需求总量大幅增加。由于我国经济发展迅猛，医疗水平飞速进步，人均寿命也得以延长，我国出现了人口老龄化的问题。英国约克大学的两位教授研究了医疗支出和老龄化之间的关系，根据他们的研究结果，发现中国老龄化程度每上升一个百分点，卫生费用就要相应地增加2600多亿元❶。这还只是"直接"费用，如果再算上大健康相关方面的支出，可以想象翻了一倍的老龄化人口会带来多大的新的医护市场份额。这说明，在未来河北省的医院里，护士起到的作用将会越来越大。俗话说，"三分治疗，七分护理"，患者在医院接触最多的是护士，给他们提供日常护理的也是护士，对老年患者来说，尤其是这样。老年疾病多为慢性病，一般不可能经名医指点立刻就康复，需要长期卧床静养、适当锻炼、配合治疗才能得到缓解，这是由老年疾病的特点所决定的。在这个过程中，老年患者离不开护士。另外，老年人较为孤单，容易情绪不稳定，甚至可能罹患心理、精神疾病，这都需要护士耐心、用心护理。护士在治疗老年人精神疾病方面起到重大作用，且社区和家庭，也将是护理的重点。正因为老年疾病多为慢性疾病，需要社区和家庭的照护，未来在大医院看病，在社区医院和家庭进行康复疗养，将成为趋势，因此，社区和家庭也是未来养老护理的重点。这也就要求河北省的医护人员熟悉辖区内居民健康情况，对重点管理人群，建立个人健康档案，定期入户随访，指导用药治疗及养生保健，为辖区居民提供家庭诊疗服务、开展社区康复治疗。未来医护人员在社会上的重要性决定了医护人员的社会地位将日益提高。

第二，养生行为逐步走进年轻人的日常生活。首先，随着互联网的兴起，越来越多的年轻人通过网络等传播途径知道了养生的重要性，日常简单的养生也非常容易实现，并且，现在很多青年人只需要坐着进行日常工作，腰椎痛、颈椎痛已经逐步年轻化，白领及办公室人群的职业病，基本都要"普及"了。而且受疫

---

❶ 翟健峰.应对我国人口老龄化问题的政策思考［J］.行政事业资产与财务，2013（2）：88-89.

情的影响，很多人更深刻地认识到了"身体是革命的本钱"的道理，越来越多的年轻人愿意养生。其次，物质的极大丰富，闲暇时间的增多，让人们感到了身体健康的重要性，也使人们有能力关注养生。对于我们的父辈来说，家庭事务繁重，每天起早贪黑忙碌奔波，很少有时间关注养生。如今很多家庭只有一个子女，家庭中的家务事明显减少，而且人们的工作基本上没有了繁重的体力劳动，这就使人们有了足够的时间和精力去关注养生。随着人们生活水平的提高，人们越来越感觉到享受生活的重要性❶。同时，人们也意识到享受生活，必须建立在身体健康的基础之上，于是人们便开始注意到对身体的保养。越来越多的人开始关注养生，以便用学到的养生知识更好地保养身体，从而提高自己的生活质量。最后，现在很多疾病呈现出主体年轻化的趋势，如糖尿病、高血压、肥胖症等，随着经济的快速发展，在食品领域很多新品种出现，快餐文化的兴起也间接证明了年轻人饮食的不规律，以及饮食质量得不到保障。古话说细嚼慢咽，但是现在人们很难做到，吞咽过快也容易引起消化不良的症状。这也会使越来越多的人开始注意养生。服务对象的不断增加，也使医护人员的数量得到增加，从而使医护人员的社会地位得到相应的提高。

第三，医护人员的专业素质有很大的提升空间。首先，应清楚地认识到中医未来的发展情况，在很大程度上取决于青年中医人才。习近平总书记多次对中医药传承与创新发展做出重要的指示，明确提出中医药学必将迎来新的发展机遇，传承创新发展中医药学，最重要的是加强人才队伍建设。因此，高度重视河北省中医学科类院校，持续推动与培养青年中医是重中之重。为大力促进青年中医人才的培养，河北省可采取"群师带群徒"的运行模式，一个学生听多个名中医老师授课，跟随多个知名中医老师抄处方、查病房，参与多个知名中医工作室的学术活动，不仅有助于学生博采众长，融汇多个名中医、多个流派的学术特色，而且对消除中医学术偏见、开放中医的思维也有很大的好处❷，还能促进知名中医诊

---

❶ 郝桂凤.护理职业教育中心理护理模式教与用的研究［J］.文理导航·教育研究与实践，2018（5）：244.

❷ 陈华，吴嘉嘉，矫金玲，等.名中医工作室建设运行模式的创新探索与实践：以浙江省儿科名中医工作室为例［J］.浙江中医药大学学报，2018，42（11）：879-882.

疗经验及学术思想的广泛传播，开展多层次的学术交流，促进知名老中医经验的进一步深度挖掘，也为培养临床年轻中医师和研究生等提供了更为广阔的平台，有利于学术传承与不断创新，从而可以培养一批又一批优秀的、坚持中医辩证思想、专业素质较高的中青年中医专家和临床学科接班人❶。其次，通过在同行业中有竞争力的薪酬福利等物质激励及职称晋升等精神激励相结合的方式，发挥保留医院中坚力量、吸引外来优秀人才的作用❷。医院通过制定一系列的规章制度，形成适应当前医疗改革需要的激励机制，营造良好的竞争环境，促使员工不断提高自己的技术能力来适应竞争环境。可采取的具体措施有：制定基于薪酬分配总额，多元合一、公平合理的薪酬分配制度，不仅能节约医院成本、提高医院竞争力，还能激发员工的工作热情和积极性。绩效考核制度是医院其他奖惩制度参考的重要依据，医院在建立绩效考核体系时，要针对不同岗位层次的考核指标，平衡社会效益与经济效益，建立适用于医院的激励机制，完善医护人员的薪酬激励机制，提升医护人员的工资水平，以及完善医护人员的荣誉机制，比如授予在抗击疫情中做出重大贡献的中医药界人士"全国优秀中医临床人才"等各种荣誉称号，或者对其他促进中医药事业传承与创新的人士赋予中医药行业的最高荣誉——国医大师等，从而激发员工的积极性、完成医院目标，实现员工与医院的双赢。另外，为应对不利于医院长远发展的过重的经济指标，还要将社会效益与经济效益同等对待，制定服务质量监察制度，提高患者满意度；在破除旧有制度的基础上，要制定更加完善的职称评审细则，为使制度设计科学有效并让大众认可，必须明确细则标准的制定人员、制定方法、评审流程、监督机制。同时，做好试点工作，尽可能查缺补漏，以便评审细则的全面开展。在实施评聘分离的评审制度的时候，要注意破除职称终身制，建立"能上能下"的定期评定体系。同时，还要发挥医院专家的带头作用，成立评审委员会，严格把关评审环节，并接受全院公示监督，以此做到客观公正。医院作为知识密集型单位，要使员工在看

---

❶ 中国中医药年鉴编委会．中国中医药年鉴：2010 行政卷［M］．北京：中国中医药出版社，2010．

❷ 马腾，李慧，李新钢．新医改背景下公立医院员工激励的问题与探讨［J］．中国医院，2018，22（2）：53-55．

重物质激励的同时，更倾向于通过培训教育提高自身素质来完成职业规划。医院要鼓励员工带薪申报在职学历；分岗位层次，择优选择员工到国内外专业机构进修学习；对于科研成果突出者，进行适当补助；开办学术讲座，举行学术会议。医院还要健全分岗位分层次的职业规划路径，覆盖员工职业生涯，为培训教育提供参考依据。只有这样，才能有效地提高河北省医务人员的专业素质，促进河北省中医药的进一步发展，早日实现由"中医药大省"向"中医药强省"的转变。

第五章　河北中医药强省建设实践：人才培养

欲振兴中华医药，当先注重人才，人才队伍建设是中医药发展的关键，培养优秀医生是发展的第一步。在分享医学在人类学意义上具有鲜明共性之时，中医药事业发展作为兼具国家属性和民族属性的一项庄严文化承诺，必须能提供丰富的生态要素，使忠诚的文化与精神传统承继者得以成长，密切他们与"作为我们所栖息的这块大地"间的历史性联系。从另一个角度讲，中医药只有通过为医疗卫生服务提供训练有素的人才，方可赢得在社会上的地位。因此，中医药高等教育发展乃中医药强省建设的题中之义，既培养人才也实现文化传承，既为中医药事业发展提供基本保障，也是中医药强省建设的重要任务。

第一节　中医药人才培养的基础性任务：培育中医药文化认同

教育本是文化过程，中医药教育要实现中华民族古老生活经验的代际传递，无疑在一般意义的文化过程之外有其独特的文化线索和道理。从现实层面来看，现代人已用科学技术武装起生活中越来越多的细节。来自遥远生活世界的中医药文化有对人的感知觉做充分调动而体现得恒常质朴的一面，也在想象、推理中通达"医者，意也"的精神境界，历经几千年自成一体跋涉至今，此生活世界已非彼生活世界，其与周遭环境的差异性乃至矛盾性有史以来最为突出，以至于在当代生活世界中俨然一种嵌入式的顽强存在。在科学技术迅猛发展的今天，现代人已经充分受益并极为崇拜自然科学思维和方法，医学的知识基础在以指数级的速度扩增，与中医药文化难免产生距离感。从道义上讲，中医药之于中华民族的每一代人都不是独享的最后晚餐，呵护好并传递下去的命题不容忽视且无可回避,这不仅是尽祖业不可丢弃的孝道,而且有实现代际公平、应后来人吁请之深意。于是,中医药教育的承载非同寻常,发展中医药教育的困难也不言自明。

事实上,在信息技术高度发达的今天,使当下或未来的某一代年轻人"知道"作为历史事实的中医药或者关于祖先生活经验信息层面的中医药是一回事,如同用考古学成果证明恐龙曾经在地球上生活过,让他们超越隔帘望月般的怀旧情感或好奇心去"知""识"中医药、抵御其他因素干扰融汇个人的生命脉络去"创化"中医药是另一回事。与其他具有鲜明职业准备倾向的高等教育相比,中医药人才培养要把中医药的职业知识、技能和素养连同对其广阔背景的认识一同传递给年轻一代。生活中从来不缺乏问题和难题,传统社会的人都习惯到前人的经验中探寻办法和答案,此为美国人类学家玛格丽特·米德(Margaret Mead)在《文化与承诺》中所言的"前喻文化"的常态。但在现代人心目中,人类将解决包括征服各种疾病、消灭死亡在内的各种难题的希望寄托于未来科学技术的突破,最好的东西往往是在未来而非过去。进入中医药领域,一心向学,与祖先进行深度精神沟通,领略他们的智慧,在某种意义上讲,就是一种"逆向而行",唯有理解这份特殊性的人才会甘愿做"逆行者"。近年来年轻人对传统文化兴趣的不断升温也是中医药教育发展的重大利好。现代人与中医药文化之间无疑存在距离,但在感悟它的优良中能超越时代造就的距离感,自主建构起对中医药文化的高度认同和忠诚。"逆行者"已把传承中医药这件事情从"应该""必须"的政治、道义的外在责任升华为"自我感觉良好"的有意义的事业,并愿意以一己之力培养承继这份责任和情怀的后来人。相对于对其中知识、技能的接受,将客观文化价值转化为个人主观精神生活的核心要义,文化认同更接近于现代教育范畴内的中医药教育之本原。如此,中医药文化不仅得以保存,而且以一种不乏现代色彩的方式呈现,并被赋予现代性的恰当方式扩大其辐射范围,走向未来。如果说选择一种生活方式就是选择一种知识方式,也可以说选择一种知识方式也是选择一种生活方式。河北中医药强省之强,应当表现为有足够的教育资源去保全、壮大这支"逆行者"队伍。

第二节　中医药人才的成长基础：与经典"对话"

我们知道，学习中医主要通过领悟以《黄帝内经》《难经》《伤寒杂病论》《神农本草经》四大经典为核心的中医古籍和临床实践的反复验证。中医药经典是中医药人才的"源头活水"，历来被视作"至道之宗，奉生之始"[1]。剑桥人类学家徐小丽教授在其著作《中医的传承》中难掩她对此教育现象的惊叹：中医的知识内容和学习方法几千年来鲜有变化。如果据此认为，中医即以祖先在某一时间节点收获的经验一成不变地应对之后生活的所有变数，显然是一种误读。事实上，这些典籍本身就是在足够长久的历史中逐渐完善的体系，长长的医家队伍不断贡献着自己的经验，丰富、拓展对经典的解释，确有真知灼见者又被其后来人列入有借鉴意义的经典之列。也就是说，"中医知识"一直随着人们生活的变化而不断充实和完善，在历史浪潮中不断获得生机和活力，燕赵中医文化的历史积累即为明证。对于河北的中医学子来说，值得研读的经典中有一部分能激发更独特、更具地域风情的文化自豪感和责任感，例如，河间学派创始者刘完素、易水学派创始人张元素、脾胃学派李东垣、汇通学派代表人物张锡纯留下的文化遗产会给河北中医学子带来独特的学习体验[2]。当然，相比祖先留下的博大的中医药宝库"有什么"，当代中医人独立回答"是什么"和"为什么"的任务更为艰巨。一是因为这些任务必须由个体自主努力去完成，选择了中医药也就选择了皓首穷经，去分析去质疑去实践，"一人一仲景，一家一伤寒"何尝不是鲜活的生命被唤醒、被激发以诠释经典的蓬勃景象。《中共中央　国务院关于促进中医药传承创新发展的意见》明确提出"强化中医药专业主体地位，提高中医类专业经典课程比重，开展中医药经典能力等级考试"，个中深意，需要理解并依此行动。二是因为当下中医药发展有一个强大的"他者"，即西方医学。有此作为一面镜子，中医能更清晰地认知自我，看到更多自己需要回

---

[1] 瞿岳云.中医理论的反思[J].湖南中医药大学学报，2008（1）：3-5.
[2] 张暖，周计春，冯伟.河北省中医药文化特色初探[J].河北中医，2014，36（6）：901-902.

答的问题,并感受到回答这些问题的紧迫性和使命感。

一、到中医典籍中聆听智慧的声音

从学科分殊看,在自然科学领域,面对客观对象,最好的方法是"说明",知识尽显对事物描述的准确性、确定性。要求学习者在懂得背后的因果关系的基础上牢牢记住知识,并能在需要的时候清晰地回忆并加以应用。仅负责传递已知内容的教育过程,需要学生保持听觉和记忆力的积极状态。"词语"在希伯来文中指事件或活动,可以用来说明中医文本所代表的中国传统医学从其诞生之日起就不是纯粹的知识、技术系统,而是充盈着对整个世界做观察思考得出的哲理、作者的个人情感以及代表医者群体集体共识的价值观,皆为思想的产物,把医学的"人学"特性演绎到极致。中国古代医家历来恪守"不谙天理,不可与言医;不解人情,不可与言医"。以第一部中医理论经典《黄帝内经》为例,按照今天的学科划分,它无疑是一本"百科全书",集哲学、医学、天文学、地理学、心理学、社会学等多方面思想论述于一体。这样的文本既有形而上的抽象和深奥,也有形而下的实际和具体。与这样的文本谋面既能领略作者所处生活世界的鲜活生动,也能感受作者特有的哲学思维、精神风貌、道德人格、职业乃至人生态度。中医典籍皆传世之作,实为作者所在集体的经验积累和总结,历经时代荡涤和检验流传至今,其存在本身即价值的证明。近代医学家谢观在《中国医学源流论》中强调了中医经典由来已久的地位和业内的惯例:儒家所谓道统者,移之而用于医者,于是神农、黄帝犹儒家之二帝三王;仲景、元化犹儒家之有周公、孔子矣。于是言医者,必高语黄农,侈谈灵素,舍是几不足与于知医之列矣[1]。学习中医就是习得一种存在样态,用中医药精神、态度、德性武装起一个人的生命,不仅在临床诊治上遵从经典的法度,在为人处世、待人接物方面也潜移默化地追随作者的足迹。学习经典何以始终是学习中医的必经之路,道理就在其中。当然以谦卑的心态到经典之中聆听先人的教诲又何尝不是一条从医路上避免无谓跋涉的捷径,获得他们的实践领悟和探索解惑的直接经验,其效果必事半功倍。

---

[1] 邱鸿钟. 医学哲学探微[M]. 广州:广东人民出版社,2006.

二、在把握文本中履行道德义务

文本写作的时代环境已经不复存在,须透过浓缩抽象的文字、动员想象力去揣摩它的本义。从释义学的角度讲,把文本放回到其产生的历史环境,才能准确理解文本的原义。而且竭力以昔人之眼观看昔日,不仅能还原作者思想的原貌,还有希望发现他们并未发现的其他维度或其他因素,即巴赫金所说的文本作者的"视域缺陷"。当然,尊重文本不只是一种阅读技能,还是"释义伦理原则"为读者设定的道德义务,体现对作者应有的尊重。具体来说,解读文本有两种态度。一是把文本当作目的阅读,想方设法接近作者的本意。二是把文本当作手段阅读,让文本服务于自己的喜好,这种现象在解释学上称为"兴趣限定了解释并使解释产生偏见",甚至不惜扭曲文本进行所谓标新立异的"创造性误读"。此种做法在道义上的缺陷至少有两方面:一是愧对作者,二是误人误事,因为探究医学经典的意义在于成果的公共运用。清代吴澄曾在《不居集》中抱怨,医书越多而医理越隐晦不明。而"宋元后诸家,师心自用,变更古义,立说愈多,流弊愈甚"见于俞樾先生的《春在堂全书·尺牍》,也是对医界门庭林立之现象的抨击。此现象在当下仍存在,学习中医首先需要做些鉴别和选择,去伪存真的最好办法就是自己到经典中去与作者进行深度沟通。用桑格的话来说:辨认出真实并将其与虚假区别开来,这些都是花费时间和精力的事情,别人可以给你一些帮助,但这些是你自己必须去做的事情❶。

三、在与文本神交中培养对话意识和能力

(一)学习中医经典,走进中国传统文化的"对话"世界

"对话"作为一种隐喻,与"二元对立"意识和哲学观相区别。在现代化进程中,自然科学成果的取得受益于"主客二分"的认识和行为逻辑。人类把自然作为研究、认识、改造、征服的对象,而且这种对待大自然的态度也被运用到处理人际关系以及人与自我的关系中,包括在医学范畴内把病人化约为生物学的存在或者某种具体的疾病,在一味追求客观、准确中使医学失去了应有的温度。在

---

❶ 徐贲.阅读经典:美国大学的人文教育[M].北京:北京大学出版社,2015.

承受"主客二分"造成的负面结果中,人类进行现代性的反思,"对话"所承载的积极的一面凸显出来,被作为克服现代性弊端的方案。如《再看西方》❶中所言:对话要求开放和肯定的共存、相对和绝对的共存、主观和客观的共存;对话的实在超越了两难局面,超越了我们这个时代如此典型的极端化和瘫痪的状态。事实上,在中国传统文化中,中国传统医学的基础和方法论恰恰是用中华民族自己的语言表达出来的"对话"思想。我们的祖先用"阴阳"代表相互对立的两个范畴,他们不划分二者何为主何为客、谁主动谁被动,不追求谁征服谁、谁服从谁,他们主要关注万事万物如何受益于对立范畴之间的相互融合而呈现出勃勃生机:"阴中有阳,阳中有阴,阴阳互生""刚中有柔,柔中有刚,刚柔相济""天地交而万物通也,上下交而其志同也"。老子在《道德经》中有言:万物负阴而抱阳,冲气以为和❷。如果说中国神性智慧的核心就是对话精神,绝无言过其实之嫌。反思中的现代人已经发现,被寄予厚望的"对话"与中国古老神性智慧间的不谋而合。"对话"意识和能力被视为当今时代所要求的人本质上成长和成熟之重要标志。学习中医经典,会在中国传统对话思想氛围中领悟中医的真谛,同时在"近水楼台先得月"的文化熏陶中获得具有时代性的人文品质。

(二)与经典作家对话,实现思想碰撞和视域融合

与经典作家对话首先是倾听。作者曾经真实地、艰辛地在医学世界耕耘,作品是其鲜活的生命体验留下的痕迹,每一段文字都富有活性,带有情感和理性。读作品就是真切地感受作者的生命历程和思想脉动,读者面对的与其说是作品不如说是作者本人。当然,貌似陈年的文本需要读者用自己的生命去唤醒。读者保持心灵的开放状态,注入自己的生命,也把文本当作一个有生命的"你"去倾听和理解,接受作者对话题的引导和解释,在努力理解作者撰写文本时的心理活动和意图中无限接近作品的原义,即在开启一场"我与你"而非"我与它"的对话,有望实现人同此心、心同此理的对话沟通。在学医、从医的道路上,反复研

---

❶ 罗.再看西方[M].林泽铨,刘景联,译.上海:上海译文出版社,1998.
❷ 钟升华."三焦次第"疗法治疗血管性痴呆的临床研究及其对 Hey 的影响[D].南宁:广西中医药大学,2019.

读经典原文，所获得的那种思想上、医学上深呼吸的感觉是别人所不能代替的。纵观历代名医，无不自精读主要医籍始。

当然，与文本作者对话能避免仅做思想、知识的旁观者。阅读经典无疑是在接受宝贵的精神馈赠，是快速充实自己的重要途径。但是，与经典的对话排斥完全被动地接受他人的生活经验。因为经典也有局限性，如果能得到他人的补充和完善，此领域才有希望无限逼近事物的真相。无论在理论层面还是实践层面，两个主体观察世界的具体视野完全吻合的情况是不存在的，各有自己独特的视野为对方所不及。用巴赫金的对话理论来解释，一方在自己的位置上所观察到的总有一部分处在另一方的盲区，这就是相对于另一方的"超视"，一方的"超视"就是另一方的视域缺陷。因此，从对话的角度讲，任何一方都无法掌握某一事物的全部真相，双方保持开放的态度则都有机会从对方补充对事物的认识，弥补自己的视域缺陷。从另一角度讲，对话的任何一方都有能力发现对方的视域缺陷，为对方贡献自己的"超视"部分。对话的精神运用到经典阅读，读者放弃对作品不加思考、不加选择地全盘接受才是与文本对话应有的姿态，而且这与还原作者的情境去努力理解作者并不矛盾。读者要重构作品的原始环境，站在作者的角度去体验"书读百遍，其义自见"的境界。但在自己的视界中，动员自己的知识积累、生活阅历和切身体验去阅读别人的书，才能参透在简洁文字中隐藏的思想精髓，甚至发现不同于通常解释的意义。德国哲学家伽达默尔（Gadamer）所著《真理与方法》专门研究与文本对话的问题，他认为，阅读就是文本的"过去视界"与读者的"当下视界"的融合。在阅读中，读者的视界就是他的"偏见"，这种偏见是必不可少的。人们只能在过去与当下的联系中把握过去，这种性质的理解中需要有一个"视界融合"，体现过去经验的文本与读者当下的利益或者偏见是融合在一起的，在视界融合中蕴藏着提升的可能性。反过来讲，如果一个人对所获得的知识的可靠性深信不疑，那就意味着"过去完成时"的结果在对其耳提面命，此学习仍在文本作者的创造水平而无创造生发的可能。而且，把文本视作当然的东西，完全放弃自己的视界去聆听作者的言说，此等阅读仅仅培养了对他人经验的忠诚，读者在让经典"独语"中放弃或者遗忘了质疑、批判、贡献自身想象力和判断力的权利，把自己降格为一个盛装已知内容的容器。

第三节 中医药文化对人才的规训与教化

任何事物在起源时都会寄托和表达人们最本真的理解。从人类学角度讲，世界古医学具有同源性，西方医学的根源与中国、日本或印度医学高度相似，均强调全方位地照护人的生命，关注心与身、人与自然的相互关系。唯有中医学极其完整地保存了古医学对待生命的态度和思想方法，它历经数千年传承到今天不仅是世界上难能可贵的文化奇迹，而且为构建"好医学"提供了重要借鉴。

客观地讲，我们想要什么样的医学专业人员为社会、个人服务，就会按所需要的样子去培养学生。反过来说，如果在实践中发现专业人才存在特定问题，有可能在教育阶段寻得问题的缘由。在医学题材电影《深知我心》中，主人公是一位人文学科的女教师，因患癌症住进了医院，为她服务的主治医师恰好是曾经选修过她课程的学生，于是师生关系转换成了医患关系。这位年轻医生英俊、聪明、意气风发，其理想是潜心研究癌细胞。在他看来，癌细胞永恒不减的生长状态堪称完美，他甚至在病人面前不加掩饰对此现象的陶醉。这样的医生是不是公众最需要和最满意的？他在医学科学方面可谓优秀出色，但他身上的缺点和他的优点一样突出，他客观冷静，把对癌症患者的服务当作纯粹地进行科学观察和技术干预的事情去做，在他身上缺乏患者非常需要和期待的精神抚慰和情感支撑，也就是人文情怀。这部电影用稍加夸张的风格揭示了现代医学教育存在的问题，尽管人们并不否认人文素养的价值，但在教育实践中还是把医学教育简化为科学知识技能传授，人文教育在思想上被"卸载"，在实践中显得无足轻重。

对中医药文化主旨的认识，无疑决定着对中医药人才的教育和培养。那些可以被冠以中医药人才的人，即能够胜任中医药事业不同岗位、有能力和愿望提升中医药事业发展水平的群体。他们无疑是中医药教育的最终产出，已深刻领悟中医药文化真谛，并愿意将个体人生融入中医药事业发展的历史潮流。人才是中医药文化的稳定载体，他们的行动及其在行动中呈现的集体人格就是具象、灵性的中医药文化，向全社会甚至更大的空间释放中医药的价值旨趣和目标追求。正如德国哲学家斯普兰格（E.Spranger）所言，任何文化都提供对人自我的一种说明。这种说明或多或少地生动地存在于人们心中，并且对人的自身形象起着参与决定的作用。中医药文化之所以称为文化，在外在的"文以化人"起到社会教化作用之前，先内在要求和塑造本领域的人，其话语体系本身就蕴涵着特定的人才标准和要求，为从业者提供一系列具有教育意义的日常生活提示，引导他们通过自己的自由意志过一种因为有德性而优秀的生活，这就是中医文化"内向"的教育。运用今天习惯性的界分，中医药人才一定兼具知识技能与人文素养，既有一个知识脑，又有一颗道德心，《黄帝内经》有关于医家"要上知天文，下知地理，中知人事"的高度概括，而且秦汉之后一直被视作医家的素质要求。具体来说，人类必须面对的不外乎三大命题：人与自然的关系、人与人的关系以及人与自我的关系，医学文化则是对这三个命题的具体化解释❶。我们可以从这三重关系入手解析中医药文化对其人才理想人格的内在规定性。

一、中医药文化在人与自然关系层面对人才的内在要求

在中医药文化范畴内的"自然"有两种，一是具有偶然性和不确定性的人的生命，二是作为人类生存环境变动不居的大自然。中国传统文化历来遵从天人同源、天人同构、天人同道的思想方法，为中医理论、实践提供基础、依据与框架。《黄帝内经》曰："阴阳者，天地之道也。万物之纲纪，变化之父母，生杀之本始，神明之府也。治病必求于本。"❷中医药文化在认识人、帮助人中无不体现中国传统文化"天人之际"的大道理。

中医为人所创立，为人之所用，中医的"医法道""医法自然"的核心体现即对人生命的高度尊重。在中国古代，"医学"与"卫生"相通，即护卫生命之意。古代医书很多以卫生冠名，如《卫生宝鉴》《卫生家宝》《卫生针灸玄机秘要》等。众所周知，《黄帝内经》为中医药奠基之作，在《素问》和《灵枢》中，

---

❶ 卢宝仙. 浅谈综合实践活动课程的开设情况［J］. 科教导刊（电子版），2019（10）：2.
❷ 周尚仁. 免疫缺陷性疾病［M］. 天津：天津科学技术出版社，1981.

黄帝和岐伯等臣子讨论的第一个问题都是从人的生命出发，其"万物悉备，莫贵于人"以及与之一脉相承的"人命至重，有贵千金"为中医始终坚持的生命态度❶。李颐注"愿闻卫生之经"（《庄子·庚桑楚》）为"防卫其生，令合道也"，此为中医药持久坚持的宗旨和目的❷。可见，中国传统医学自始不局限于治疗疾病，而是以呵护生命、保护生命、捍卫生命为己任，用明代陈实功先生的话来说，即"人之受命于天，不可负天之命"（《医家五戒十要》）。转换成今天的话，就是"生命至上"，应当提供全方位全周期的健康服务，治疗疾病仅为呵护生命任务之局部。

尊重生命，也包括尊重生命自身的规定性，接纳死亡。人的生命是最高形式的生命存在，堪称肉身性与精神性的完美结合。肉身性决定了人必须接受的诸多局限性，如先天素质承受外在不良刺激的有限性和必有一死的最终归宿。在传统医学实践中，医者承认自己为"不能起死者"（《黄帝内经》），感叹人之所病，病疾多，而医之所病，病道少（《史记·扁鹊仓公列传》），故而往往不在濒死病人身上做无谓的努力，而是让病人家属早做准备，体现对生命有限性的尊重和对医学局限性的体认。在电视剧《大宅门》中，白先生在大牢里被提出来为老福晋看病，诊断后纸上写了"带病延年"四个字，表示病人时日不多，自己已无能为力。这与当下现代医学在生命处于终末期的病人身上表现出的"永不言弃"形成一定反差。

中医的"医法道"即将人的生命、人与天地万物视为一个整体，从人自身、人与自然的相互感应方面界定健康、疾病以及医者的努力方向。按《黄帝内经·平人气象论》所言："平人者，不病也。"唐代王冰注解"平人""不病"即人的"脉气无太过不及"，也就是适中。人的健康在于阴阳的动态平衡，具体表现为各脏腑功能和谐协调，情志表达适度中和，并能顺应不同环境的变化。而生病的本质就是气血阴阳有偏，与生态环境变化、病人形神协调等方面有关，应当

---

❶ 俞武，松焦兵.中国的文明观与中医学史的文化精神[N].中国社会科学报，2014-08-11（A5）.

❷ 孙增坤.召回医学之魂：何裕民教授医学人文杂谈[M].上海：上海科学技术出版社，2014.

进行调整，进行扶正祛邪式的调和性治疗，达到人体内外的协调统一，即"天人相和"与"形神相和"的状态。

中医的"医法自然"突出表现在保持健康方面如何顺应生命和大自然的规律。中医极为精辟地总结了天地运转与生命活动的诸多规律，强调人体生命活动节律与自然界春生、夏长、秋收、冬藏的时间规律相协调，提供保持人体和外界环境协调的具体生活指导，如四时养生法、逐月养生法、一日四时养生法等❶。每个季节都有容易诱发的疾病和中医提供的可以增进健康的食品推荐。如《什么是医学史》❷中所言，自中医诞生之日起，人们的生活就在逐渐医学化，衣食住行各个方面都服从医疗保健的目标。

中国有句古话叫"一方水土养一方人"，中医认为人的疾病发生与所处自然环境变化在联系上千丝万缕，不同地理环境下人们的生活条件、饮食构成、风俗习惯相异，造成不同地域人群体质和疾病的差异，那么用来救治病人的中药均取材于人们生活的自然环境并在治疗疾病时充分考虑地理差异之势以选方用药，实为"医法自然"的另一方面表现❸。从"神农尝百草，始有医药"（《史记通鉴》），到"黄帝使岐伯尝味草木，典主医疾。经方本草素问之书咸出焉"❹（《帝王世纪》），《神农本草经》收载药物365种，乃至后世不断丰富终成中医之宝典的《本草纲目》，全书载药1892种，附图1000余幅。清代赵学敏穷毕生精力从事民间草药知识的整理和总结，撰写了《本草纲目拾遗》一书，全书10卷，载药921种❺，并对李时珍《本草纲目》中未收载的716种药物进行了比较详细的介绍。

二、中医药文化在人与人关系层面对人才德性的内在指引

中国传统文化是一种典型的伦理道德文化，中医药无疑是中华民族道德生活

---

❶ 黄敬伟，张宏伟，刘从明，等.中华实用健康方法［M］.西安：陕西科学技术出版社，1997.
❷ 伯纳姆.什么是医学史［M］.颜宜葳，译.北京：北京大学出版社，2010.
❸ 葛旭，宋立群.宋立群教授运用中医顺势疗法经验［J］.长春中医药大学学报，2013，29（2）：217-218.
❹ 翟华强，王燕平，翟胜利.中药调剂学实用手册［M］.北京：中国中医药出版社，2016.
❺ 姚军汉.中医护理基础［M］.北京：科学出版社，2004.

历史的见证者和缔造者，它用自己特定的理论和方法诠释人性的善良，正如最早的汉字"医"和"药"字形为一个人帮助另一个人的模样所表达的那样。

在中医药领域，对医者人格生成作用最大的恐怕不是存在于公众心中对医者的期待，而是中医本身对医者理想人格特质的要求。进入这个领域也就意味着认可行业内的要求，负责捍卫医学、医者群体的名声，同时又具有向社会公开承诺的效果。中医对医学从业者的要求以两种形式表现出来：一是在生活中口口相传的古今医者故事，它们鲜活而生动；二是在医学文献中关于从医的阐述，这往往是医者职业人生的切身体会，系统而深刻。

如果对流传至今的中医药典籍所涉内容做"医术"和"医德"的分类，这种划分往往仅在理论上成立，二者实际上在作者的思想和对思想表达的字里行间经常是一种相互交织融合的状态，这也是对"中医就是一种生活方式"的诠释。因为医德与助人行为同时产生，医学思想与医德思想相互渗透。中医典籍在数量上不胜枚举，虽然具体表述会有一些时代的印记，但均体现中医学自身极高的道德定位和要求。《黄帝内经》称医学为"至精至微之事"，将为医之道总结为上以治民，下以治身，使百姓无病，上下和亲，德泽下流，子孙无忧，传于后世，无有终时。东汉张仲景在《伤寒杂病论》中指出医者应该做到"上以疗君亲之疾，下以救贫贱之厄，中以保身长全"，治病要严肃认真，一丝不苟[1]。魏晋南北朝时期杨泉在《古今图书集成·医部全录》中对医学人才规定仁、智、廉三个方面，提醒患者也告诫医者："夫医者，非仁爱之士不可托也，非聪明理达不可任也，非廉洁淳良不可信也[2]。"他把医生分为良医和名医，何者为其推崇为其排斥，态度鲜明。宋代医家重视医德的教育和修养，认为"无恒德者，不可以作医"（《省心录》）。《小儿卫生总微论方》把《医工论》冠于篇首，以教育学者，指出："凡为医之道，必先正己，然后正物[3]。正己者，谓能明理已尽术也。正物者，谓能用药已对病也……若不能正己，岂能正物？不能正物，岂能愈疾？"从"正己"与

---

[1] 张其成.中医药文化核心价值"仁、和、精、诚"四字的内涵[J].中医杂志，2018，59（22）：1895–1900.

[2] 王新华，潘秋翔.中医历代医话精选[M].南京：江苏科学技术出版社，1998.

[3] 罗春洪.传统资源融合医药院校德育实践的三维向度[J].医学争鸣，2016，7（1）：74–78.

"正物"的辩证关系❶，阐明了医德的重要性。明朝龚信的《明医箴》做高度概括：今之明医，心存仁义。博览群书，精通道艺……不计其功，不谋其利。不论贫富，施药一例。起死回生，恩同天地❷。如此明医，芳垂万世。《外科正宗》的作者陈实功撰写的《五戒十要》被誉为世界最早成文的医学道德法典❸，"十要"以"先知儒理，然后方知医理"始，对医家的行为尺度做了更加全面具体的阐述。此类表述不胜枚举，一直是后世医家的修身格言和座右铭。

毫无疑问，灿若群星的医家用他们的个体人生丰富了中医文化的内涵，他们的故事就是最好的中医道德教育的教材。中医药文化之源泉是生活的经验之流，每个在中国医学史上留名的医家都有自己的道德故事，后世从中感受他们的道德境界，具象地理解他们的医学思想。事实上，很多年轻人走上从医道路都是受到了前辈的思想指引。"神农尝百草"是一段为医学研究无私奉献的道德佳话。扁鹊是春秋战国时期医家的集体称号，在兵荒马乱的年代，医家为人治病的足迹遍布中原。秦汉三国时期，张仲景有"坐堂大夫"的美誉，身为湖南长沙太守将公堂当诊室，积极为百姓治病。中国古代名医不乏一心悬壶济世、无意为官者，淳于意、华佗便为其中代表。还有"杏林春暖""橘井流香"的佳话，故事原型是谁很多人并不知道，或者说究竟是谁不是最重要的，重要的是故事反映的医生形象。隋唐时期以孙思邈最为著名，他亲手治疗的麻风病人就有600多名，"莫不一一抚养"❹。他花费巨大精力，广泛收集民间的验方、草药，充实《千金要方》以满足救治病人之需，其尊重人和爱护人的生命态度尽在其中。两宋时期，医学分科精细，堪为师表的医家有张杲、钱乙、庞安时，均不仅"学术有专攻"，且"不问贵贱，专以救人为心"，在各自的领域内医名并茂。诗人黄庭坚曾赞庞安时

---

❶ 王庆宪，梁晓珍.医学圣典：《黄帝内经》与中国文化［M］.开封：河南大学出版社，1998.
❷ 林合华，张宗明.传统儒学与中医学中"仁"的观念之比较［J］.医学与哲学（A），2015，36（6）：35-38.
❸ 周一谋.论儒家学说与古代医学［J］.医学与哲学，1986（10）：37-39.
❹ 卢启华，邓发万，刘永年.医学伦理学［M］.2版.武汉：华中理工大学出版社，1999.

"轻财如粪土，耐事如慈母而有常"❶，他施药济贫的高尚医德深为后世医家所敬仰。"医之门户分于金元"。金元时期医家分为两派四大家，河间学派代表人物为刘完素、易水学派代表人物为张元素❷，他们为解民众疾苦而不懈探究终成独立学派，学派间的关系也成为考验医家的一个难题。据史料记载，张元素妙手治愈刘完素之病，刘完素丝毫不掩饰对张元素医术与品德的佩服，而张元素吸取刘完素之所长，创制"九味羌活汤"以治疗伤寒三阳之证。他们求同存异、彼此尊重的事迹堪为打破学派壁垒共同进步的典范。明代已经受到西方文化的影响，李时珍辞官专心撰写《本草纲目》，为此历经千辛万苦，用时27年终成传世之作。陈实功撰文给天下医家的"五戒十要"，是他职业人生的真实写照。

三、中医药文化在人与自我关系层面促成人才的自我实现

中医药文化在要求医者如何对待他人、社会的同时也在无形地引导他们如何过好自己的人生。一代又一代医者在诠释中医药文化的同时也在生动、具体地处理与自己的关系。从哲学角度讲，中医药学绝不是靠把医者作为达到某种目的、实现别人生命利益的工具延续至今的，医者的自我完善、自我实现也是中医药文化范畴内的事。也就是说，中医药文化本身能对实践者产生精神感召与滋养，使他们有尊严地幸福生活的人生愿望得以实现。

（一）中医药文化引导从业者不断自我超越

进入中医药领域并不必然成为一个受公众认可、同行敬仰的人，于是进入中医之门面临的一个经常性的任务，就是与自身的弱点和缺点做斗争，用"医工论"的表述就是"凡为医之道，必先正己，然后正物"，使自己的所思所想所为总是服务于实现医学的目标。这个"正己"的任务极为艰巨，故自《黄帝内经》始不同时代都不乏告诫同行保持谨慎的内容。在《黄帝内经》中明确了医生的"三不"和"四失"。"三不"为不拘鬼神，不恶针石，不讳疾忌医。"四失"包括"诊不知阴阳逆从之理，此治之一失矣。受师不卒，妄作杂术，谬言为道，更名

---

❶ 王庆宪，梁晓珍.医学圣典：《黄帝内经》与中国文化［M］.开封：河南大学出版社，1998.

❷ 李桂芝.辽金简史［M］.福州：福建人民出版社，1996.

自功，妄用砭石，后遗身咎，此治之二失也❶。不适贫富贵贱之居，坐之薄厚，形之寒温，不适饮食之宜，不别人之勇怯，不知比类，足以自乱，不足以自明，此治之三失也。诊病不问其始，忧患饮食之失节，起居之过度，或伤于毒，不先言此，卒持寸口，何病能中，妄言作名，为所穷，此治之四失也❷"。此四种表现似乎是技术性事物，实为道德缺陷。张仲景在《伤寒论·序》中则反对"相对斯须，便处汤药""按寸不及尺，握手不及足"的草率医疗作风和"各承家技，始终顺旧"的保守态度❸。明代陈实功"五戒十要"中的"五戒"均为对医者形象有贬损的情节，具体表述中频繁出现这些关键词："凡""可""勿得""必当"等。明代李中梓详细列举医生受金钱引诱表现出的便佞之风、阿谀之风、欺诈之风、孟浪之风、贪幸之风、庸浅之风等。在中医药话语体系内，对从业者的提醒与告诫不胜枚举，在强调应该做什么的同时，也在告诉人们什么不能做，为后世医者明晰行为界限。

（二）中医药文化引导从业者自我实现

马克斯·韦伯（Max Weber）关于从业者与所从事的职业之间关系的划分借用到中医药领域，那就是"靠中医而生存"和"为中医而生存"之间的区别。"靠中医而生存"是把中医当作实现个人利益的工具与手段，为谋生存条件或质量而学医行医，对医学草率不求甚解。如明代龚信《庸医箴》中所列举"不学经书，不通字义。妄自矜夸，以欺当世。急趋入门，不速自至……误人性命，希图微利"。人性的解放意味着人可以自由地塑造自己，按照自己所想、所感去生活成为自我实现的理想。"为中医而生存"即个体人生与中医药的深度融合，用中医药文化表达自己的生活态度和存在方式，中医药发展与个体的自我实现成为事物的一体两面。较之其他存在状态，个体之于中医药文化不是被塑造、被社会化，中医药文化具有巨大的吸引力，使个体自由地习得和自我活动。其中的缘由可以从儒、医同途这种特定的义化现象中得到解释。儒学在中国长期处于主流地

---

❶ 钱会南.《黄帝内经》人文关怀思想解读［J］.安徽中医药大学学报，2018，37（4）：1-3.

❷ 黄元御.黄元御医书十一种［M］.北京：人民卫生出版社，1990.

❸ 刘绍武.伤寒临床三部六病精义［M］.北京：人民军医出版社，2007.

位，它的核心主张即"仁者爱人"，这是中国历史上有识之士价值生存的基础。儒士有践行儒家思想的愿望和格物致知的倾向，于是在他们看来，医学不失为实现儒家理想的绝佳途径，以儒知医、儒而知医或儒而兼医成为风气，儒医成为医家的最高称誉和共同目标。儒医不仅指良医，而且指深谙儒理而通于医术的人❶，在中国传统医学中的名医既有拒绝官场召唤专心从医者，也不乏官场失意转而悬壶济世者。近代谢观在《中国医学源流论》中对此进行了高度概括：儒家所谓道统者，移之而用于医者，于是神农、黄帝犹儒家之二帝三王；仲景、元化犹儒家之有周公、孔子矣。于是言医者，必高语黄农，侈谈灵素，舍是几不足与于知医之列矣❷。至宋代"不为良相，便为良医"成为儒士箴言，儒医成为一种显性的道德传统，受此箴言鼓舞者比比皆是，据史料记载，崔世明"试有司连黜，每曰：'不为宰相，则为良医。'遂究心岐、黄之书，贫者疗之不受直"（《宋史·崔与之传》）。又如元人左元丰有言："达则愿为良相，不达愿为良医。医固非良相比也，然任大责重，其有关于人之休戚则一也"（《风科集验名方·序》）❸。儒医更加自觉地追求道德境界，悬壶济世是他们尽忠尽孝、达人济世的途径，而非谋求个人前途尤其是经济利益的机会。可以想象，中国历史上一代又一代医者自带足够的动力、能量上路。他们或者受大家公认的中医典范的鼓舞，或者受世医家族的耳濡目染而锁定自己的职业方向，投身中医药事业是个体的自主选择，足以保证其在职业生涯中心无旁骛。从医对他们来说是一件最贴近其价值、情感需要的"好事情"，时时依据自己的愿望、目的、意义和价值创造着自己，按照自己给自己立法的方式自我实现。历史资料显示，在传统中国乡村中的医者一直都有义务型与半义务型之分，义务型医者大多家境殷实，有足够的经济实力扮演儒医施仁术的角色；半义务型的医者，如教书先生兼行医，数量较义务型更多❹。清儒戴震认为，人之不尽其材，患二：曰私，曰蔽（《原善》）。从儒家思想去理解医学，从医是一门"为己之学"，"修己"与"安人"是其行为的一体两面。从医能尽人具

---

❶ 马伯英.中国医学文化史[M].上海：上海人民出版社，2010.
❷ 邱鸿钟.医学哲学探微[M].广州：广东人民出版社，2006.
❸ 同❶.
❹ 郭宁月，刘虹伯，方新文.医患共同体结构性张力的演化[J].医学与哲学，2019，40（3）：17-20.

备之性,将医者的知识理性、实践理性之潜能不偏不倚地充分挖掘出来❶。

第四节　构建符合中医药特点的人才培养模式

《孟子集注》有言:"事必有法,然后可成。"学什么和如何学同样重要,因为知识、文化要在一定背景下通过特定的教育方式来进行传递。不仅不需要方法、手段的活动过程是不存在的,而且任何方法都是其传递内容的特定体现,与目标实现相关的要素要由具体的方式、方法去提供具体条件得以结合和演化。中医药学普遍采用院校教育和临床教育相衔接的人才培养模式,这是近代以来中医药面临西医强烈冲击的严峻形势,追求现代化、科学化过程中完成的重大转变,在此之前中医药和其他古老经验医学文化一样主要采取师承方式培育后继人才。中医药发展的历史已经充分证明,师承教育不仅是无数名医大家成长的摇篮,还是名医的医理医法、学术特色、诊疗经验薪火相传的主要渠道❷。中医药人才有其自身独特的成长规律,熟读经典、临床感悟、长期积淀、大器晚成等,是书写中医人生不可或缺的关键词。中医药教育目标和内容也对教育方法、手段有特定的要求和界定,传承创新中医药文化即包括在新的历史条件下传承创新中医药教育本身。

2017年,教育部与国家中医药管理局联合发布《关于医教协同深化中医药教育改革与发展的指导意见》,要求创新中医药人才培养模式,提高中医药人才培养质量;逐步建立中医药师承教育制度,提高中医药传承创新能力❸。2019年,《中共中央　国务院关于促进中医药传承创新发展的意见》强调,要改革人才培

---

❶ 方新文,刘虹伯,孙士江.医疗职业的享用功能:对医生幸福线索的梳理[J].医学与哲学,2019,40(22):15-17.

❷ 刘艳娟,黄冬梅,龚萍,等.以"名老中医工作室"为平台中医妇科学教师团队建设的探索与实践[J].中西医结合研究,2019,11(6):319-321.

❸ 闵翠,原强.中医药人才个性化培养路径研究[J].文化创新比较研究,2020,4(17):48-50.

养模式❶。强化中医思维培养，改革中医药院校教育，调整优化学科专业结构，强化中医药专业主体地位，提高中医类专业经典课程比重，开展中医药经典能力等级考试，建立早跟师、早临床学习制度。2021年7月，教育部在答复全国政协《关于中医院校举办以师承教育为主的"高徒班"的提案》中介绍，教育部和国家中医药管理局高度重视中医药人才培养工作，鼓励有条件的中医药院校开设中医师承班，支持中医药院校推进师承教育与院校教育、毕业后教育、继续教育相结合的人才培养模式改革，提高中医药人才培养质量，为我国中医药事业传承创新发展和健康中国建设提供坚实的人才支撑。

一、师承教育的"旧邦新命"

院校教育是人类生活现代化的产物，它极大地满足了社会化大生产、越来越细的社会分工对人才的需求。与之相比，师承教育在人才培养规模、效率方面表现出很大的局限性，或者在越来越多领域已偃旗息鼓，或者在新兴行业领域决然没有这种教育方式立足的可能。但是，在传统医药人才培养方面，师承教育始终是无可置疑的育人方式，它始终伴随中国传统医学发展绝非偶然。据文献记载，在古埃及、古印度医生往往采取师徒传习的方式，医道精良的名医，一面行医，一面授徒，教育、生产和生活融为一体，家庭担负着专业教育的重要职责，只不过随着这些民族传统医学的衰落而销声匿迹，而古老的中医药文化是连同它的传承方式延续至今的。师承教育历久弥新的优势如下。

（一）师承教育中的学生所得多为真知

在《中医人生》中，记载了一位草根医家夏成锡的故事，他在实践中形成极佳的判断力并帮助医院医生成功挽救一例危重症患者。事后医师对他赞赏有加，也为他不是职业医师而惋惜："老先生，您的感觉很灵敏，如果有机会接受大学医学教育就好了。"❷夏成锡则很不以为然："我如果接受了正规大学的医学教育，

---

❶ 李一陵. 加强中医药人才培养 夯实中医药发展根基[J]. 中国卫生人才, 2019（12）：10—11.

❷ 娄绍昆. 中医人生：一个老中医的经方奇缘[M]. 北京：中国中医药出版社, 2012.

对这个病例的诊断就会和你们一个样。"在他看来，分析、归纳、综合的抽象思维的发展与先进医学检测方法的不断更新往往以医师自身知觉反应的日益迟钝、麻木为代价。面对病人，医师自身知觉的敏感性格外重要❶，但当下的教育模式往往使他们囿于教科书中的思维。

墨子在《墨辩》中把人的知识按其来源分为三类，即亲知、闻知和说知。"亲知"是通过亲身实践得来的。"闻知"是从别人那里听来的知识，或出师友口传，或由书本传达，须"循所闻而得其义"❷，即对所听到的东西要思索、考察。"说知"包含推论、考察的意思，即由已知的知识去推知未知的知识。可见，在墨子看来，只要称得上属于自己的知识，那一定有自己的参与和贡献。亲知最为可靠，哪怕是属于"闻知"和"说知"的部分也绝非消极简单地接受，必须植根于亲知里才是真正属于自己的知识，主体定要付出过积极思考、探究、验证的努力。运用墨子对知识的界定，师承教育相较于现代教育的课堂教学，学生容易更多地获得真正的知识。在院校教育教学过程中，鉴于学校课堂是一个远离生活的场景，一位教师面对若干学生转述书本上的内容，学生获得的知识大都属于闻知。如果说有说知的成分，基本上属于对闻知的推想。但在跟师学习过程中，处在一个真实的医学场域中，学生既能获得亲知，对闻知和说知的获得也与院校课堂教学有很大的区别。学生跟师习医，以跟师抄方侍诊为主，有很多的机会获得闻知，这个闻知与书本上单调的语言符号不同，是生动的话语，是老师在真实情境中获得的行知，这种行知虽然传递给学生已经是闻知的面目，但相比远离临床的课堂上教师的讲解更容易激发学生去获得行知，或者去独立思考。中医药学属于典型的经验医学，源于生活，宝贵的临证经验不仅记载在医学书籍中，更多的是散存于老中医手里❸。中医药学强调直觉、心悟等思维方式，有很多属于"只能意会，不能言传"的隐性知识，停留在语言文本上的描述往往抽象概括，能指和

---

❶ 方新文，郭宁月，刘虹伯. 论叙事医学的根基与价值［J］. 医学与哲学（A），2018，39（5）：19-23.

❷ 袁宗金. 回到基本元素：陶行知幼儿科学教育思想解读［J］. 南京晓庄学院学报，2007（2）：70-73.

❸ 李新路. 近代以来中医药师承教育的嬗变与发展研究［D］. 南京：南京中医药大学，2017.

所指之间存在差距，需要名师点拨和到实践中亲身感悟，师承教育恰恰在这方面得天独厚。另外，临床实践中跟师学习也可以解决课本知识滞后的问题。历史上师承教育方式灵活多样，很多名医或许只为授徒编写能体现自己经验的个性化的教材，而更多的是不采用文字性的东西，依赖手把手地传授，虽"只有法传，而无书传"，但效果极佳。"所传心法，俱皆精妙"，此为近代眼科医家邓雄勋的从师体验，具有一定的说服力和代表性。

（二）师承教育在理想的人际关系中展开，有利于中医药文化的传承与创新

人是一种关系性的存在，关系的和谐与否对合作事项的开展和目标的实现都有极大影响。师承教育或是通过"父传子承"或是经由"师授徒承"，关系的建立基于双方自愿选择，师傅认为徒弟乃可塑之才而愿意因材施教。模仿学习榜样做出判断和选择是年轻人成长的重要推动力，学徒择师而从，视其将自己领进中医殿堂的最佳人选，不乏仰慕和期待，更会珍惜学习机会，同时不辜负导师的培养。在师徒朝夕相处中教育过程会发展为充满感情的共同生活经历，人际关系的紧密能充分释放师徒双方的积极性，催生更为理想的教育效果。老师将自己的宝贵经验通过言传身教和盘托出，其学术思想、临床经验尤其是独门经验能全面、直接、迅速地转变为学生的知识和技能，学生在潜移默化中获得成长。学生对老师的期待和勤奋好学的态度，无形中也是对老师的一种压力和提升的动力，教育学生的过程也会改变老师自己，其在学术上会更为严谨，对医学更加专一，对病人更为负责，对学生更为爱护，包括尊重学生提出的不同意见，师承教育更有可能达到教学相长的效果。

尽管中医药师承教育的主要形式始终是家传师授的"师带徒"方式，但它也随着时代变化、医学发展有自身的嬗变。比如说，近代形成一些著名的医学世家和学术流派，师承教育往往也在延续门户、流派之间的关系。一是师承教育有其顺势而变的特点。二是无数名医大家的成长经历充分证明，师承教育是一份须善待的教育遗产。三是我们对现代中医药教育的反思中，无法忽略师承教育的恒久价值和意义。

医学从来都是一个需要终生学习的领域，不断地塑造、再塑造为每个专业人

员的经常性存在状态。医学教育已在当代不断完善并成为连续的统一体,其各环节为提供高质量的卫生保健服务完成阶段性人才培养任务。在现有中医药教育框架内把师承教育发展好、利用好成为河北中医药人才培养中面临的重要课题。具体来说,包括实现师承教育与院校教育、毕业后教育、继续教育的有效结合❶。

二、实现师承教育与院校教育的有效结合

院校教育主要奠定医学生基本医学知识和临床技能基础,其优点在于较为规范系统,有完善的培养方案,为学生有序安排各门课程的学习,而且在培养规模和效率上非师承教育所能比拟。以河北中医学院中医学专业(全科医学)为例,在校生共学习15门公共基础必修课程,21门学科基础必修课程,8门专业基础必修课程,17门专业主干必修课程,5门专业特色必修课程,还有专业拓展选修课程、综合素质课程选修课若干❷。这些课程均具有独立的知识体系,代表着中医学本身越来越细致的学科划分。其中专业基础必修课包括中医学导论(16学时)、诊断学基础(理论94学时,实践30学时)、内经选读(86学时)、伤寒论选读(89学时)、温病学(学时)、金匮要略、中医各家学说(54学时)和中药认药见习(30学时)。17门专业主干必修课程总学时817学时中有45学时是实践课。人们一般认为,课程设置是医学教育的中心,只要在培养方案中课程安排没有疏漏,那么这个专业教育就没有太大问题。事实上,对医学生的职业角色定位和能力的传承才是最重要的。从形式上看,这些课程主要通过课堂教学,偏重能够在课堂上讲解的确定性知识:一是那些具有复杂性、非逻辑思维、难以表达、蕴含经验和文化特性的部分就会受到形式的制约而无法充分体现,造成学生临床思维欠缺、接诊实践能力不足。二是为了适应课堂教学特点,中医药知识体系划分为越来越细致的课程,这些界限分明的课程在一定程度上弱化了中医药本身的整体性和复杂性。三是在课堂教学中,一位教师面对几十名学生,院校教师的临床经验会有欠缺,即使是临床医生到教室里也难以与学生形成普遍的有效互动,在一

---

❶ 申俊龙,王高玲.中医药管理学[M].北京:科学出版社,2017.
❷ 杨鹏.全媒体时代背景下的大学生媒介素养教育[J].湖北函授大学学报,2016,29(14):57-59.

种近乎格式化的课堂上,学生的参与度明显不足,无独立思考和判断,更难以谈及质疑或批判。因此,中医药院校教育还有可能做得更好,将师承教育与院校教育有机结合,二者真正意义上的优势互补将转化为更加出色的人才素质。

（一）中医药师承师生关系的建立

2014年,河北中医学院开设扁鹊中医实验班,实现中医药师承教育和现代中医药院校教育的有机结合❶,班级共30名学生,由在校300名中医学专业学生经过严格选拔产生。他们接受导师指导下的个性化培养,导师分为基础导师与临床导师,导师与学生双向选择❷。河北中医学院校内遴选产生3名基础导师,每人负责指导10名学生,从河北省中医院和石家庄中医院两所教学医院选拔10名临床指导老师,每人指导3名学生,实验班较其他中医学专业班级增加特色课程,每周半天临床跟师,有更充分的条件在导师指导下进行专业学习、开展学习讨论、进行医学学术流派思想研究。此次改革取得了很好的效果,可以让学生广泛受益,实现师承教育全覆盖。覆盖全体中医药专业的师承方式与院校教育相融合的教育模式,对导师的需求量很大,须立足于中医医疗机构、面向全社会、面向基层,将那些业务精良、以传道授业为荣的名老中医、中医骨干吸纳到导师队伍中来,尤其对于基层中医医药师应做到不拘一格,并且鼓励师徒互相自由选择。

（二）师承教育的开展

师承教育是在课堂教学之外为学生开辟的学习空间。师承关系的建立需要有仪式感,起到对彼此关系包括权利义务的确认作用,促使同一导师的学生结为一个学习共同体。师承关系建立以后,学生可以临床跟师学习,抄方侍诊,感受老师的临床思维与诊疗风格❸,即使在校期间也可以运用信息技术手段进行视频交流和观摩,保持和导师的顺畅沟通,在课堂学习中遇到的问题也会多一个答疑解

---

❶ 杨关林.大力发挥师承教育优势和作用 探索中医药特色人才培养模式[J].中医教育,2012,31(1):8-11.

❷ 孔祥骊,王占波,马小顺.河北中医学院人才培养历史回顾与改革实践[J].中医教育,2017,36(2):6-9.

❸ 李新路.近代以来中医药师承教育的嬗变与发展研究[D].南京:南京中医药大学,2017.

惑的渠道。为此，学校应加强临床基地建设，目前河北中医学院共有3个附属医院，河北省中医院的建设水平在全国同类医院属于第一梯队，其临床教学基地的教学门诊、教学病床、名师传承工作室等教学资源丰富，人才济济，应发挥好它在临床教学方面的龙头示范作用，带动其他教学医院教育质量的提升。同时要为承担导师任务的基层医生提供条件支持，确保师承教育的质量。

（三）实现课堂教学与跟师学习的合理配置和衔接

师承教育与院校教育不是简单的换频道的平行关系。院校教育与师承教育要真正有机结合，融为一体，促进中医药专业的发展进步。在时间上要合理规划，尤其考虑课堂教学内容与跟师学习的衔接，使跟师学习帮助消化、理解课堂教学内容。在不同的学习阶段，可以考虑分别师从不同专业特长的导师，从而博采众家之长。

三、探索完善与师承教育相结合的中医药毕业后教育模式

对刚刚走上工作岗位的年轻医生进行巩固基础理论、掌握临床基本技能和培养独立工作能力的综合性训练成为独立的、制度化的教育阶段，即毕业后医学教育，在医学生向合格临床医师的转变中负起责任。2003年，世界医学教育联合会制定《毕业后医学教育全球标准》，规定在完成本科阶段医学教育后❶，进入临床工作岗位的年轻医生，除了在实践中向具有丰富临床经验的同仁请教学习、利用各种方式不断充实自己之外，接受教育制度安排，进行从一般内容到专科化内容规范化培训已经成为他们必须履行的专业义务。我国在医学毕业后教育方面推行医师规范化培训是借鉴国际医学教育经验、与世界接轨的重要实践。2013年，国务院等七部门下发《关于建立住院医师规范化培训制度的指导意见》。2014年，国家中医药局、卫生计生委、教育部组织制定《中医住院医师规范化培训实施办法（试行）》《中医住院医师规范化培训标准（试行）》等文件，至此中医医师规

---

❶ 刘晓娟.江西省住院医师规范化培养临床基地管理路径探索［D］.南昌：南昌大学，2012.

范性培训有了执行依据和标准，成为中医毕业后教育的重要组成部分❶。就医学教育本身而言，不同国家和地区在教育目标和完成目标的方法上不必强求一致，特别是面向中医人才的毕业后教育应当符合中医药事业发展规律和学科特色，堪为一种刚性需求。2017年，教育部与国家中医药管理局联合发布《关于医教协同深化中医药教育改革与发展的指导意见》❷，确立以"5+3"（5年中医学本科教育+3年中医住院医师规范化培训或3年中医硕士专业学位研究生教育）为主体、以"3+2"（3年中医学专科教育+2年中医类别助理全科医生培训）为补充的中医临床人才培养模式，中医毕业后教育的目标和实践路径在制度层面更加清晰。

在起步阶段，河北省通过中医住院医师规范化培训、中医类别全科医生规范化培训基地建设，初步具备符合国家标准的中医毕业后教育条件，现有中医住院医师规范化培训基地12个：河北省中医院、石家庄市中医医院、保定市第一中医医院、河北省沧州中西医结合医院、邯郸市中医医院、唐山市中医医院、秦皇岛市中医医院、河北以岭医院、衡水市中医医院、迁安市中医医院、承德市中医院、廊坊市中医医院。中医类别助理全科医生培训基地两个：河北省沧州中西医结合医院和保定市第一中医院。2019年国家下达河北省中医住院医师规范化培训招录计划为370人（其中：中医专业300人、中医全科专业70人）；2020年国家下达河北省中医住院医师规范化培训招录计划为400人（其中：中医专业350人、中医全科专业50人）；2021年国家下达河北省中医住院医师规范化培训招录计划为600人（其中：中医专业550人、中医全科专业50人）。显而易见，河北省中医毕业后教育规模还很有限，临床医师的成长需求未得到充分满足，应积极创造条件全面实施中医住院医师规范化培训，循序渐进地开展中医医师专科规范化培训，积极推进中医类别全科医生（助理全科医生）培养，三方面相互关联构成一个整体，任务相当艰巨❸。

---

❶ 杨宏志，张红武，赵凯，等.住院医师规范化培训［J］.解放军医院管理杂志，2009，16（9）：880–881.

❷ 李兆燕，梁沛华，曾元儿.中医药创新人才培养通识教育课程体系的构建［J］.中医教育，2019，38（4）：35–37.

❸ 唐昌敏.中医医师的执业环境及胜任能力评价研究［M］.武汉：华中科技大学出版社，2018.

总的来说，规范化培训是制度安排的一种带徒式的专业培训，显然是现代医学教育对传统师承教育的充分借鉴和创造性诠释。用《毕业后医学教育全球标准》中的表述，即每一受训者应当有机会接受教育上的忠告，这种教育上的忠告主要来自指定的导师或带教者。就具体培训过程而言，医师规范化培训强调以实践为基础，受训者应在导师指导下通过接触同本人所选医学领域相关的临床实际或不同环境下的实践，锻炼和培养临床判断、决策、医治病人的能力。2018年，国家中医药管理局在《关于深化中医药师承教育的指导意见》中提出：发挥师承教育在毕业后教育中的作用，建立符合中医药特点的毕业后教育制度[1]。建立具有中医特色的住院医师规范化培训模式，加强住院医师规范化培训基地中医特色优势建设，遴选中医住院医师规范化培训的师承指导老师，强化中医住院医师中医思维培养，提高中医临床诊疗水平，并将师承考核作为中医住院医生规范化培训结业考核的重要内容。试点开展以传承名老中医药专家学术思想与临床经验，提升中医医师专科诊疗能力与水平为主要内容的中医医师专科规范化培训。这是对中医长期以来坚持的师承教育的再次确认。师承教育在中医毕业后教育阶段的延伸更具有中医药人才成长内在需要与社会共识高度契合的特殊效应和意义。初创时期尚无成熟的培养模式可言，应将内涵建设与各项制度完善、硬件充实放在同等重要的位置，其中探索与凝练体现师承教育智慧的培养模式极为关键，理应成为河北中医药强省建设的重要着力点。

（一）实现医师规范化培训全周期专业导师制

全周期专业导师制是在按照专业科室划分的有计划轮转中接受带教老师的指导，保证对该专业不同方面都有充分的了解和胜任能力，同时接受固定专业导师的经常性言传身教。既保证在集体学习中获得基本知识和技能，又有充分条件进行个性化学习，可以在某个领域更加深入地探究和精于实践。学员的身份是双重的，在面向患者的临床服务中学习，在学习中进行临床服务，进入临床初期能

---

[1] 张洪雷. 习近平关于中医药发展重要论述的时代价值[J]. 南京中医药大学学报（社会科学版），2020，21（2）：93-98.

辅以稳定的师徒关系和全天候的一对一交流条件，非常有利于验证判断、澄清认识、解疑释惑和思维强化，也能有效避免以工代培。

学员师从专业导师的学习主要采用门诊跟师、疑难病例查房、医案整理等方式，对学员的培训各有侧重。首先，门诊跟师是最直观的学习和培训，在望闻问切中与患者进行信息沟通、情感交流，在综合判断病情、辨证处方等细微之处，最能体现导师的治疗理念和从医风格。导师就真实病人亲授心法、点拨一二，唤醒学员心中沉睡的书本知识，培养他们的知觉敏感性和思维习惯，在随即的服务中能及时运用。其次，导师进行疑难病例查房，是学员带着问题学习、锻炼临床思维和能力的最好机会。学员要问诊与查体，收集病史资料以充分了解患者情况，并根据自己所学形成初步判断和治疗思路。导师在查房过程中与患者有交流沟通，详细解析病例和治疗方案的道理，强化将课本知识服务于诊疗病患的思维方式，有效识别影响判断和决策的干扰性因素，在具体情境中答疑解惑。最后，整理导师医案或书写其他名家医案，能使年轻医生深度沉浸在导师从医过程中，身临其境般追随名医专业足迹，充分汲取宝贵医学经验，感受中医药疗效和魅力，更加坚定职业信仰和态度。

制约全周期导师制实施的瓶颈即师资队伍的数量和质量。与全周期导师制相关的问题即师资队伍建设。以河北省中医院为例，高级职称293人，博士49人，硕士456人，博士生导师13人，硕士生导师133人。国医大师1人，全国名中医1人，省名中医8人，享受国务院特殊津贴专家8人。2015年，河北省中医院承担首批50名单位委派学员的规范化培训任务；2016年同时承担省中医药局批准的80名学员和82名专业学位研究生的规范化培训任务；2017—2021年在承担专业学位研究生规范化培训任务的同时，执行国家下达的中医住院医师规范化培训计划，分别为75人（中医专业）、88人（中医专业80人，中医全科专业8人）、90人（中医专业65人和中医全科专业25人）、105人（中医专业90人，中医全科专业15人）。值得注意的是，规范化培训任务是与繁重的临床服务、科学研究、本科生见习与实习、硕博研究生培养、住院医师规范化培训等任务同时完成的，扩大规范化培训规模受到一定的制约。

(二)形成"多师联动"培训机制,促进临床医生全面成长

临床医生的培养侧重在实践中学习,基本标准包括胜任临床工作,掌握医学专业相关理论以及行为科学、社会科学理论,能够做出临床决定,具备本人专业领域所必需的沟通技能、医学伦理学、公共卫生政策、法医学和管理科学等知识、素养[1]。优秀标准即具备担当医学专家、健康维护者、沟通者、合作者和团队成员、学者、行政工作者、管理者所必需的知识、技能、态度和个人素质。可见,规范化培训是一个全方位提高医学人才素养和能力的过程。一方面,专业导师的责任不仅是传授临床确定性知识技能,导师在言传身教中也培育学员的生活态度、职业精神。另一方面,仅有专业导师远非中医毕业后教育师承教育的全部。符合中医药人才特点的规范化培训导师制,应该尝试"多师联动"的导师制。

首先,"多师联动"是多位导师的分工协作,在具体培训内容上各有侧重,既有学业导师,也有思想导师,思想导师负责通过各种渠道和方式培育学员的职业精神和政治素质。其次,"多师联动"是指一对一的固定导师和面向学员集体的导师间的协调配合。在河北省,国医大师、全国名中医、河北省名中医、名老中医传承人分布在规范化培训基地。河北省中医院名医堂专家21人,分别是李佃贵(第三届国医大师)、姚希贤(第四届国医大师)、刘启泉[2](首届全国名中医)、杜惠兰(第二届全国名中医)、梅建强(河北名中医)、董燕平(河北名中医)、陈志强(河北名中医)、布明德(河北名中医)、高社光(河北名中医)、刘建设(河北名中医)、王彦田(河北名中医)、刘建平(河北名中医)、檀金川(河北名中医)、杨倩、郭登洲、王彦刚、刘焕荣、李春香、袁军、王艳君、田军彪。河北省中医院设名医工作室11个:浊毒理论研究中心、国医大师李士懋传承工作室、岐黄学者李应东传承工作室、全国名中医刘启泉传承工作室、李氏砭法传承工作室、全国中医肛肠学科陈雪清名医工作室、葛建立名中医传承工作

---

[1] 王健健.毕业后医学教育规范化培训研究:以J市第一人民医院为例[D].荆州:长江大学,2016.

[2] 郭烁,石芳,张娜娜,等.刘启泉应用甘麦大枣汤治疗情志病经验[J].湖北中医杂志,2018,40(1):19–21.

室、王彦田名中医传承工作室[1]、刘建平创新工作室、张秀勤中医全息刮痧工作室、未病先防名医工作室。将国医大师、名医工作室与住培带教有机结合，通过与国医大师、名中医面对面等专题活动让学员有机会聆听国医大师、名中医的教诲。与此同时，充分发挥工作室负责人、继承人团队在规范化培训中的作用，通过办学习班、出版论著、搭建网络平台等方式，将系统总结的国医大师、名中医的学术思想、临床经验传递给培训学员。"多师联动"还意味着在运用教学查房、小讲课、病例讨论等方法的基础上，运用基地内外资源开设具有较高学术水准的大讲坛、大课堂，使学员能运用前沿、权威理论、方法去认识和把握临床问题。

四、推进与师承教育相结合的中医药继续教育

中医药人才的培养是多渠道、多阶段、多方式的，中医药继续教育有别于基础教育和学历教育，是中医药从业人员为适应医学科学的发展，以学习新的知识、技术和方法为重点内容，以提高自身职业技能为主要目的的一种终身医学教育体系。而把师承教育贯穿于中医药人才培养的全过程，对于促进中医药从业人员沿袭和传承中医名家宝贵的临床和学术经验具有重要的实践价值。为此河北省根据中医药事业发展的需要和人才需求以及中医药教育资源状况积极推进师承教育与中医药继续教育的有机融合。

（一）贯彻落实中医药继续教育的利好政策

2016年，国务院印发的《中医药发展战略规划纲要（2016—2030年）》中提出全面做好中医药理论方法继承，强化中医药师承教育。建立中医药师承教育贯穿始终的中医药人才培养体系，将师承教育全面融入院校教育、毕业后教育和继续教育。2017年，教育部、国家中医药管理局联合下发《关于医教协同深化中医药教育改革与发展的指导意见》，指出创新师承教育与继续教育相结合的人才培

---

[1] 刘青，邢紫阳，孙春霞.王彦田教授应用安胃温肾汤治疗胃癌术后脾肾阳虚型患者经验浅析［J］.河北中医药学报，2021，36（5）：50-51.

养模式，实现继续教育全面覆盖，使师承教育优势得到充分发挥[1]。河北省认真落实并推行国务院、教育部、国家中医药管理局等出台的中医药继续教育的利好政策，为了推动河北省中医药继续教育工作的开展，提高中医药专业技术人员的素质，出台了《河北省中医药继续教育实施办法》《河北省中医药继续教育项目管理办法》，对中医药专业技术人员开展各种适宜有效的以增补、延伸和提升专业知识和技能为主的中医药继续教育活动[2]。充分利用河北省中医药院校、中医院、中医药管理机构等开设的教学平台，借鉴现代教育模式开展学习班、培训班、进修班等线上线下相结合的中医药教育培训活动，做到应培尽培；发挥京津冀燕赵医学研究中心等中医药行业学术团体在学术主张传播上的优势，开展学术研讨交流活动，培养具有地方学派特色的中医药人才；以突出师承教育特色优势为重点，对中医药从业人员进行定向跟师实训，培养具有中医临证思维的真中医，使中医学术流派及其学术思想得到传承。

（二）发挥中医院校在继续教育中的示范引领作用

为适应中医药事业发展的战略需求，河北省大力支持中医院校根据人才成长规律加强协同创新，积极探索中医药院校教育、继续教育与师承教育有机融合的人才培养模式，充分发挥河北中医院校在中医药继续教育中的示范引领作用[3]。继续教育学院作为河北中医学院的二级单位，经过近三十年的发展和完善，现已形成学科门类齐全、专业结构合理、办学形式多样、教学管理规范的继续教育体系。目前开设了中医学、中西医临床医学、中药学等多个本、专科继续教育专业，形成了适应现代社会健康需求和中医药学科发展的继续教育模式，结合中医药各门课程的教学目标确定教材内容的深度和广度[4]，充分运用中医药精品在线课

---

[1] 李新路.近代以来中医药师承教育的嬗变与发展研究[D].南京：南京中医药大学，2017.

[2] 杨鸿恩.河北省中医药管理局召开会议要求 明确目标 突出重点 加快中医药继续教育步伐[J].河北中医，2004（6）：462.

[3] 朱建光，李汉伟，苏成福.中医院校教学改革的探索与实践[J].中国中医药现代远程教育，2019，17（16）：3.

[4] 胡成湘，马路，韩献芳，等.中医各版统编教材沿革[J].中医教育，2007（6）：56-58.

程资源拓展传授知识的广度，邀请知名专家就中医药治疗、中医药康复治疗和中医药健康管理服务等相关知识、技术进行线上、线下相结合的培训，有效确保了中医药理论和技能继续教育的系统性和完整性。同时，承担了多项国家和河北省内教育培训项目，推广河北省中医药学术成果，为社会培养了数万名品学兼优的中医药实用型人才，在河北省教育厅组织的历次成人教育评估工作中均获得了优秀，对推进河北省中医药人才继续教育工作起到了示范引领作用。

（三）搭建基层中医药继续教育的师承平台

为突出中医药人才的个体化培养和名老中医学术思想及临床经验的传承，河北省积极搭建中医药继续教育的师承平台，强力推进基层名老中医药专家传承工作室建设❶，并把中医药继续教育的工作重点放到加强基层（包含农村、县级、城市社区）中医药人才的培养和全面提升中医药服务能力。实施县级中医临床技术骨干、中医馆骨干人才培训项目，名老中医药专家将中医药基础扎实、兴趣浓厚的骨干医师作为收徒对象，通过坐诊、下基层巡讲带教、临床指导、技术推广培训等方式将其学术思想及临床经验传授给学徒，并进行严格的追踪指导。做好学术继承人培养工作的同时也使学术思想真正转化成中医药服务能力，进而推动基层中医药事业的发展❷。

（四）鼓励中医临床优秀人才跟师研修

在新形势下，民众对中医药健康服务需求的增长使中医药从业人员需要通过继续教育进一步提高自身的专业技能和服务能力，河北省高度重视高层次中医药人才的继续教育需求，创新推进以职业生涯规划为导向的中医药临床优秀人才跟师研修。河北省中医药管理局通过资格审核和组织理论考试来选拔中医临床优秀人才参加跟师研修，每位学员要拜3位以上名老中医药专家为师，接受为期三年

---

❶ 中国药学会药事管理专业委员会.中国医药卫生改革与发展相关文件汇编［M］.北京：中国医药科技出版社，2004.

❷ 刘芳彤.吉林省基层医生中医药服务能力现状调查及对策研究［D］.长春：长春中医药大学，2020.

的读经典、做临床、跟名师、强素养培养，学习名老中医药专家的医德医风，领悟和继承其学术思想及临床经验。中医药临床优秀人才跟师研修的良好氛围，促进了中医药从业群体从"要我继续学"向"我要继续学"的转变，这不仅展现了当代中医人的历史使命和责任担当，还为河北省中医药强省建设和我国中医药事业的高质量发展输送了更多可信、可靠、可用的优秀中医药人才。

第六章 河北中医药强省建设实践：保健服务

第一节 中医药保健服务：中国人生活的高度中医药化

中医药学作为继承和弘扬我国中医传统和优秀中医文化的重要组成部分，是中华民族独特的一门医疗卫生科学。它经过长达几千年的历史变迁和文化演变，为推动中华民族的繁衍、壮大、昌盛及发展进步奠定了重要的历史基础。中医药产生于生活世界，随着其发展成熟将生活世界不断医学化。中国人在饮食、居住、婚育、岁时等方面有意无意地运用中医药安排自己的生活，满足身体健康的需要。可以说，中医药源于生活，也已渗透于中国人生活的方方面面。

一、源于生活的中医药

（一）中药起源于远古人类的生活

远古时期的人类因为自然环境恶劣和生产能力低下，过着茹毛饮血的生活，不懂得将食物煮熟来吃，也不知道通过耕种获取和储存粮食，"饥则求食，饱则弃余"，因此大大增加了感染疾病的概率[1]。受限于医学知识的严重匮乏，一次腹泻或是中毒就很有可能直接导致健康受损或是生命丧失，如在采集野果、野菜、植物的种子和根茎的时候，他们可能会吃到番泻叶导致腹痛、腹泻，吃到附子导致呕吐、昏厥甚至死亡。但有时也会出现相反的情况，例如，正在腹泻的人无意中吃了通奶草，腹泻的症状会缓解甚至消失；受伤流血之后将燃烧过的棕榈树皮敷在伤处，即可止血。在长期诸如此类的实践过程中，远古人类逐渐摸索出规

---

[1] 王晓宏．护理伦理学［M］．北京：科学出版社，2016．

律——哪些植物可以吃，哪些不能吃，哪些植物可以用来治疗哪些疾病，用量大概是多少，中药及其疗效和用法就被人们逐渐掌握了。

《史记补·三皇本纪》云："神农氏以赭鞭鞭草木，始尝百草，始有医药。"❶神农氏为百姓造福，不畏生死亲尝百草，有时一天需要尝遍七十余种毒草，方能将那些无毒能吃的植物传授给百姓。他将麻、黍、稷、麦、菽五种粮食传授给百姓广泛种植，将那些能够疗疾的草药传授给百姓治病，因此神农氏被认为是中华民族农业生产和医药的发明者。在历史记载中神农氏最终死于剧毒之药——断肠草，后世人们为了纪念神农氏的功绩，把他尊称为炎帝，与黄帝齐名，合称为中华民族的祖先。

后世的人感念神农氏的无私忘我精神和对中医药的贡献，将前世祖先长期积累下来的医药知识汇编为《神农本草经》。此书共明确记载了365种分类药物，与一年365天相契合，其中分别记载了各类植物药252种、动物药67种、矿物药46种，根据每种分类药物的性能、作用机理和功效的不同又分为上、中、下三品，称为"三品分类法"，这是我国药物学最早的分类方法。《神农本草经》被普遍认为是我国乃至世界上现存最早的一部药物学专著，长期的临床实践和现代医学研究成果都表明❷，《神农本草经》中所记载药物的药理功效绝大多数是正确的，其中许多有效药物至今仍在医学临床上得到广泛应用，例如，人参可以理气补益，黄连能够燥湿止泻，麻黄用来宣肺平喘，乌头可以除寒镇痛，大黄用来清热泻下等。

（二）中医治疗手法也源于生活

远古人类为寻找或猎获食物，经常需要登高或与野兽搏斗，从高处摔下骨折或被动物咬伤无可避免。为了减轻疼痛，使骨折的地方痊愈，他们会用植物纤维或藤条将竹片、木棍捆绑在骨折的部位，起到包扎和固定的作用，或将树叶、苔藓、草木灰等涂抹在患处以止血，他们还会下意识地抚摸、揉搓患处以缓解疼

---

❶ 何裕民，张晔. 走出巫术丛林的中医［M］. 上海：文汇出版社，1994.
❷ 马民，张桂娟，许建隆. 中医特色疗法和防治保健学［M］. 广州：暨南大学出版社，2007.

痛。这是现代医学中"夹板固定法""外敷法"和推拿术的雏形，是我国最早的中医治疗手法。

砭石疗法也被认为是中国最古老的一种治疗手法。《黄帝内经》记载："砭石者，以石治病也。"60万年前的北京猿人不但已经学会了如何使用火来炙烤自己的食物，还发现可以利用火焰的温度来缓解自己身体的病痛。后世人们常用磨尖的石头对自己身体疼痛的部位进行按压，或者将烤热的石头贴放在患病部位予以护理和治疗。

专家对旧石器时代文化遗址进行考古挖掘，发现了大量的骨针、骨锥等尖锐的器具，说明远古人类已开始探索利用器具通过简单的手术方法来治疗疾病。《史记》记载上古时期医家俞跗"割皮解肌，洗涤五脏"，即用刀子切开皮肤，解剖肌肉直接进行手术。

由此可见，中医药从生活中起源并在人类生活中发挥了重要作用，它帮助人类在艰苦的环境中预防和治疗疾病，延长了人类寿命，推动人类的繁衍生息、发展进步。

二、现代中国人生活的高度中医药化

（一）中医药文化在今天的重要价值

中医不但注重为人医病，更注重医人。中医药文化中所蕴含的济世救人思想、精诚为医思想、仁心仁术思想、以人为贵思想及治未病等思想，都充分体现了中华优秀传统道德文化的丰富内涵。中医药哲学文化植根于中华优秀的传统医学文化，是中国传统哲学思想和哲学观念的一种重要表现形式，主要内容包括中国优秀文化传统所努力倡导和不断追求的人类生活与社会自然的和谐关系、人文社会哲学研究所广泛推崇的生命权利和朴素辩证唯物主义思想，体现了中国哲学的系统性思维与整体性的价值理念。

中医药文化主张"天人合一"，强调人类是自然界的一个重要组成部分，人应努力做到尊重自然、敬畏自然、保护自然，注重人类与自然世界的和谐共生、人与人的顺应协调。中医药还特别强调人的社会主体性，讲究"以人为本"，崇尚尊重患者，善待生命，仁爱为医，注重医患关系的平等，关注生命意义和生命价值。这些都与今天的"新发展理念"相契合，其核心是促进人的自由发展，推动社会和谐平等，服务于百姓身心健康的同时，推动整个社会的绿色、协调、健康发展。中医药文化蕴含的"治未病"思想、辨证施治观念，都是将人作为一个系统化的整体，注重对人体系统进行调节、修复和完善，达到人的身体与心理的和谐，促进生命健康和价值的提升。

中医药文化是无数中华民族的先民留给世界人民的宝贵生命记忆，它终将重新回归到每一个中国人的日常生活之中。悬壶、杏林、岐黄、青囊……每一个称呼背后都蕴藏着深沉而又古老的中华文化理念。今天中医药文化已渗透到社会生活的每个角落，其凝聚的医学精华、医者之德和为人处世之道，仍对世人产生着深远的影响，护佑着人类健康和繁衍生息，推动着人类社会与文明的不断发展。

（二）中医药健康养生理念渗透于百姓日常生活

日常服用阿胶、三七、枸杞滋补身体，用针刺、艾灸、火罐缓解身体不适，夏至贴伏贴、冬至用膏方……中国特有的中医药传统健康养生文化，与中国现代健康管理理念相结合，在社会以及人们的生活中形成一种新的生活方式。今天，人们更加坚定对传统中医药文化的研究、弘扬与传承保护，坚持古为今用、推陈出新的科学发展规律，确保优秀中医药健康养生文化理念能够获得更多的传承载体、传播途径和发展渠道，让越来越多的中国人充分享受到优质的中医药健康服务，真正满足每一个中国人在新时代的健康养生需求，从而激发优质中医药的强大生命力，使其原有的传统文化内涵获得更多的拓展和延伸，渗透于中国人的日常生活之中。

1. 中医药祛毒防病理念

中国人利用中草药祛毒防病的习俗由来已久。《本草纲目》记载，沃醋气可杀邪毒，《本草衍义》也曾记载，古时中国民间常有在分娩产妇的卧室中燃烧木炭熏蒸醋气来祛毒的习俗，这种空间消毒的习俗在我国很多地区沿用至今。《汉武故事》中有记录，汉武帝"烧兜末香，香闻百里。关中方疫，死者相枕，闻香而疫止"，这表明早在汉代人们就已经学会利用熏烧香药杀菌的方法来控制病毒的传播，彻底祛除瘟疫[1]。为了祛毒辟邪，古人每年五月初五的时候都会把艾叶挂在门上，小孩头戴菖蒲，身佩一只香囊，香囊内装有朱砂、雄黄和各种香药，外包一层丝布，再用一根五色的丝线将其捆绑成索，既可作装饰之用，亦可辟邪驱瘟，躲避毒虫侵扰。此风俗至今尚存，且广泛流行，可以说是中草药祛毒防病的典型代表。

中医药祛毒防病理念在今天仍受到很多百姓的欢迎。例如，仲春时节，一些老年人通常会将自己在山野间采摘并晒干的艾叶在室内点燃，利用其燃烧后所产生的烟气来清除和杀死室内空气中的各种细菌和病毒，达到预防各种传染性疾病的目的；有肩周炎、腰肌劳损、腰腿酸痛等各种疼痛症状的，还可以使用艾条对其相关部位进行熏烤，从而温通经络，温补元气，缓解疼痛。夏天蚊虫较多，南方人将雄黄酒洒在房间角落或涂抹在手上，可以防止虫蚁叮咬，也可治疗疥癣之类的皮肤疾病。

2003年"非典"和2020年新冠肺炎疫情暴发期间，很多市民身上都会佩戴以藿香、菖蒲、艾叶、苍术、冰片等药物制成的中药香囊，这是利用中医传统的鼻嗅给药的方式来祛毒防病，即借助芳香类药物的清正之气来鼓舞身体的清正之气，祛除秽浊之气，从而提高机体的免疫能力；还有人通过饮用传统防疫古方和茶饮来增强机体抵抗疾病的能力。专家对"非典"期间运用香囊配合其他中医药预防措施的1176人进行追踪观察，发现无一人感染。

2. 饮食养生理念

饮食养生的思想源于《黄帝内经》，宋代著名养生学家蒲虔贯著有养生专著《保生要录》，其中对饮食养生的阐述颇具特色[2]，书中写道："饮食者，所以资养人之血气……宜食相生之味，助王气也。王脏不伤，王气增益。饮食合度，寒温得宜，则诸疾不生，遐龄自永矣。"[3]由此可见，日常饮食的多少、生熟、寒凉、咸淡、性味等，都对人的身体健康乃至寿命起到非常重要的作用。

---

[1] 孙灵芝. 明清香药史研究[D]. 北京：中国中医科学院，2015.
[2] 陈家敏，胡建鹏. 基于《黄帝内经》养生思想探讨《保生要录》饮食养生观[J]. 中国中医基础医学杂志，2021，27（6）：907-909.
[3] 谭华. 超越生命的智慧：长寿思想与中国文化[M]. 成都：四川人民出版社，1993.

中国人常说"药补不如食补",百姓的日常生活和饮食通常会顺应四时节气的变化,不同的年龄和季节采取不同的健康膳食和养生方法,使身体内外协调统一,阴阳平衡,利于各个机体的有机运行,达到养生、保健、长寿的目的。例如,春天万物复苏,阳气逐渐升发,就要多吃一些清淡温和、能够补益元气的食物,如红薯、山药、鸡肉、花生、大枣等,用来滋阴养阳;而夏天天气炎热,多有暑湿之毒,就要多吃些清热凉性的蔬菜,如苦瓜、丝瓜、芹菜、芦笋等,可以清热泻火,排湿解暑;秋天气候干燥,容易损伤肺气,就应该多吃些新鲜的绿叶蔬菜和水果,如白菜、菠萝、莲藕、梨和有平补功效的莲子、百合、枸杞等,用以润肺生津,养阴清燥;而到了冬天,在北方寒冷地区,人们常会炖羊肉、吃火锅以温补助阳、补肾益精。

此外,中国人还有在端午节吃粽子、腊月初八喝"腊八粥"等节日习俗,这些习俗也和健康养生的理念密不可分。每到端午佳节,人们都会亲手蒸煮或到超市购买各式各样的粽子来吃。北方的粽子以糯米为主要原料,加以红枣、赤豆等辅料,外面以芦苇叶、箬叶包裹蒸煮后食用。芦苇、箬叶等具有清热、解毒、消肿、止血之功效;糯米、红枣性甘平,有健脾养胃、补中益气等作用;赤豆则可以健脾益肾、清热解毒、利水消肿。在南方,粽子中的配料则更加多样,肉类、咸鸭蛋甚至鱼虾皆可做配料,粽子的营养价值和养生保健功效更加丰富,粽子不再只是节日美食,更成为养生的佳品。而冬季熬制腊八粥时所使用的诸如大枣、核桃仁、薏米、江米、豇豆、松子、莲子、葡萄干等多种特色食材,不仅营养丰富,还容易被人体所消化吸收,有和中开胃、补气健脾、清肺、益肾、消渴、通便、安神等保健功效,腊八粥成为一种用于食疗、保健、美容、养生的冬季特色饮食佳品。

3. 运动养生理念

中国人数千年来在生产、生活和与疾病斗争中逐渐总结出运动养生对预防疾病、强身健体、延年益寿的积极意义。明代龚廷贤的医书《寿世保元》中明确写道:"养生之道,不欲食后便卧及终日稳坐,皆能凝结气血,久则损寿。"[1]指出

---

[1] 辉浩.曾国藩智慧经典全集[M].北京:线装书局.2009.

长期坐卧不利于气血的畅达，会缩短人的寿命。华佗也曾说："动摇则谷气得消，血脉流通，病不得生。"❶说明通过体育锻炼，可以有效增强脾胃的消化作用，促进营养物质的输送分布，使人体气血畅通，促进人体健康长寿。

拥有上千年发展历史的中国传统民间体育健身运动，如中国传统气功、五禽戏、太极拳、八段锦、武术及跳绳、踢毽子、荡秋千等，凝聚着广大劳动人民的文明和智慧，对人们的身体健康起到了积极的促进作用。百姓通过这些运动，使筋骨得到充分活动，调节生理气息，促进人体经络通畅，使气血脏腑调和，达到强身健体、延年益寿的保健目的。

运动养生的理念一直延续至今，作为一种健身、养生、预防疾病的重要方式，体育运动在今天仍然受到许多中国人的喜爱。在中国传统运动和养生方法之外，现代中国人还可以通过登山、步行、跑步、游泳、划船、打球、跳广场舞等多种途径来加强锻炼，用来放松自己的身体和精神，改善心肺功能和机体代谢，预防多种身体和心理疾病，尤其对各种慢性疾病的调理和康复起到独特而重要的作用。

4. 中医中的婚育习俗

人类的婚育制度经历了几千年的演变发展到今天的文明阶段，人们日益认识到男女婚姻的缔结不仅是两性的结合，还关系到生育、健康乃至整个家族、民族的延续。据考证，我国在殷周时代便有了关于婚育的系统礼仪，并作为民间习俗普及流传，与民族风俗、地方风俗相融合，形成了丰富多样的婚育礼俗，其中许多礼俗都贯穿着传统中医思想。

例如，《内经·上古天真论》中指出女子"二七而天癸至，任脉通，太冲脉盛，月事以时下，故有子"，而男子"二八肾气盛，天癸至，精气溢泻，阴阳和，故能有子"❷。天癸至表明男女性成熟，由少年迈入成人阶段，具有了生殖的能力。《养生方》中则详细记载了关于男性和女性的健康保养、房中术和养生所用的补益药方，还讲述了如何通过饮食补充来增强自己的性功能及婚前体检相关知识。《产经》《洞玄子》等书讲述了种子怀胎、孕育健康子女的最佳时机，包含优生优

---

❶ 何清湖.马王堆古汉养生大讲堂［M］.北京：中国中医药出版社，2009.
❷ 王永炎，严世芸.实用中医内科学［M］.2版.上海：上海科学技术出版社，2009.

育的相关内容。此外，孙思邈的《千金要方》记载了科学养胎的方法和注意事项，明代王肯堂的《证治准绳》记载了小儿沐浴和保养的方法，这些内容对于科学婚育都具有积极的指导作用。

现代婚育仍然保留着不少中国民间传统的婚育风俗，如产妇在家中坐月子的风俗记载于西汉的《礼记》，距今已有两千多年的历史，今天多数产妇仍遵循着坐月子不久坐久站、不洗冷水澡、不吃生冷食物等习俗。从现代中医学的角度来看，产妇在生产期间体力耗损、气血供应不足，按照正确的原则和方法坐月子，加以充分适当的休养和补充，有助于恢复体能和健康。除此之外，如婚前准备彩礼和嫁妆，婚后新媳妇回门，产后给孩子做满月、做百天等，都沿袭了中国传统的风俗习惯，蕴含着丰富的传统文化和亲人的美好祝愿。

第二节 中医药保健服务应对现代人健康风险的独特价值

一、现代人面临的健康风险和人口老龄化问题

（一）现代人面临的健康风险及其原因

随着我国经济社会的快速进步和发展，现代人所面临的工作和学习生活压力在不断增加，因此出现了许多不合理的膳食习惯和不健康的生活方式，长此以往导致身体出现问题，很多中年甚至青年人出现亚健康状态，表现为易感冒、抵抗力差、头发干枯开叉、皮肤长痘长斑、过敏、食欲和睡眠不佳、注意力不集中、记忆力下降等，身体机能和社会适应能力不断下降，严重影响身体甚至心理健康[1]。

随着物质和生活水平的日益提高，身体出现高血压、高血脂、高血糖"三高"症状的人也日益增多，高血压、心脏病、糖尿病、高脂血症等已经成为长期

---

[1] 张金铭，邓彩梅，李安朴. 超声联合心电图对高血压性心脏病的诊断价值[J]. 中华心脏与心律电子杂志，2017，5（3）：161-162.

困扰现代人生命健康的常见疾病、多发疾病[1]。有些人甚至患上消化系统、心脑血管系统、内分泌系统等系统性疾病，面临很大的健康风险和健康危机。

《中国居民营养与慢性病状况报告（2020年）》相关研究数据表明，虽然近年来中国人的平均身高和平均体重都在持续增长，但是慢性病的患病率也在逐年上升。例如，2020年18岁及以上中国居民高血压的患病率为27.5%，糖尿病的患病率为11.9%，高胆固醇血症的患病率为8.2%，40岁及以上中国居民慢性阻塞性肺部疾病的患病率为13.6%，与前五年度的调查数据相比均出现了较大幅度上升；中国居民癌症发病率大约为294/10万，近年也呈现快速上升趋势，其中肺癌和乳腺癌分别在男、女性癌病中排名首位。

亚健康、慢性病和癌症等都对人类身体健康造成危害，那么，造成现代人诸多健康风险的具体原因有哪些呢？

1. 不合理的膳食习惯和不健康的生活方式

基于现代社会日益紧张的工作和生活节奏，很多上班族无暇吃早餐却经常吃夜宵，午餐也常会点一些高盐、高脂肪、高热量的快餐和外卖，晚上时常加班甚至熬夜，缺乏适当的运动，加之有些人有吸烟、饮酒等嗜好，造成身体状况日益下降，出现亚健康状态。

2. 工作生活压力增大，精神高度紧张

现代社会为人们提供了越来越多的发展空间和发展机会，但随之而来的风险与压力也逐渐增加。面对越来越激烈的社会和市场竞争，人们长期处于压力较大和紧张的状态，在压力过大的情况下，人的免疫系统就可能发生改变，从而引发疾病。

3. 环境污染

随着现代工业化水平的进一步提高，我国部分地区出现了空气污染、水质污染、土地污染、食品污染和重金属污染等现象，给人类生态系统带来影响和破坏的同时，也给人的呼吸系统、内分泌系统、免疫功能和生殖功能带来了危害，使人类身体面对较大威胁。

---

[1] 梁莉. 关于离休干部"两高期"护理之我见[J]. 世界最新医学信息文摘，2014（29）：564.

4.不良心理因素的影响

《黄帝内经》中讲怒伤肝，喜伤心，忧伤肺，思伤脾，恐伤肾[1]，说明人的情绪失衡、心境不良都有可能直接影响人体的呼吸系统、神经系统、内分泌系统、泌尿生殖系统等，导致各种生理机制的紊乱，使人体免疫系统失调，损伤人的身体健康，最终形成病变[2]。

（二）我国面临的人口老龄化问题

近年来，我国人口的生育率和出生率均有所下降，人口死亡率也在逐年下降，在20世纪中期我国生育率最高峰时期出生的人陆续迈向老年，老年人口所占比例越来越高，中国人口老龄化社会逐渐到来。国家统计局第七次全国人口普查数据显示，截至2020年年底，我国60岁及以上人口已达2.6亿，占总人口的18.7%。其中，65岁及以上人口已达1.9亿，较2010年上升了4.63个百分点[3]。《大健康产业蓝皮书：中国大健康产业发展报告》指出，2050年我国60岁及以上老年人口数量将达到4.83亿，是2020年的1.89倍[4]，中国人口老龄化和老龄人口高龄化都呈现逐步加剧态势，老年人的健康问题越来越引起社会的关注，这表明目前我国的养老服务模式不能满足群众的需求，使得改善老年人身体健康状况、加强老年人的健康管理也成为时下的一个重要课题。

老年人的心、脑、肺、肝、肾等各项重要脏器的生理代谢机能，通常会随着年纪的增长而逐渐减退，发生代谢功能低下，免疫系统紊乱等，极易导致老年人患上高血压、糖尿病、冠心病及恶性肿瘤等各类慢性内科疾病，且这些慢性疾病的整体致残率很高。通过开展中医保健诊疗服务，可以尽早发现和了解疾病，早期开展疾病诊断和对症治疗，能够及时有效地预防和控制疾病的发展，减少并发症的发生，从而降低疾病致残、致死的概率。

---

[1] 王淼.老中医心中的妇科千金方[M].天津：天津科学技术出版社，2015.

[2] 赵昕.原发性头痛肝火上扰证和焦虑、抑郁的相关性分析[D].北京：北京中医药大学，2019.

[3] 李其铿."三位一体"医疗护理员信息平台建设研究[J].教育评论，2021（9）：86-89.

[4] 程明丽.宿迁市养老机构老年人膳食营养状况及行为调查[D].扬州：扬州大学，2020.

二、中医药保健服务的特色和优势

（一）运用"整体观念"预防疾病

中医哲学源于中国传统哲学，与现代西医相比，中医哲学在其哲学观、文化观、生理观、病理观、养生观等各个方面都具有不同的特点❶。中医学十分重视研究人体本身的完整性、统一性及与自然界的相互关系，认为人类身体是一个有机的整体，构成人类身体的各个组成部分在结构上不可分割，在功能上彼此协调、相互作用和补充，在病理上则彼此作用❷。整体观念是中国古代唯物主义和辩证思维在中医药学中的形象表达。

中医药学将"天人合一"的理念广泛地应用于预防和治疗疾病，注重人类身心的整体活动，将机体均衡、和谐的思想始终贯穿在中医学的病因、病机、诊断、辨证、施治和健康养生等各个领域。中医整体观念是中医理论与临床诊疗思想的基础，也是其发展、演变过程中的重要指导思想，其主导了中医研究的总体思路和方法。

中医学诊疗疾病、养生康复的过程，便是在中医整体观念的指导下调和阴阳、促其和谐的过程。在临床实践研究的过程中，医者密切结合时间、空间、人体组织结构以及人与自然、社会之间的关系进行辨证施治，往往能药到病除。例如，遇到阳热性病症，需要了解其一般能适应冬季气候，在夏天则容易恶化，而阴寒盛的病症更加适应夏季气候，在冬天容易恶化，需要进行辨证施治❸。

《黄帝内经》写到"人以天地之气生，四时之法成"，就是说人类需要依靠天地提供的物质条件才能获得生存，同时需要顺应四时的阴阳平衡、运动变化规律才可以健康成长❹。例如，春夏两个季节阳气开始升发，人体通过毛孔开泄、汗出

---

❶ 张永生，张光霁. 发展中医药必须坚持自身特色［J］. 中华中医药杂志，2017，32（8）：3335-3338.

❷ 李莉，史小荣. 子宫出血性疾病的现代诊断与治疗［M］. 北京：中国医药科技出版社，2001.

❸ 黄建波，张光霁. 中医整体观念的源流和创新发展［J］. 中华中医药杂志，2020，35（1）：35-38.

❹ 萧笛. 中医学的"人与天地相参"［J］. 家庭中医药，2005（9）：12.

散热等方式来有效调节人与自然界之间的温热关系；而秋冬之间阳气相对收敛，人体皮肤致密，少汗多尿，既可有效保证人体中的水液正常代谢，又有利于阳气内守，防止寒气侵犯❶。此外，四时的气候变化对人的身体有利就被称为"正气"，反之则被人们称为"邪气"，俗语"春捂秋冻""冬病夏治""春夏养阳，秋冬养阴""冬吃萝卜夏吃姜"等，都是先辈为我们留下的"天人相应"的养生法则，人们掌握了这些法则，就可以养生防病。

（二）"治未病"思想对疾病预防和养生的重要作用

中医"治未病"理念源远流长，它是中医药科学理论体系中独特而具影响力的理论之一。凡事未雨绸缪、预防在先，是中国人遵循的传统古训，中医"治未病"理念的广泛培育和不断形成，正是由于它根植于中国优秀传统文化的肥沃土壤。《黄帝内经·素问》中说"圣人不治已病治未病，不治已乱治未乱，此之谓也。夫病已成而后药之，乱已成而后治之，譬犹渴而穿井，斗而铸锥，不亦晚乎"，就从正反两个方面强调了治未病的重要意义❷。"不治已病治未病"的传统防病养生思想，成为中医论治观中最有原创性的观点之一，也是直至今天中医界始终坚持和遵循的防病养生原则，其中主要包含未病先防、已病早治、既病防变、瘥后防复等多方面的内容。

"未病"即未来的疾病、将来很有可能会再次发生的疾病。广义的治未病一般可泛指围疾病期的治疗，狭义的治未病一般是指后天失于调理，致使患者阴阳气血失调，出现各种不适症状，此类人在现代医学仪器的诊断或理化检查中均无明显异常，处于健康与疾病的中间区域。对于此类人群，目前西医、西药尚无有效治疗措施，但中医可以通过系统地辨证施治，运用针灸、推拿、拔罐、刮痧和中药等一些传统的治疗方式和手法来平衡阴阳，调节气血，补虚泻实，从而增强身体整体机能和改善精神心理状态，达到防治各种疾病、促进身心健康、标本兼治的目的。

现代人亚健康状态日益普遍，面临的健康风险越来越多，而社会医疗成本也

---

❶ 刘建平. 循证护理学方法与实践［M］. 北京：科学出版社，2007.
❷ 严冰. 严冰中医文集［M］. 北京：中医古籍出版社，2012.

越来越高。在社会预防保健体系中,如果能做到政策前移,将"治未病"思想贯穿其中,做到早预防、早干预、早治疗,将疾病有效控制在未发、初发阶段,不仅能够切实提升大众的健康指数和生活质量,而且能够降低在大病、重病、慢性病方面的医疗支出,促进国家经济的良性发展。

(三)中医药在国人中的可接受性强,信任度较高

中医药是我国传统文化中的重要组成部分,是我国医学宝库中至今仍熠熠生辉的明珠,它源于田间、地头、草原、山间,在民间百姓中普遍使用,历经数千年虽有散佚,但又不乏创新。特别是60岁以上的老年人,他们出生于医疗资源和医疗条件较为匮乏的时代,那时最常见的"大夫"就是坐堂的中医和行走于田间的赤脚医生,最常见的诊疗方式就是针灸、拔罐、推拿和刮痧等,最常用的药物就是中草药,中医药简、便、验、廉的特色和优势给人留下深刻印象。随着现代经济社会的进步和发展,普通百姓对于养生保健有了更高的需求,中医药和传统针灸、推拿、拔罐等诊疗、康复和养生方法深受百姓喜爱,而中医药食疗、运动疗法和调养气血、平衡阴阳等调理方法更是具有西医无可替代的优势,顺应了人们对保健养生服务的需求,获得了大多数国人的信任[1]。

近年来政府进一步加大了对中医药事业的扶持和资金投入的力度,加强了对基层中医院的资金投入、设备升级、技术指导和专业人才配置;基本建立起涵盖城乡的综合性医疗服务网络,为人民群众提供各种医疗服务和产品;对传统中药组方进行优化,研发出大量疗效明显、服用安全的中医药;重视对中医药人才的培养,提升中医从业人员的素质和水平;中医医院加大对中医康复、食品融合、康养项目等的关注与投入。特别是在推动全球共同抗击2003年"非典"和2020年新冠肺炎疫情的过程中,中医药也发挥了重要的作用,再次向世人证明了中医药防疫治病的显著效果,进一步得到了中国乃至世界人民的认可。

(四)中医药以简便验廉的特点深受百姓喜爱

中医之"简"即回归本源,指的是中医具有简单、简便、简朴的特点[2]。中医

---

[1] 官少云.浅议中医药在社区卫生服务中的发展[J].上海医药,2007(2):71-73.
[2] 高新军.让中医药扎根基层枝繁叶茂[N].中国中医药报,2009-04-10(2).

一般不使用大型和复杂的仪器设备，而是使用诸如银针、砭石、火罐、刮板等小巧、便捷的器具，运用操作简单便捷的方式，就可以为人们治病。中药除汤药汤剂外，还有膏、丸、散、丹等各种方药，且多加以糖、蜜、油、胶、白酒等调制而成，口感较好，服用方便且便于保存，对于长期服药的慢性病患者具有很大的优势。

众所周知，中医药主要是采用各种植物、动物、矿产品等天然原料来诊治各种疾病，相较于西医药而言，中医药可能产生的毒副作用非常小，尽管看起来见效速度相对西医药而言较为缓慢，但依然具有很好的疗效，而且中医药的诊疗费用相对便宜，受到广大人民群众的欢迎。中医基层社区卫生服务成本低、投入少，更利于中医诊疗和保健服务的广泛推广和开展，可减轻国家和群众负担。这些优势都是中医药所独有的，为维护人民生命健康、促进具有中国特色的卫生健康事业发展提供了非常大的帮助。

三、中医药保健服务的独特价值

（一）传统中医养生方法在今天的实用价值

中医药在疾病的预防和促进生命健康等方面都具有很好的作用，是一种较为实用的健身、养生文化，能够有效地促进人体的健康发展，一些传统的中医养生方法在今天仍然具有较强的应用价值，如八段锦、太极拳、五禽戏等都是具有较好保健作用的健身运动方式，也是中医运动养生的一个传统组成部分。通过这样的练习能够舒展肌肉和筋骨，疏通内脏和经络，与呼吸相互配合，可以起到防病、治病、拉筋、炼骨的作用，同时也对五脏起到升发阳气的作用，对机体进行全面的调整。又如，某类药食同源物质同时具备非常高的营养价值和药用价值，可以很好地起到食疗的功效。如茶被中国人称为"万病之药""天然的营养饮料"，在中医药领域中则被视为一种具有药用价值的饮品。茶叶中除了包含非常多的植物营养和各种维生素，同时还拥有丰富的对人体健康有益的各种矿物质，如茶多酚、茶单宁，尤其是茶单宁，对人体动脉硬化具有预防作用，并对高血压有非常好的预防功效。此外，茶叶中还包含一定的氟，能够对牙齿起到保护作用。从以上例子就可以看出，中医药无论是在养生还是在疾病预防领域都能发挥其特有的优势，并以其独特的价值为人们的健康提供保障。

人们在谈到中医药时，普遍认为针灸、推拿、拔罐、刮痧、艾灸等治疗方法较为神奇，防病治病功效较为显著，其能够有效缓解一直以来困扰人类的两个重要健康问题——亚健康与慢性疾病，特别是对于慢性疾病可以起到非常好的控制调理作用，且能够与西医相结合，发挥各自优势，为人类的健康提供服务。目前，我国针灸、推拿、拔罐、按摩等中医治疗技术已经获得许多国家的认可，并得到了广泛的应用。例如，2016年里约奥运会期间，游泳选手菲尔普斯接受拔罐的视频和图片在互联网上广泛传播，其正是通过中医的特殊治疗方式，对身体肌肉疼痛起到有效的缓解作用，也正是因此让中医药在许多国家运动员中获得了推广。在所有中医诊疗技术中，针灸的国际认同度和应用度最高，被看作中医药走向国际的重要领跑者和传播弘扬中国传统文化的重要标志。《中国的中医药》白皮书指出，目前中医药已传播至183个国家和地区，103个世界卫生组织会员国已经认可使用中医针灸，其中英国、澳大利亚等29个国家和地区已经建立相关的法律法规，美国等18个国家和地区将针灸纳入了基本医疗保险体系。

（二）中医药对提高机体免疫力、实现生理系统平衡的独特价值

中国人很早就深刻认识到增强自身免疫力对于抵御各种疾病的重要意义，如《黄帝内经》中就明确提出了"正气存内，邪不可干""真气从之，精神内守，病安从来？"等医学观点❶，强调"正气""真气"是驱邪祛病的重要因素。中医治疗疾病主要采用扶正、祛邪两大基本原则，所谓扶正，就是要益卫气、补元气、养血气❷，也就是通过扶正调节机体的阴阳平衡，调动机体自身的免疫系统，从而大大提高机体抵御各种疾病的能力，达到防病治病的目的❸。

目前，人类慢性病、心脑血管系统疾病、肿瘤、病毒感染性疾病等已逐渐成

---

❶ 缪雪珍，王艳，雷振东.基于"治未病"理论对中医院老年常见慢性病预警管理的构建［J］.中医药管理杂志，2021，29（19）：215-217.

❷ 鹿道温.鼻炎与哮喘中西医最新诊疗学［M］.北京：中国中医药出版社，1996.

❸ 郑琴，冯怡，徐德生.养阴类中药成分与药理研究现状［J］.亚太传统医药，2005（4）：74-77.

为现代医学研究攻关的重点和难点，"未病先防""已病早治"成为未来医学技术发展的主要趋势，而中医药能够多靶点、多渠道、多层次地作用于人体，调节机体的免疫功能，在养生保健、疾病预防和治疗中具有重要的应用价值。此外，现代人被脓毒血症、类风湿关节炎、系统性红斑狼疮、弥散性血管内凝血等各种自身免疫性疾病所困扰，这些疾病的形成、发展及转归都与人体的免疫系统息息相关。面对众多的疑难重症，中医药通过整体观念指导下的辨证施治常常会达到比较好的治疗效果。

科学家通过对中药的免疫学研究分析发现，中药能够促进淋巴细胞、单核巨噬细胞以及造血干细胞生理功能的增强，提高机体细胞免疫及体液免疫功能，还具有免疫抑制作用，能够有效减少炎性因子的释放，抑制抗体的形成[1]。研究发现，大多数中药具有免疫双向调节功能，这也为中医学的"整体观念"和"阴阳平衡"理论提供了有力的佐证。

近年来，随着现代人健康风险的加大，普通百姓对于中医药免疫作用的认识也随之不断提高，科学家加强了对中医药在机体免疫作用调控方面的研究，中医药必将在预防疾病、提高机体免疫力、实现生理系统平衡等方面发挥更加重要的作用。

（三）中医药保健服务对慢性病防治和康复的独特价值

随着当前城镇化、工业化和人口老龄化发展的不断加速，环境污染、工作生活压力、不健康的生活方式等对于国人身体健康的影响逐渐凸显，高血压、糖尿病、慢性呼吸系统疾病、心脑血管疾病等各种慢性疾病的患病率和死亡率逐年升高。国家卫健委统计资料显示，我国各类慢性病死亡率约占总死亡人数的88%，造成的社会经济负担占总疾病负担的70%以上，慢性病已逐渐成为严重威胁我国居民健康的"头号杀手"[2]。

---

[1] 于舒雁，白明，苗明三．免疫调节中药特点分析［J］．中医学报，2013，28（9）：1335-1337．

[2] 焦启超，刘永华．关于在国人中强制推行口服阿斯匹林和低盐饮食的思考［J］．中华实用中西医杂志，2008，21（4）：365．

国家高度重视中医药在慢性病防治和康复方面的积极作用，相继出台了《中医药发展战略规划纲要（2016—2030年）》《中国防治慢性病中长期规划（2017—2025年）》等重要文件，提出"中医药服务领域实现全覆盖，中医药健康服务能力显著增强""开展高危人群中医药健康干预，提升基层中医药健康管理水平"等规划要求❶，为中医药主导慢性病防治和康复确定了明确的发展方向。

中医具有简便验廉的特点和优势，在各种慢性病防治的不同阶段均可直接介入并发挥重要的作用，还可节约大量的医疗资源和成本。例如，在未病阶段，可以针对高危因素采取早期干预措施，发挥传统中医药"未病先防"的优势；在发病阶段，可以通过中医药有效控制上游因素，治疗当前病变，预防下游传变，突出中医药"已病早治、既病防变"的特色；在康复阶段，运用中医康复手法和护理技术，调节身体机能，促进血气循环，改善经络，加强对病人生理系统的建设，从而达到康复的目的。

此外，中医药还可参与慢性病人的膳食指导、情志调节、生活起居等活动，对慢性病人的康复和身心健康均起到积极的促进作用。

（四）中医药对病毒性传染疾病预防、治疗和康复的独特价值

想要对中医药所具有的独特价值进行全面了解，就必须从实践中进行概括总结。中医药在我国多次抗疫过程中的实践和应用，就充分凸显了其在疫病防治中的独特价值和优势。

在中华上下五千年的历史进程中，中华民族遭遇了许多次的天灾、战乱和瘟疫，之所以能够从每一次灾难中突围出来，让所沉积的文明获得有效的传承，中医药起到的作用非常大。在抗疫斗争中，先民留下了《伤寒杂病论》《温病条辨》《温疫论》等经典著作，这些经典构建起一套系统且行之有效的防疫治病理论，并总结出了许多的治疗方法和药方。屠呦呦等医学研究人员从葛洪的《肘后备急方》中汲取灵感，发现了青蒿素，用其拯救了数百万人的生命，并因此获得了诺贝尔生理学或医学奖。近年来，病毒性呼吸道传染病频繁发生，中医药在预防和治疗重症急性呼吸综合征（SARS）、甲型H1N1流感等疾病方面都

---

❶ 蔡梦鸽.中老年群体慢性病中医药健康服务需求研究［D］.开封：河南大学，2019.

已取得显著成效，为应对突发性传染疾病积累了丰富的经验、独特的理论和经典的药方。

2003年"非典"在我国广东省暴发后，国家及时派出中医工作者参与抗击"非典"疫情工作。中医中药治疗疗效确切，在降低病死率方面起到了重要的作用，广州中医药大学第一附属医院更是创造了患者零转院、零死亡、零后遗症和医护人员零感染的"四个零"奇迹，中医药抗疫取得了令人振奋的成绩。2020年初，新冠肺炎疫情在武汉暴发，这次疫情传播速度快，流行范围广，防控难度大，且疫情来源不清，无有效疫苗和抗体血清。面对汹涌的疫情形势，中医中药再次发挥辨证施治的优势。针对轻症患者，让其尽早服用中药，对疾病起到了非常有效的控制作用；针对重症、危重症患者，则及时进行中西医结合会诊及联合巡诊，确保减缓重症到危重症的进程，为感染的病患争取更多的救治时间；针对康复期人群，则为其制定专门的中医康复方药，让其自身机能可以尽快得到恢复。在此次新冠肺炎疫情中，中医药发挥了极其重要的作用与优势，开创了我国中西医相结合防治传染病的新局面。相关统计数据显示，全国中医药参与救治确诊病例数占比高达92%，疫情最为严重的湖北省，对确诊病例使用中医药后总体有效率超过90%，这些数据不仅充分反映了我国中医药的优势与价值，更为推进疫情防控工作取得重大战略性成果贡献了中医药力量[1]。

第三节　中医药保健服务的经济价值

中医药历经几千年的发展演变，是祖先留给我们的宝贵文化和医学遗产，也是我国独特的卫生资源、潜力巨大的经济资源，其具有广阔的发展市场和巨大的经济潜力，特别是在健康中国建设背景下，中医药保健服务的经济价值将越发凸显。

一、中医药经济的发展历程

回顾中医药经济发展历程，早在北宋时期出现的中医药店铺可视作中医药

---

[1] 杨慧丽.京津冀中医药应急防控体系共建研究［J］.产业创新研究，2021（18）：39-41.

经济发展的初始，但那时的中医药经济只是在自给自足模式中寻求发展，没有更好地体现出产销互动的经济特点。到明清时期一些医家创设了"同仁堂""时济堂""胡庆余堂"和"杏和堂"（称为"四大药局"），他们在各地搜集古代的成方、验法，广纳名医的传统良方，选用上等药材和原料，精心加工调制成各种中成药特色产品，远销于全国各个省份和地区，形成了良好的商誉，并且在中成药行业逐渐发展形成北京、江浙、广东三大生产基地。在我国古代，广州陈李济、汉口叶开泰等几十家中药老字号颇负盛名。1920年徐芝萱先生创办的"徐重道国药号"相继开办药材行、中药厂、国药号等近20家，首创"代客煎药，送药上门"服务，深受患者欢迎。他通过联系各地名医向患者发放优惠券、随药奉送"滤药器""过药糖"等方式招徕顾客，增加营业收入，他还聘请化验师、药剂师，从中药中提取有效成分配制"蛤士蟆糖浆"等溶剂和"胃痛片"等中成药。可以说，各大药行的出现推动了中国中医药经济的发展。

随着社会经济的不断发展，利用现代科学技术能够对中医药成分进行科学而精密的分析，并据此研制出新型中药制剂，于是市面上出现了复方丹参注射液等药物以及各种类型的中药新剂型，这些药物很快在市场中获得了广大百姓的关注与认可。此后，云南白药厂、步长制药等中药制剂企业开始朝着现代化的方向发展，为我国中药材产业链提供了发展机遇，形成了一整套供应以及营销体系。例如，银黄口服液的出现让中药材市场中金银花的价格不断提升，从而促进了金银花种植产业的发展。

受诸多因素的影响，过去我国的中医药产业在一定程度上还不够健全。为此，国家于2007年和2010年分别发布了《生物产业发展"十一五"规划》和《关于加快培育和发展战略性新兴产业的决定》，明确把中药和生物技术药物、化学药物、新型疫苗和诊断试剂列为我国目前生物产业重点发展领域。国家政策的指导和扶持，促进了我国中医药产业结构的加速转变，进一步提高了中医药产业水平，促进了国民经济的发展。

二、现代中医药保健服务的经济价值

（一）中医药产业是国民经济发展的战略产业

健康服务产业是造福于人类生命健康的重要产业，它体现民生福祉，同时也能够推动社会经济的发展。虽然我国是一个拥有 14 多亿人口的健康服务大国，但当前我国的健康和医疗服务行业产值仅占国内生产总值的 5% 左右，只有发达国家的一半，可以说我国健康和医疗服务行业市场发展潜力巨大、前景广阔。

随着我国市场经济的快速发展和人口老龄化进程的加快，中医药保健服务产业蓬勃发展，百姓对中医药保健服务的需求日益增长，对发挥中医药在医药卫生体制改革中的作用的需求更加迫切。2016 年 5 月国务院正式批准印发《中医药发展战略规划纲要（2016—2030 年）》，纲要中明确提出，到 2020 年我国实现人人基本享有中医药服务，中医药产业成为国民经济重要支柱之一；到 2030 年我国中医药服务领域实现全覆盖，中医药健康服务能力显著加强，为经济社会发展做出更多的贡献。这无疑是党和政府高度重视中医药事业健康发展、把大力推动中医药事业发展纳入国家战略发展规划的显著标志，中医药产业将迎来快速健康发展的历史机遇期。

（二）中医药保健服务为促进健康服务产业发展贡献力量

中医药作为我国独特的卫生资源、潜力巨大的经济资源、具有原创优势的科技资源、优秀的文化资源和重要的生态资源，在推动我国经济社会发展中一直占有重要地位。中医药"未病先防，既病防变，瘥后防复"的核心指导思想，与现代人更加注重疾病预防，注重健康养生的理念相契合[1]。现代中医药保健服务正逐步发展为包括医疗、保健、康复、养生、养老、生态旅游等的多元化服务体系，加之中医药价格低廉、疗效确切、应用安全的优点，日益受到百姓的信任和市场的欢迎。充分挖掘中医药资源，利用好中医药保健服务优势，对促进健康服务产业和国民经济发展具有重大的现实和长远意义。

中医药保健服务产业包含医疗服务、医药工业、健康保健服务、保健食品、

---

[1] 三观互动推进中医药治理现代化[J].中医药导报，2015，21（14）：51.

养老产业和健康旅游等产业。我国2003年10月1日起实施的《中华人民共和国中医药条例》中指出:"县级以上各级人民政府应当将中医药事业纳入国民经济和社会发展计划,使中医药事业与经济、社会协调发展。"❶在相关规定中还指出,国家支持境内外组织以个人捐资、投资等方式,将其投资融入中医药事业发展中。这些规定在很大程度上说明国家和政府通过制定优惠扶持政策的方式,为现代中医药事业提供了许多的发展机会,以此来保证我国中医药产业的发展活力。当前随着市场经济的发展以及现代医疗技术的不断进步,中医药经济表现出了非常强的可塑性。2020年我国中医药大健康产业市场规模已超过3万亿元,中医药保健服务产业正快速成为最具有发展潜力的产业之一。

国家卫健委统计资料显示,到2019年末,我国中医类医疗保健服务机构总数已达65809个,床位数132.9万张,总诊疗人次达11.6亿人次。通过为患者提供中医诊疗、中药药品、中医保健康复等服务,中医类医疗卫生机构的收入呈现上升趋势,占整个医疗收入的比重已升至10%以上。近年来,社会上各类从事中医养生和保健服务的场所如雨后春笋般涌现出来,足疗馆、推拿室、理疗室、中医经络调理馆、中医药膳坊等诸多中医药养生理疗机构出现在百姓身边,各种中医药养生器材、美容产品、抗衰老产品也纷纷出现在各大商场、专卖店的柜台之上。我国中医健康养老服务方兴未艾,中医医疗保健资源逐渐深入社区、家庭及各大养老机构,为一些行动不便的老年人提供便捷、有效的医疗卫生服务❷。在国家政策的激励下,社会资本投入逐渐增加,我国很多地方都在兴建以中医健康养老服务为主的综合性疗养院、护理院等,为我国尝试医养结合的现代化养老模式提供了新思路、新途径。其中最具有创新性的则为满足老年人在生活、医疗、精神等方面需求,提供高质量养老服务,并进一步提高老年人幸福感和获得感的网格化养老。

此外,将中医药健康服务和旅游产业相融合的中医健康文化旅游产业等新业

---

❶ 陈泽林,郭义,小野泰生,等.中日两国针灸教育历史比较分析[J].国外医学(中医中药分册),2005(3):138-143.

❷ 杨为务.让百姓拥有自己的"家庭医生"[J].中国农村卫生,2014(7):11-12.

态在国内不断出现。这种特色健康文化旅游产业以促进中医药文化传播为经营目标和发展宗旨，将康复、养生、文化传播、旅游、会展及中医药特色产品整合为一个整体。各旅游景区积极探索开发具有浓郁地方特色的中医药特色旅游线路和特色文化产品；充分利用优势性自然资源，开发森林疗养、海滨疗养和温泉疗养等养生项目；部分省市利用当地现有的医疗、公园、名胜、企业、文化等场所和设施，建成了具有中医药特色、普及中医药文化和养生知识、融入健康养生体验的中医药文化基地。这些健康养生项目的规划建设和开发，为推动我国健康旅游业的发展注入了新内容、新活力，宣传推广中医药健康养生知识的同时，进一步促进了产业经济的发展。

（三）中药产业的快速发展对经济社会发展全局具有重要意义

中医药保健服务主要包含医疗、保健、中药、养生、康复、养老等各类健康服务内容，但其中最具经济和社会发展潜力的是以中药相关产品为主体的保健服务。国家"十三五""十四五"规划均将中药产业发展摆在国家产业发展的重要位置。随着我国医药现代化建设进程的加快，中药技术研发能力日益增强，种植和制作工艺更加精良，推动了中药产业的快速发展。

中药产业是当前我国最重要的民族产业之一，是医药产业的重要组成部分，在国民经济发展战略中占有重要地位[1]。据数据统计分析，我国中药产业在过去20年间发展比较迅猛，与20世纪初相比产业规模扩大了36倍，2015年我国中药产业市场规模达3918亿元，占中国整个医药市场的32.1%；2011—2015年，中国中药市场规模的复合增长率为16.8%，远远高于我国GDP的平均增速；2016—2020年，我国中药产业继续保持快速稳定发展，2020年其市场规模首次达到5806亿元，复合增长率达到8.2%。

按产业链来划分，中药行业可分为中药材种植和养殖、中药材加工、中成药加工和销售等主要环节。中药材生产加工后可制成中成药、中药饮片和中药配方颗粒等在市场销售。我国地域辽阔，中药材资源丰富，仅药用资源就有12800余

---

[1] 李爽，景浩. 中药产业现代化发展研究[J]. 辽宁中医药大学学报，2013，15（7）：189-190.

种，但天然中药材资源日益减少，大多数已改为人工种植和养殖。由于受到土地污染、农药和重金属污染等影响，人工种植的药材存在药效差、农药和重金属超标等问题。为保证中药材的质量和产量，国家《中药材生产质量管理规范（试行）》于2002年6月正式实施，其中对中药材生产、采收流程加以规范，对保护天然野生中药资源做出明确规定，以保证中药材的生产质量和稳定性❶。

在国家和相关部门的规范管理与指导下，我国在中药材资源丰富的四川、贵州、河北、吉林、陕西、云南、甘肃、广东等省市投资建立了600余个农村中药材GAP种植基地，大面积、产业化种植质量优良、绿色安全的中药材。2019年我国中药材种植总面积约为5250万亩，中药材市场总体规模由2010年的232亿元稳步增长到2019年的685亿元。中药材生产属于农业生产范畴，投入较少，收获周期短，收益较有保证，中药材种植收入可以达到一般粮食种植的3倍甚至30倍。此外，国家和政府还积极鼓励利用荒地、山区、林区和沙漠等资源，建设大宗的中药材种植基地，在当地形成规模化、产业化、规范化生产，特别是在经济不发达的中西部地区，多数已将中药材种植养殖当作农业产业结构调整和社会主义新农村建设的重点项目加以推广，我国出口到国外的中药材有70%以上产自中西部地区。中药材种植基地的建立，不仅可以增加农民收入，还可以较快地提升地区经济水平，对我国乡村振兴战略的实施具有重要意义。

中药工业也是目前我国工业经济中效益较好、产业值增加较快的产业之一。我国于20世纪80年代制定并正式颁布了《药品生产质量管理规范》，对药品的生产与质量都进行了规范化管理，降低了药品生产的风险，一定程度上也促进了医药生产质量的提高。中成药生产在传统模式的基础上着力进行技术改革和科技创新，特别在中药研发创新和推广上下大力气，并对生产、包装、配送和销售环节实行严格管理，逐步形成现代化、规模化的产业体系，出现了广州医药集团、步长制药、华润三九医药、石家庄以岭药业等大型中药企业。2018年我国中成药产量为261.9万吨，年销售收入5728.2亿元。近年来，我国的中药工业总产值按

---

❶ 王喜军，曹洪欣.药材生产标准操作规程相关共性关键技术［J］.现代中药研究与实践，2003（2）：11–12.

照 20% 的比例逐年递增，已经占全国医药工业总产值的三分之一，中药产业日益发展为我国国民经济的重要支柱产业。

（四）中医药产业在国际市场的经济价值

随着现代经济和国际交流的不断发展，国际社会对中医药的认识也有了非常大的提升，中医药产业不断向国际化和市场化的方向发展。对西方人来说，中医药学充满了东方传统色彩，其所运用的中医药服务技术吸引了许多消费者。许多国家的民众对于中医疗法及其所表现出的优势有所了解，并乐于尝试运用中医药来保健身体、治疗自身疾病。从当前我国中药材出口贸易活动来分析，已经表现出了平稳上升的趋势。例如，在当前的国际市场，天力士集团所生产的复方丹参滴丸等药剂，已经在美国获得了美国食品药品监督管理局（FDA）认证[1]，为后续中医药产业在国际市场的发展奠定了良好的基础。在我国加入世界贸易组织（WTO）后，很多国家对中医药保健服务持开放的态度，从而使其更广泛地走进国际市场，与经济效益之间的关联表现得更加紧密。

世界卫生组织统计发现，全世界目前大约有 40 亿人使用中草药，占全球总人口的 80%[2]。当前全球范围内中医药市场快速发展，中药材产业的市场规模已超过 1000 亿美元，而我国在中药材产业市场所占有的份额却不足 10%。这也意味着，我国中医药在国际市场还拥有非常大的拓展空间。积极拓展中医药国际市场，需要相关产业树立起品牌意识，加强对传统中药剂型的研制，还需要创新更多具有实用性的药剂，通过不断地宣传与推广，让更多的人享受到安全有效的中医药保健服务，真正做到在确保自身知识产权的前提下，不断地增强对外出口和创汇的能力。

2016 年 12 月，国家中医药管理局联合国家发展和改革委员会共同发布《中医药"一带一路"发展规划（2016—2020 年）》，旨在充分发挥中医药特色优势，积极参与国家"一带一路"建设，加强与"一带一路"沿线国家在中医药领域的

---

[1] 赵艳花，苗向荣. 医学生职业生涯规划指导研究［J］. 药物与人，2014，27（6）：291-292.

[2] 刘权. 中医药国际化步伐加快［J］. 走向世界，2012（24）：12.

交流与合作，为推动中医药传承创新、促进经济结构转型、拉动经济增长贡献力量❶。截至2020年，中医药"一带一路"国际化全方位合作发展新格局基本形成，我国与沿线多个国家共同合作，建设了中医药海外服务中心近30个，注册中医药产品100余种，建设中医药海外交流和国际化合作发展示范基地50余个，既进一步提升了我国在中医药服务领域的国际影响力，也极大地带动了我国在"一带一路"沿线多个国家的出口。

受2020年新冠肺炎疫情的影响，全球中医药服务和贸易的发展有所放缓。在疫情前期缺少疫苗与特效药物的情况下，中医药临床筛选得出的"三方三药"在打赢疫情阻击战中的表现非常亮眼，其在控制炎症"风暴"、减轻肺部渗出、缩短疗程、促进康复等方面效果显著，让世界再次认识了中医药的宝贵价值。疫情防控期间中国积极与世界各国交流中医药抗疫诊疗方案，共享中医药救治新冠肺炎患者的经验与做法，为后疫情时代中医药的发展奠定了良好的基础。

三、中医药保健服务有待进一步挖掘的经济价值

现代医学在快速发展的时代背景下，临床检查技术和设备越来越齐全，但高昂的开发研制成本导致了西医治疗费用的持续上涨，这更加凸显了中医治疗简便、价格低廉等优势。同时，随着人们物质生活水平的提高，回归自然逐渐成为人民大众的一种普遍需求，在医疗保健服务方面，则主要表现为对天然药品和传统治疗方式的偏爱，选择中医成为普通百姓较为理想的选择。现阶段，尽管我国的医疗保健服务市场被西医挤占了多数市场份额，但是中医药保健服务日益成为建立健全医疗卫生制度体系中不可或缺的组成部分。随着中医药现代化和科学技术的逐步融合、渗透，中医药保健服务将逐步占据更为广阔的市场，其市场潜力和经济价值也将更加凸显。

为了更好地挖掘中医药保健服务所具有的潜在经济和社会价值，需要在不断的改革中寻求创新，通过健全中医药发展政策和工作机制的方式，为中医药产业提供充足的发展动力。国家和政府需要为中医药及相关的保健服务提供政策支持，

---

❶ 何娟. 中医药西传研究：以明末清初西方医学在华传播模式为视角[D]. 济南：山东中医药大学，2018.

从整体层面来提高中医药保健服务水平。同时，需要在政府引导下让更多的人享受到更好的中医药保健服务，提高实现中医药对经济社会发展的贡献率。

由于中医药的临床意义和价值逐步得到国际社会的重视和认可，在许多地区和国家开设的中医药卫生保健服务受到了广泛欢迎。但由于中西方文化的差异，中医药制度体系在西方国家很难被人们所理解和广泛接受。我国的中医药资源丰富，卷帙浩繁的中医药典籍成为现代中医药研究的重要根基。我们要在传统的基础上推动现代中医药理论的不断发展，充分利用中医药自身优势和特色，结合现代科学技术的手段和方法❶，使中医诊断和疗效评价逐步与国际接轨，加快中医药在国际上推广的步伐，使中医药保健服务走向规范化、国际化，进一步提升中医药在国际医药行业的市场竞争力，为我国中医药产业在生产、加工、贸易、知识产权保护等方面提供更多的发展契机。

第四节　河北中医药保健服务的现状

河北省是全国知名的中医药大省，全省的中医药历史悠久，文化底蕴丰厚，拥有丰富多样的中药资源，在历史上河北省出现了诸多名医大家，如扁鹊、刘完素、张元素、王清任、张锡纯等。新时期在党和国家的大力支持下，河北省政府对中医药发展给予了高度重视，先后出台了多个相关的发展建议与政策，对河北省中医药事业的发展起到了重要的促进作用，河北省中医药服务体系逐步完善，中医药人才培养机制逐步建成，中医药防病治病特色优势日益凸显，中医药产业发展初具规模，河北省中医药保健服务逐步走向成熟。

一、中医药保健服务体系逐步完善

（一）中医药服务体系初步覆盖城乡

据不完全统计，当前河北省设有中医医疗机构近2500个，而且每个县（市）

---

❶ 吴虹，魏伟．有限成分论和多成分论的辨析：中药药效成分争论的焦点［J］．医学与哲学，2005（14）：64-65．

均已设置县级中医院，近九成乡镇及社区医疗卫生机构也相应地设立了中医科。近年来，河北省加强了社区卫生服务中心医疗服务，许多民众在社区中就可以享受到针灸、拔罐、刮痧等治疗，特别是一些老年患者，不出社区就可以享受到"简、便、验、廉"的中医药医疗保健服务。这些保健服务为广大民众提供便捷的同时，也减轻了社区民众的看病压力。

（二）中医药预防保健服务体系基本健全

建立健全相应的中医药预防保健服务体系，是不断增强我国中医药卫生服务能力的重要基础❶。为进一步提高中医医疗机构的服务能力和水平，2012年河北省研究制定了《河北省地市级以上中医医院预防保健服务中心（治未病中心）建设标准》，在全省地市级以上中医医院（含中西医结合医院）中遴选建设一批预防保健服务中心（治未病中心）。截至目前，全省已初步培育出一批能够为区域人群提供优质预防保健服务的中医专门人才，基本形成了中医诊疗特色突出、技术适宜、形态多样、服务规范的现代化区域预防保健服务网络。河北省石家庄市、河北省保定市及石家庄平安医院、唐山市中医医院等10个地区和单位，分别被国家确定为"治未病"预防保健服务试点地区和试点单位。

（三）中医医院基础设施建设力度进一步加大

河北省目前已经拥有12个市级以上重点中医医院，正在规划22个县级中医医院的建设。随着政府对中医药服务的关注，全省针对其产业发展的投资额度也逐年提高。在加大投入之后，河北省已拥有相当数量的基础设施优良、服务功能完善的现代化中医医院。这些医院内部建立了"中医治未病中心""传统特色疗法中心""康复诊疗中心"等，服务设施较先进齐全，服务能力和水平较高，有利于充分发挥中医药防病治病的优势，满足人民群众对中医医疗保健服务的需求。

---

❶ 李菁.北京市社区中医预防保健服务现状调查研究［D］.北京：北京中医药大学，2014.

(四）综合医院中医药服务能力不断增强

目前，河北省已经创建了7个国家综合医院中医药工作示范单位，同时在综合性医院中设置中医科，使广大患者在接受西医药服务的过程中，也能够更加便捷地得到安全、有效、及时的中医药服务。中西医结合诊疗方式，使患者能够充分享受和体会到中西医结合会诊、联合治疗的优势，实现优势互补，有效缩短疾病进程，减轻临床症状，提高临床疗效，促进身体康复，从而达到更好的临床治疗效果，推动综合医院服务能力不断增强❶。

（五）基层中医药三级服务网络进一步健全

河北省当前新建及在建的中医医疗机构比较多，仅政府部门主导下的县级以上中医医疗机构就有近170个，已经完成县县均有中医医院的目标。全省范围内定期举行中医药相关专业技术的推广活动，每年定期委派专家前往各基层中医院开展相应的培训和技术指导。当前，县级中医院均在基层设置了中医药相关指导科室，并且在90%以上的农村乡镇卫生院、社区健康服务中心建立了中医科和中医房。要求在中医科中必须保证至少有1人熟练掌握10项以上的中医相关适宜技术。大多数村卫生室也至少要求配备1名中医或"能中会西"的农村医生。通过以上措施，基层中医药三级服务网络进一步健全。

二、中医药人才培养机制逐步建成

振兴中医药事业，关键在于人才的培养。中医不像西医那样有一整套具体的量化标准，因此中医药专业人才的培养也无法完全照搬西医药专业人才培养模式。那么我们该如何顺应和掌握中医药专业人才培养的规律和原则，打造与时代同步前进的新一代中医药人才呢？专家学者曾指出，中医学是一门理论和实践价值非常高的学科，它强调传承性和实践性。其中，传承性是我国现代中医药教育发展的鲜明特点之一，也是促进我国现代中医药教育不断向前发展的重要条件和动力。

---

❶ 孙贤贤.优质护理对高血压患者的依从性及满意度影响［J］.大家健康（学术版），2015，9（18）：225.

（一）构建院校教育与师承教育相结合的中医药人才培养模式

没有中医药人才，就谈不上传承，更谈不上发展。因此，要想振兴河北省的中医药事业，实现由传统的中医药大省到中医药强省的过渡，必须以中医药人才培养为抓手，全面提高中医药人才队伍的素质。经过多年的努力，河北省目前已积极探索构建了院校教育与师承教育相结合的中医药人才培养模式，按照人才培养的层次化、类别化和系统化原则，围绕读经典、做临床、跟名师三大关键环节，逐步构建并完善了对中医药专业技术人才的培训管理机制，实现了对中医药专业技术人才培养的全方位网络覆盖。

河北省为进一步深化中医药专业人才培养和教育管理模式的改革，提高中医药专业人才培养的质量，有关部门积极促进中医药院校和中医医疗机构之间形成协作。一方面通过科学、系统的高等院校专业课程进行人才培养，为中医药专业人才奠定坚实的理论基础；另一方面将各级、各类优质中医医疗资源转化为中医师承专业教育资源，在各个附属医院、教学基地、学校国医堂、综合医院中医科及具有较强综合实力的社会性中医医疗机构设立师承教育基地，为中医院校学生配备专业的临床师承导师，培养他们的中医临床思维能力，使他们能够独立运用中医理论分析、解决临床实际问题。

（二）高度重视名老中医药专家学术经验继承工作

河北省十分重视名老中医药专家学术经验继承工作，通过名老中医药专家带徒学习的方式，抢救和保留名老中医宝贵的学术经验和技术成果，同时培养中医药技术精湛的传承人才[1]。1990年国家启动名老中医药专家学术经验继承工作，遴选出一批临床和学术经验丰富的老中医药专家，作为指导老师带徒学习。河北省在积极选拔国家级师承带教老师和继承人的同时，还启动了省级名老中医药专家学术经验继承工作，进一步扩大了师承培养范围。截至目前，河北省共有国家级师承指导老师136人，省级师承指导老师169人，共带徒559名，其中大多数"徒弟"已成长为河北省各级各类中医医疗服务机构的业务骨干。

---

[1] 袁素，方玉红，李雪松，等.张士舜治癌经验临床运用体会[J].辽宁中医杂志，2015，42（11）：2096-2098.

河北省多年来一直坚持每年举办一次中医药拜师会，其目的就是通过文化的传承，发扬先进医家的学术观点和经验，培养一批高素质、高水平的现代化中医药人才，推动河北省中医药事业不断向前发展。2016年，河北省又在全省范围内启动了基层名老中医药专家学术经验继承项目，着力挖掘和保存基层名老中医宝贵的中医经验和技术，促进基层骨干医师尽快成长。通过这些创新性举措，河北省统筹兼顾中医药高层次人才、中医药临床骨干及基层实用型人才三个层次，全方位培养多种类型的中医药师承人才。

（三）力抓高端研修，培育高层次中医药临床人才

从2003年起，随着国家中医临床优秀人才研修项目（简称"优才项目"）的启动，河北省也同时开始了省级中医临床优秀人才的选拔和培养，旨在通过读经典、做临床、跟名师等方式，培育一批中医药专业特色鲜明、临床技术精湛、发展潜力较大的高层次中医药专业技术人才。同时，省卫生厅、省中医药管理局还千方百计创造条件让优才学员外出参加国家级培训，跟随国家级大师学习。在国家级优才项目"国医大师"培训课堂上，原本200人参加的学习班变成了400余人，其中河北省学员占到近三分之一。河北省还规定，省级优才学员可向全国名医拜师学习，并选定了北京6所三级甲等中医医院作为河北优才项目学员的进修培训基地，对口培养河北选送的学员。

（四）开展基层实用型中医药人才培养工作

想要让河北省中医药获得更进一步的发展，单纯依靠高层次人才并不可行。要想中医药事业生生不息、后继有人，就必须从基层抓起，把基础做实。为了在基层培养中医药人才，河北省定期开展基层实用型中医药人才培养项目。针对农村地区中医药从业人员学历水平和层次相对较低的现状，从2005年起，河北省开始实施乡村医生中医专业中专学历教育项目和适宜技术推广工作，2021年已经对5000多名乡村医生开展了中医药相关知识的专业学历教育和适宜技术推广培训，已经有约4000名乡村医生取得了中专及以上的学历。2008年启动了河北省中医类别全科医师岗位培训工作，2021年已累计有930人参加了培训，其中490人已顺利完成了培训任务，并且获得了中医类别全科医师岗位培训合格证书。

三、中医药防病治病特色优势日益凸显

2021年初,新冠肺炎疫情在河北省内集中暴发。河北省是国家中医药防治新冠肺炎主要试点省,中医药在河北省此次新冠肺炎疫情的临床救治中发挥了重要的主导作用,新冠肺炎患者中医治疗覆盖率达到100%。特别是通过临床筛选得到的"三方三药"治疗效果确切,有效地降低了患者的发病率、转重率、死亡率,促进核酸的转阴,提高了治愈率,缩短了患者的康复期[1]。同时,为了充分发挥中医药在新冠肺炎预防中的优势,河北省主动采取中医药预防措施,公布了用中医药代茶饮、中医药空气熏蒸、经络穴位拍打按摩等多种方式来增强机体免疫力的中医保健知识。通过这次疫情,中医药在治疗重大传染性疾病方面所具有的特色和优势被人们更广泛地认知。

河北省始终坚持推进中医药防病、治病"两手抓",不但大力宣传现代中医药养生保健理念,启动了"治未病健康工程",推动中医药医疗保健机构积极参与疾病预防和康复、食疗药膳、运动调摄等各类中医药医疗保健服务,还进一步加强了对各类重大疑难疾病的科研攻关和对常见病、多发病、慢性病的中医药防治研究[2],同时针对一些地区中医医院特色及优势逐步淡化和减弱的问题,坚持以增强临床治疗效果和提高专科学术水平为目标,实施"名院、名科、名医"战略,加强中医医疗机构的内涵建设。

提到河北省中医保健服务,就不能不提及著名的国医大师李佃贵教授。他最早创造性地提出了"浊毒"理论,确立了以"化浊解毒"为主的四步治疗方法,为中医药治疗慢性萎缩性胃炎癌前病变提供了新的方向和思路。河北以岭医院心血管科经过中医、西医众多学科的联合攻关,首次形成了脉络学说,对血管病变研究和治疗具有重要的指导意义。同时,河北省还努力加强专科队伍建设,成功打造了河北省中医院脾胃病科、肛肠科,沧州中西医结合医院内分泌科,廊坊市中医医院血液病科等一批国家知名品牌专科。在此基础上,河北省还依据不同的

---

[1] 伏鑫.健康中国:健康传播的中国特色话语叙事[D].兰州:兰州大学,2021.
[2] 中国中医药年鉴编委会.中国中医药年鉴:2010行政卷[M].北京:中国中医药出版社,2010.

专业特点和服务实力，成立了脾胃病科、肛肠科、糖尿病科等重点中医专科（专病）协作组，同时建设了一批国家和省级中医药管理局重点研究室、科研实验室。这些中医名科、研究室、实验室中医药特色明显，管理水平相对较高，临床治疗效果显著，满足了广大人民群众对于中医药服务的需求，使河北省中医药防病治病特色优势日益凸显出来。

四、中医药产业发展初具规模

2019 年河北省委、省政府出台《关于加快推进中医药产业发展的实施意见》，指出要加快实施中医药产业现代化工程，壮大石家庄和安国中医药产业聚焦区；至 2020 年，全省的中药材生产与种植、中药制造工业、中药商贸与流通以及中医药相关健康产业全面迅猛发展；至 2025 年，河北中医药产业综合竞争力明显增强，力争产业规模超过 1700 亿元。

近年来，河北省大力推行中药材生产种植提质增效工程，加快了中医药生产种植标准化基地建设，省内部分中药材种植已在全国占据较高市场份额，如酸枣仁、天花粉、金银花等药材的生产量已占全国市场总量的 60%，连翘、北柴胡等药材的生产总量已占全国的 33%。为了有效保证中药材生产种植的高质量，河北省政府积极引导全省中药材生产基地加快走上规模化、区域化产业发展道路，种植面积达万亩以上的县（市、区）已有 44 个，1000 亩以上标准化生产种植示范园已经达到 400 个，规模化、集约式药材种植已经达到 92%。河北省研发制定中药材生产种植省级标准 82 项，居全国首位。河北省还积极推进中药材产业扶贫工程建设，发挥安国中药材市场在周边区域的辐射和带动效应，引导广大农民适度调节现代化农业生产结构，切实提高农民收入。滦平"热河黄芩"、邢台酸枣仁等具有特色的中药材种植，成为当地区域性经济的重点产业和农民收入的主要来源。

河北省积极引导中医药企业的生产、研发和销售朝着品牌化、规模化、标准化、信息化方向发展，创立了在国内甚至国际知名的中药企业和中药品牌，如以岭药业、神威药业等知名中药企业和连花清瘟胶囊、颈复康、腰痛宁等著名中药品牌。一批新型中药制品企业也正积极尝试走出国门,加强与国际的技术交流与产业合作。例如,河北以岭药业先后与英国卡迪夫大学、荷兰莱顿大学医药联合研究中心等多家国际知名学术研究机构开展中药合作研究,推动多个具有自主知识产权的中药制品成功进入国际市场;神威药业公司与中国中医科学院北京西苑医院、澳大利亚西悉尼大学共同在澳大利亚开展研究,开发研制治疗阿尔茨海默病的组分中药SLT胶囊。这些国际间的合作与研究,将逐渐加快河北省中医药企业迈向国际化的步伐,促进河北省中医药产业的进一步发展和壮大,提高河北省中医药出口和创汇的能力。

五、河北中医药保健服务存在的问题

(一)健康管理服务尚不完善,保健服务模式较为单一

目前河北省中医药健康管理服务以健康检查和相应的指导建议为主,较少根据个人的体质和健康状况进行长期性、个性化的健康管理服务,对健康状态信息的采集和管理、风险评估、健康干预等预防诊疗措施还不够完善❶。并且保健服务模式较为单一,以到医院排队挂号就诊为主,导致医院人满为患。部分中医机构虽然建立了"互联网医院",但只提供诸如线上咨询等外围服务,无法深入解决医疗保健的实质问题。

(二)人才分布不够均衡,健康管理高端人才较为匮乏

河北省中医药保健服务存在城乡、地域医疗资源不均衡的问题,其中人才资源不均衡的问题尤为突出。与省市级中医院相比,基层中医医疗保健服务机构从业人员较少,学历水平偏低,专业素质整体偏低,对中医医疗知识和医疗手段的掌握不够全面,无法充分满足基层百姓对中医药保健服务的需求。全省健康管理专业人员数量不足,高端管理人才匮乏,无法适应不同年龄阶段人群对于健康管理的个性化需求。

---

❶ 王曙光.健康是"管理"出来的[J].中国卫生,2009(1):19.

（三）中医药保健市场不够规范，生产经营存在违法违规现象

目前中医药保健市场的管理还不够规范，存在打着"中医养生保健"的幌子开展非法中医诊疗、以"养生保健""治未病"之名诱导欺骗消费者、夸大和虚假宣传等行为，中医药保健产品的生产经营存在以次充好、假冒伪劣等违法违规现象。这些行为扰乱了中医药保健服务市场秩序，急需政府部门整顿治理。

（四）中医药产业规模较小，产业科研创新能力还需提高

虽然河北省中医药产业在不断发展，但整体产业规模还较小，中医药产业开发不足，科研创新能力有待提高。近年来，河北省对中医药产业发展创新投入的经费在逐年增加，但增长幅度与北京、上海、广州等地相比还有较大差距，需要政府加大对中医药企业科研创新的投入力度和帮助扶持，建立更多的科研创新平台，整合政府、企业和行业的力量，共同推动中医药产业的发展壮大。

第五节 河北中医药保健服务高质量发展

河北省委、省政府始终将加快推动中医药事业发展放到突出的位置。2020年9月，河北省举行了中医药传承创新发展工作会议，省委书记王东峰强调将中医药发展摆到战略地位抓实抓好，为河北省中医药事业的发展注入了一针强心剂。2021年省政府工作报告首次明确提出，要着力推进健康河北建设，推进中医药传承与创新，加快中医药强省建设。中医药在推进健康中国、健康河北建设中大有可为。

一、加快提高中医医疗服务能力

（一）进一步健全中医药服务体系

当前河北省中医医院的数量相对较少，基层中医院的从业人员数量不足，素

质参差不齐，中医药服务体系亟待进一步完善[1]。一是要进一步加强中医药服务机构的建设。加大对基层中医医疗卫生服务机构的资金投入，在社区、街道、乡村积极推行中医特色诊疗技术、推进国医馆建设，在县乡开展中医优势病种科室建设，并与省市级中医院建立医联体合作关系，在省市三甲级中医院开展产学研一体化的研究型中医院建设，对基层中医院开展对口帮扶、技术支持等。二是建立共建共享机制。依托中医高等院校和省市级大型中医院，开展学术交流、继续教育、远程教学、远程会诊等多种形式的培训和诊疗活动，参与联合演练，加强协同配合，全面完善全省各级中医院协调共享机制。三是健全保障激励机制。强化财政支持保障功能，用于推动医联体的建设、专业人才的培养、医疗卫生工作的信息化建设以及对基层人员的资金补贴。加强医务工作人员的有序交流，鼓励大学毕业生和退休的中医医师到基层从事医疗服务，落实人员下沉激励措施[2]。

（二）全面提升中医医疗服务质量

省市级三级中医医院充分发挥中医药资源和技术优势，提高危急重症、疑难病症的中医诊断和治疗能力，建立各学科之间的协作机制，对重点专科给予扶持，例如，组织省内著名专家开展疑难病症查房、疑难手术项目，加强肿瘤、心脑血管、脑卒中等重症急症的诊断、抢救、治疗和康复。二级中医医院推动专科、专病诊疗中心建设，重点增强对辖区内各种常见病、慢性病、多发病的中医诊治能力及急危重症的紧急处理能力。鼓励社会力量以"名医、名药、名科、名术"为服务核心，提供专业化、优质化的中医医疗、康复等服务。促进部分具有综合实力、较高水平的中医诊所和门诊部（包括中医馆、国医堂）做大做强，鼓励其跨地区、跨城市连锁运营、规模发展。力求打造一个中医药传统文化氛围浓郁的综合性中医药服务领域，从传统注重对疾病的治疗转向同时注重与之相关的健康维护，推动发展治未病、康复等多元化服务，使河北省中医医疗机构的服务范围扩大，服务能力、服务质量均得到提升，让百姓真正获得优质的医疗服务。

---

[1] 白志勤，饶克勤.区域卫生规划的理论与实践：以海南省国际旅游岛为例［M］.北京：中国协和医科大学出版社，2011.

[2] 刘芳彤.吉林省基层医生中医药服务能力现状调查及对策研究［D］.长春：长春中医药大学，2020.

（三）加快中西医结合发展

临床实践证明，西医诊疗结合中医元素常常能取得独特的临床优势。从提高医疗卫生服务水平的长远目标来看，加快中西医结合发展，需要精准施策，多措并举。一是从政策层面积极引导，将中医的整体观、辨证施治与西医现代医学手段有机结合，加快中西医结合的创新实践。二是进一步加大财政扶持力度，在河北石家庄等城市新建中西医结合医院，并在省内综合医院设立中医科、中西医结合科室以及中药房，帮助省市县级妇幼保健机构提供中医药服务。三是对照国家重大疑难疾病中西医临床协作建设项目的要求，开展重大疑难疾病、传染病、慢性病等疾病的中西医联合攻关，建立中西医相结合的临床疗效评价标准，遴选出一批疗效显著的中西医结合治疗优势病种目录。

二、大力发展中医药健康服务

（一）推动中医养生服务业发展

积极推进中医养生保健服务的标准化、规范化，鼓励社会组织投资兴办中医养生保健服务机构，培育一批管理技术成熟、信誉度较高的中医专业养生保健集团或连锁企业。鼓励和支持发展健康体检、咨询服务等健康管理服务，形成个性化、多样化的健康管理服务，培育一批有特色的健康管理服务产业。支持在中医养生保健领域引进现代化高新技术，促进中医养生保健服务与新业态的融合创新，推动与养老、旅游、体育、餐饮、酒店、会展等多个产业的融合，支持中医养生保健体验型服务向特色商圈、文化圈建设延伸。鼓励创新和开发中医养生保健类商业型保险产品，探索集健康产业文化、健康产业管理、健康产业保险于一体的综合性中医养生保健产业发展模式。

（二）提高中医康复治疗和护理能力

一方面，促进中医特色康复医院和中医医疗机构康复科的规范化建设与科学管理，突出中医特色和优势，为患者提供全面、系统的康复治疗和护理服务。另一方面，支持各级医疗机构积极开展中医特色康复治疗、康复护理，加强中医康复知识的宣传、康复技术的培训和指导，在社区内对百姓进行中医康复适宜技术的推广和应用，为人民群众提供便捷、安全、有效的中医特色康复服务。

（三）发展中医药健康养老服务

鼓励医养结合，在中医医疗服务机构中成立老年病科，建立区域性老年医疗中心和老年医学专科，打造一批以中医药健康养老服务为主的综合性护理医疗机构、护理站、养老机构，分层分类为老年人提供服务。有条件的中医医疗机构可深度参与到社区及居民家中，开展上门巡诊、健康查体、保健咨询等中医药健康养老服务，并为退休老人建立健康档案。鼓励社会力量投身于老年医疗、照顾、康复、养老等领域，鼓励其规范化、品牌化发展。完善老年医疗护理服务规范和标准，优化护理机构的审批、监督和管理，建立老年医疗护理从业者注册登记及诚信监管机制。推动老年医学与其他相关专业和学科之间的交叉、融合，加强对老年人康复护理器材及设施的研发，推广老年人可穿戴式健康装备的应用。

（四）拓展中医药健康旅游项目

充分挖掘河北省优势中医药资源和优势自然资源，将二者有机整合，开发"中医药健康旅游"项目。积极探索开发具有中医药特色、富有市场竞争力的健康旅游目的地和健康旅游产品，打造集医疗、康复、养生等功能于一体的综合性中医药健康旅游示范区，创立中医药健康旅游品牌[1]。开发具有独特中医文化特色的中医医疗机构、中药材生产种植基地、中医药生产企业、药用植物园、药膳馆等旅游资源，开发建设中医旅游观光路线和中医养生文化旅游项目。支持各地积极组织具有一定社会影响力的大中型中医药文化旅游产业博览会、论坛和健康产品推介会等。

三、积极推进中医药人才队伍建设

（一）加快中医药高等教育发展

积极落实河北省政府与国家中医药管理局签署的共建河北中医学院协议，支持河北中医学院扩大教学规模，优化专业结构，提升办学质量，尽快更名为河北

---

[1] 中医药健康服务发展规划（2015—2020年）[N].中国中医药报，2015-05-08（2）.

中医药大学。建立健全中医药学科专业体系，加强一流学科、重点学科建设。鼓励具备条件的高校开设中医养生学、中医康复学等本科专业，开设中医药资源与开发、健康服务与管理、中医药市场营销学等学科和课程。探索培养中医药健康旅游、中医药科普宣传、中医药服务贸易等方面的复合型人才，满足市场对于中医药人才的需求[1]。进一步加强中医临床教学基地的建设，深化师承教育，探索长学制人才培养模式，强化对学生的临床思维和临床技能的培养。

（二）完善中医药毕业后教育体系

进一步加强对中医住院医师规范化培训基地的建设与科学管理，加强对规培师资队伍的建设，加强对学员的中医思维和临床技能的培训，严格出科及结业考核管理，切实提高对中医住院医师规范化培训的质量。遴选一批省级住培示范基地、标准化住培实践考核基地，从政策、资金、师资到人才的培养、学科建设等方面给予支持。完善同等学力申请中医专业学位配套制度，健全中医药毕业后教育体系和制度。将医德医风、卫生法律法规、传染病防控等方面的知识和技能纳入中医药专业技术人员毕业后教育的必修和考核内容。

（三）加强高层次中医药人才培养

继续深入实施国家级、省级名老中医药专家学术经验继承工作和中医临床优秀人才研修计划，加强对国医大师工作室、名中医传承工作室的建设，培养一批高层次的中医药传承人才。加强对中医医院院长和管理人员的培训，提升中医药管理人才水平[2]。鼓励和加强"西学中"，使多数西医临床医师和护理人员掌握一定的中医药基础知识和专业技能，培养高层次的中西医结合临床人才。

（四）强化基层中医药人才培养

加强基层中医药专业人才队伍建设，推进农村地区订单定向免费医学生的培养。做好基层名老中医药专家传承工作室的建设及学术经验传承人的筛选与培

---

[1] 司建平. 中医药健康服务人才队伍现状及政策建议[J]. 医学与哲学（A），2015，36（5）：82-85.

[2] 中国中医药年鉴编委会. 中国中医药年鉴：2016 行政卷[M]. 北京：中国中医药出版社，2016.

养。通过课程学习、外出深造、跟师学习等形式，对基层中医药从业者进行岗位培训，提升他们的学历层次和业务能力。加强对基层西医医疗服务人员中医药知识、中医操作技能、中医适宜技术的规范化培训，鼓励他们为基层百姓提供优质的中医药服务。

四、推动中药产业健康快速发展

（一）加强中药监管，提升药品质量

不断提高中药监管能力，加强对中药饮片、中成药的日常监督管理及市场抽检，持续深入地推进中药放管服改革，促进和支撑中药产业健康、快速地发展。一是大力扶持中药研发和审批，在政策上给予帮助和引领，鼓励企业积极加快对古代经典中药名方的研发和运用。二是积极推动河北省中药材质量检测中心的建设，使之成为接轨国际、国内一流、功能齐全、特色明显、服务有力的河北省乃至国家级中药材质量检测中心。三是切实保障2020年版《中华人民共和国药典》的顺利实施，新版《中华人民共和国药典》中增加了对中药饮片农残检验项目等的相关变化，出台相应的政策，确保了药品的质量。四是继续深入探索和完善中药生产的全过程跟踪体系，进一步贯彻落实河北省委、省政府《关于进一步加快中医药产业发展的实施意见》精神，探索建立中药材、中药饮片、中成药的生产全过程跟踪体系，逐步实现中药重点品种的来源可知、去向可查、责任可追。

（二）加快中医药种植基地建设

逐步建立健全以政府资金为主导、以企业资金为主体、社会资本广泛参加的投资机制，加大对良种选育、良种繁育、稀缺中药材种植基地建设的支持力度，逐步形成中药资源保护和可持续利用的长效机制。不断加强"两带三区"（燕山产业带、太行山产业带、冀中平原产区、冀南平原产区和坝上高原产区）中药材生产种植的特色布局，推动省内重点贫困地区中药材生产种植产业化发展，因势利导，积极引领农村贫困户以多种渠道、多种方式参与中药材的生产种植，推进全省精准扶贫工作的扎实开展。

（三）助力中药饮片企业做大做强

推动中药饮片企业向规范化和高质量方向发展，重点在于解决制约中药饮片产业发展的问题。一是激发和鼓励企业积极发展优势特色饮片品种，形成更多的大品种、名品牌。二是支持中药饮片生产厂家通过GMP（药品生产质量管理规范）检测后，在原有的生产范围和炮制方法下增加新的品种。三是对于中药材来源稳定、中药饮片质量安全可靠可以追踪的大型中药饮片厂家，可允许其采购趁鲜切制的中药材初加工产品。通过以上政策措施，支持和帮助省内中药饮片企业做大做强。

五、大力发展健康服务交流和贸易

积极主动参与国家"一带一路"建设和中医药发展战略的实施，继续推进和深化河北中医学院、华北理工大学等高校在海外的"中医孔子学院"建设，推动河北省中医院等三甲中医医院赴尼泊尔、刚果（金）等地援外医疗项目的开展。加强与澳门科技大学的合作，联合开展ISO（国际标准化组织）中药国际标准认证研究，扩大研究品种范围。加强对中医药知识和医疗技术的宣传推广，吸引更多的海外留学生来河北省中医药院校及医疗机构进行长期学习或短期培训。鼓励社会力量投资开办面向境外消费者的中医医疗保健机构，支持开展面向国际市场的健康服务贸易。大力支持安国打造"中国药都"，进一步加强中药材国际贸易，主动融入国际中医药产业大市场。

六、健全中医药与健康产业融合的法律法规体系

保障中医药产业健康、稳定、可持续发展，完善相关法律法规体系建设已经成为全行业共同面临的课题。一是制定和完善相关政策法规，健全中医药基本医疗、公共卫生、监督执法等方面的政策和法律体系，推动中医药大健康事业高质量发展。二是保障《河北省中医药条例》的贯彻落实，将维护广大人民群众生命健康的内容和范畴从传统的疾病防治拓展至中医药养生、运动健身、食品药品安全等各个领域，普及健康生活方式，发展新型健康产业，实现对生命全过程的健康服务和健康保障。三是建立医院内部沟通调解、医患纠纷第三方调解、应急处

置联动、医疗责任保险、社会医疗救助"五位一体"的长效法制机制❶。四是认真扎实做好普法工作，深入开展医疗法律法规学习，坚持"法定职责必须为、法无授权不可为"的原则，增强广大中医药从业者的法律意识，自觉运用法治观念和法治方式规范行医，全面提升中医药行业的法治化水平。

七、大力推广中医药文化

一是做好对河北民间传统中医药技术的挖掘，开展对传统中医药知识的全面调研和搜集整理工作，筛选一批有价值的河北民间中医药古书、古方、单验方和特色诊疗技术，形成河北省民间中医药保护名录。二是高度重视对河北省扁鹊中医药文化的整理、保护和传承，办好扁鹊文化节、扁鹊学术思想传承发展大会以及"一带一路"中华扁鹊中医药国际合作论坛等文化交流活动。三是积极搭建中医药文化传播和宣讲平台，做好中医药健康教育大讲堂以及中医药文化知识巡讲活动。深入各个社区、卫生服务中心、养老机构等，宣讲中医药传统文化，普及中医药养生知识，宣传中医药消费新理念❷。推动中医药文化进校园、进课程。四是充分利用河北省传统中医药资源及优势，推广中医药品牌，推动中医药与旅游餐饮、运动演艺、新闻出版、广播电影、网络游戏等行业的有机结合，拓展新型文化产品和服务，推出一批中医药文化精品，促进中医药文化在社会大众间的传播与推广。

---

❶ 尚鹤睿.医患关系的心理学研究［M］.北京：中央编译出版社，2011.
❷ 许明超.成都市健康城市建设进展综合评估：基于政策综合评估模型的案例分析［D］.成都：西南财经大学，2019.

第七章 河北中医药强省建设实践：医疗服务

第一节 现代医学新趋势下中医医疗服务优势凸显

在 21 世纪现代化快速发展的浪潮中，医学在不断更新着自身的理论体系和发展模式，中医和西医呈现出各自的特色和优势。随着我国对公共卫生越来越重视，在现代医学新的发展趋势下，中医医疗服务优势日益凸显，结合全人医疗和精准医疗的特点，展现出中医的治疗理念。

传统的生物医学模式已经无法满足人们对健康服务的需求，逐步转变为一种全新的生物—心理—社会医学模式，这也是现代医学发展的新趋势，是顺应社会发展进步，进行自身不断完善的体现[1]。对于疾病的控制，阻断其发生和转变，仅仅控制各种理化和生物因素是很难实现的，必须结合人的心理、社会等综合因素进行判断，以达到全人医疗和精准医疗的目的。中医医疗服务理念注重对疾病的预防，而不是一味地治疗疾病，当疾病发生以后，才对病症进行干涉。中医医疗服务应该从生理扩大到心理层面，从技术上延伸到社会活动，注重病因预防、发病预防以及病残预防，树立医生的预防医疗观念。现代医学目标不仅包括延长人们的寿命，还包括注重其生活的质量，以人为本，不断完善和优化医疗服务，更好地满足人类的生活所需。

---

[1] 刘国琴.社会医学教学的几点体会［J］.中华现代医院管理杂志，2004，2（8）：49-50.

一、中西医的理论体系不同

医学经过几千年的实践和发展，逐步形成了一个巨大的自身体系，在这个体系内又可以划分出更小的子体系，各体系之间紧密联系在一起，中医是我国的一个独特的完整体系。在对中西医理论体系的划分中，可以将西医的理论体系归为生物学类，它建立在人体解剖学基础之上，人是医学的对象，阐述西医的基本概念，可以将人看作生物机器，类似对机器进行组装和拆卸，解剖学在西医领域中，带领我们清晰认识了人体的各种结构，随着高水平科学技术的发展，解剖学已经上升到了分子层次[1]。中医的理论体系注重"天人合一""阴阳五行"，这主要源于对大自然的观察，以及人类不断实践的经验总结和分析判断。在对经验的不断总结中，人类发现生老病死和健康长寿，与我们生活的大自然环境、水文气候有紧密的关联，对"天人合一"的解释，包括人体中内环境的和谐统一。

要进行科学精准的治疗，首先应该有正确的诊断，从而制定出个性化和针对性的治疗方案。西医主要是对"病"展开治疗，而对"病"的获取来自诊断，中医是针对"证"，通过辨证的方式获得。西医注重追溯病灶和病原，通过一些先进的诊断性仪器设备和工具来实现，如心电图机、B超以及CT等。以生物医学为模式的医疗时代，疾病往往以生物学的形式损害为主要特征，机体产生病灶以及代谢指标上的异常，通过仪器和一些工具进行明确诊断，有很大的优势，但是随着医学模式的转变，产生了很多心理方面的疾病，不断演变出一些新的病种和疾病谱，通过仪器来对这些疾病进行诊断似乎无能为力，因此诊断这些心理因素引起的疾病，对每一位医务工作人员都是新的挑战。中医的诊断出发点是将人作为一个整体，将望闻问切作为辨证的方式去收集直接的诊断依据，这从某种程度上体现了西医在诊断方式上的不足，对"证"的诊断比仪器更加快捷，在"施治"中更具针对性。

---

[1] 宋安群. 从西医治病看疾病的本质与现象以及所出现的问题[J]. 新疆中医药，2008，26（6）：83-87.

二、中医全人医疗的优势

(一)中医全人医疗服务模式

中医全人医疗服务模式是面向个人、家庭、社区的一种服务形式,将整体观念作为重要主导思想,采用辨证施治的治疗手段,以生物—心理—社会医学模式为核心,开展以人为中心的医疗服务,维护和促进人的健康,为社会提供综合便捷的卫生服务,注重整体和个性的统一。从理论角度来说,全人医疗服务与中医学的整体观念较为相近,我们提供服务的对象是病人,应该从患者的家庭和社会背景中,分析与解决他们的心理和生理疾病问题,同时不能忽略每个人个性化的差异。全人医疗的整体观,要求医务工作者对待病人,应该将人作为出发点,将疾病治疗作为次要考虑因素,通过生理、心理、环境以及社会等诸多角度,权衡并帮助病人解决当务之急。结合中医的特点,辨证施治是中医理论的精华部分,能够帮助人们更好地认识疾病,针对不同的患者,实行同病异治、异病同治方案,展现出中医的个性化医疗服务理念,中医药在慢性病、老年病治疗以及养老保健等方面具有显著的优势,能够在社区开展康复、心理咨询和家庭护理服务活动,不管是对于健康人群还是亚健康人群,都拥有很好的治疗方法和疗效,在现代医学的服务领域中保持一定的竞争力。

(二)中医全人医疗指导养生

中医从民间实践中逐步发展而来,给我们带来了许多的养生之道,提供预防与治疗疾病的有效方法。在饥饿荒乱的古代,人们吃不饱穿不暖,一切只为了能够生存下去,无法追求健康养生。在那种自然环境下,人们逐渐适应了环境的变化,通过对自然环境的分析和疾病恢复的实践,摸索出一套合适的中医养生方法。从中医养生角度来看,养生也注重辨证施治,因人制宜,应该根据人的不同体质特点,制定相应的保健养生方案。全人医疗服务理念同样注重人的养生和保健,以药膳养生为主要形式,将中医传统知识和烹饪相融合,采取药物与食物作为基本的原料,通过特殊工艺加工成具有食用特点的产品,既有食用的营养价值,又有防病治病、强身健体的保健作用。药膳是兼具食品美味与药物功效的一种膳食，可以使人既能享受美食，又能得到身体的滋补，获得疾病的治疗意义，这就是中医全人医疗对于养生的独特魅力❶。

（三）中医全人医疗中的治未病理论

现代医学模式已经发生了很大的改变，逐渐从疾病医学转变为健康医学，显而易见，现代医学不仅是治疗疾病，而且要注重对健康的维护❷。中医全人医疗中的"治未病"理念正好顺应了这一趋势的发展。如今社会上人们的健康意识正在逐渐增强，但是群众并不了解如何追求健康的生活方式，具有鲜明特色的中医"治未病"理念，是我国经过长期实践所总结的养生经验，是国家卫生保健服务当中的重要组成部分，也是中医保健当中的核心思想。

如今在全民健康的大背景下，中医"治未病"具有很大的发展空间，其中的理念与防治原则得到了群众的认可。慢性病对人们的健康造成了极大的影响，严重阻碍了社会的发展进步。慢性病的特点是病程较为持续，需要长期的医疗成本进行推进，但是如果能够采取有效的治疗方法，就可以缓解病情，并能获得理想的预后。目前有许多专家采用中医"治未病"的理念去对慢性病高危人群进行科学的护理，研究调查发现，通过治疗前后的数据对比，采用科学方法治疗后的患者的胆固醇、血糖以及体重指数得到了明显的下降。以上可以表明，管理慢性病的有效方法之一，就是在其中融入中医"治未病"的理念。"治未病"是人民群众养生保健的重要思想和手段，有助于提高我国人民的综合健康水平，具有重要的积极意义❸。"治未病"的理念是中医理论当中的精髓，也是中华民族养生保健总结的核心内涵，目的是让人人都享有健康。中医学拥有独特的理论体系与模式，对防治疾病具有显著的优势，习近平总书记曾强调："如果没有全民健康，就没有全面小康。"人类的健康问题是大问题，我们不可轻视，要确保"健康中

---

❶ 何富乐.健康吃喝：中医食疗的全新解读［M］.上海：上海科学技术文献出版社，2008.

❷ 林山，冯珂.浅谈辨证施治与状态辨识［J］.中华中医药杂志，2015，30（12）：4205-4207.

❸ 施海红，黄淑芬，程小云，等.预防老年性脆性骨折的健康教育需求调查分析［J］.海南医学，2009，20（7）：141-142.

国"战略能够顺利实施，中医"治未病"的发展能够为其提供有力的保障。

（四）中医全人医疗中的整体观念

整体观念包含完整性与统一性的思维特征，在中医的整体观念当中，要求医者具备这种思想高度和意识，运用这种思维模式去研究中医学理论，同时将其融入中医临床实践中[1]。中医整体观念是从一种统一的思想角度分析人体自身，把握机体与外部环境的和谐统一，这是一种思维模式和临床实践理念。道家崇尚的养生观正体现了中医的整体观念，也是最早蕴含整体观的学派，道教通过整体观的维度来解释自然生命现象。如果我们了解了宇宙的阴阳消长，就可以运用这种规律了解人的生与死，这是对整体观最早的一种描述。

中医重视整体性的调理，全人医疗理念注重依靠人体的自身调节机制，对机体各项功能进行平衡。如果以未病先防为目标，应做到以下几点：第一，内养正气，增强自身的体质，保持一定的运动量，劳逸结合，尊重自然规律，养成良好的生活习惯，合理膳食，营养平衡，同时要避免过度劳累。第二，防止邪气入侵，邪气是疾病发生发展的基本条件，所有能打破机体环境平衡，引发疾病产生的因素都可称为邪气。根据季节与环境的变化，注意保暖，保持自身的健康心态，外避六淫，内防七情，避免内外邪气对人体造成的一些伤害。第三，注意选择合适的治疗药物，每个人的体质存在差异，合适的药物选择有助于产生更好的疗效，调整体内的阴阳失衡，防止疾病的产生。

在疾病防变方面：第一，如果能够在早期发现病种的特征，就能够将疾病遏制在初期阶段，有利于疾病的恢复。亚健康作为中医学当中的一种疾病状态，在临床的诊治当中，应该根据患者的外在表现，细致观察病之虚实寒热，及时采用合适的治疗措施。第二，早期治疗有助于防止疾病进一步朝着坏的方向转变，在疾病防变中，应当掌握疾病的发展规律，对其机理形成深刻的认识和了解。第三，通过辨证施治的手段，促进疾病的恢复，中医对待亚健康的人群，是依靠望闻问切的基本方式，观察他们异于健康状态的细微差别，运用中医独特的知识体

---

[1] 黄建波，张光霁. 中医整体观念的源流和创新发展［J］. 中华中医药杂志，2020，35（1）：35-38.

系，对其进行分析和归纳，判断出阴阳气血是偏盛还是偏衰，依照其特点进行辨证施治，使机体重回之前的健康状态。

中医学以"整体观念""辨证施治"为核心，以整体的观念去思考人体的疾病和健康的关系，因人而异提出个性化的治疗方法，中医和西医理念有明显的不同，面对同一亚健康人群，中医角度考虑这类人群已经处在欲病的边缘，甚至已经处于致病的状态，如果此时我们还不加以人为干涉和处理，那么亚健康人群的那种"不适感"会转变为真正的疾病。在西医的理化结果表现中则是一种轻微的异常或者无异常，运用西药治疗这种状态没有明显的效果。中医治疗可从三个不同的层面把握人体生命活动，以宏观、中观以及微观的角度提供整体的治疗方案。

（五）中医全人医疗中的"以病人为中心"理念

疾病是在某种致病因素影响下，人体稳定状态下的生命活动被干扰，导致机体代谢与结构的异常改变，从而引起一系列的临床表现和特征的过程。疾患是疾病早期身体所表现出来的不适感，在临床上表现为一定的症状与体征，但是也有可能是由心理或者社会环境方面的失调所引起，并不完全就是生物学方面的改变，人们可以通过自我的感觉去做出判断，这就是机体表现的一种亚健康状态。我们需要从生物—心理—社会角度去解决人们的健康问题，在诊疗的过程中，要以问题为导向，注重在整体观念的指引下，采取适宜的技术，既要认识和了解发病过程中的客观外在条件，也要运用一些基础的接诊技巧，系统收集患者的个人背景、症状以及体征等方面的资料，倾听病人的就诊期望、原因和需求，对病人进行全面的健康维护。"以病人为中心"理念要求重视和病人的有效沟通，运用简单易懂的方式，最大限度地消除患者心中的顾虑和身体的病痛。例如，面部表情、打招呼的方式或者与患者交谈的距离等，每一处细节都应该注意，目的就是消除患者的紧张感，建立患者对医生的信任和对治疗疾病的信心，使诊疗效率能够进一步提高。

1. 个人背景

中医全人医疗提出了"以病人为中心"的服务理念，首先要求的就是理解病人，在服务病人的过程中，尽所能满足病人的需求，预防和治疗疾病，保障患者的生命健康。了解病人的基础是掌握病人的完整背景，全面分析病人的背景资料，医生和病人建立友好式的医患关系，将收集到的有关资料记录在个人健康档案中，要让病人感知到医生的责任感并引导病人进行倾诉，这有助于解决病人的健康问题。收集完整的背景资料，包括个人背景、家庭背景以及居住地周围的社会背景等。

2. 分析求医因素

《医学源流论》说："凡人之所苦，谓之病；所以致此病者，谓之因。"引起病人就诊的原因不只是疾病本身的严重性，也有可能是病人对症状的不理解，以及功能障碍引发的对个人生活造成的影响❶。有研究表明，当人们发生疾病时，30%~40%的人不理会这些症状，30%~40%的人会采取自我保健措施，10%~20%的人会征询亲戚朋友的意见或寻求民俗治疗，仅5%~20%的人寻求专业性的医疗服务。求医的人群可分为主动求医型与被动求医型❷，促使病人就诊的原因大致可以分为以下几种：心灵上的焦虑达到了自身忍受的极限；躯体上的痛苦达到忍耐极限；机体发出某种信号，病人发现了一些与疾病相关的体征信息；机会性就医；定期的健康检查和预防保健，或者是定期的随访。慢性病患者就诊的首要原因是生物学因素，其次是心理和社会原因。患者求医的行为因素，源于患者的健康信念与疾病因果观，以及患病体验和家庭因素对患者的影响。

3. 病人角色

病人角色是一种从社会人群中所区别开来的，具有一定的求医欲望和治疗行为，并处在患病状态中的社会角色。当一个人身患某种疾病时，其社会角色所处的身份开始被改变，并具有和病人角色相一致的特殊义务与权利。对病人角色所具备的义务和权利进行分析，可总结为以下几点：第一，病人生病状态下可以受到社会的某种照顾，具有获得休息或者治疗的权利，不管在生理还是在心理上，都可以减轻病人的负担，这体现出病人最基本的社会权利；第二，病人应当得到社会的理解和尊重，给予他们关爱，理解每位病人在患病状态下身体和心理的双

---

❶ 秦国政. 实用中医男科学 [M]. 北京：中国工人出版社，1994.

❷ 姜建国. 中医全科医学概论 [M]. 北京：中国中医药出版社，2009.

重痛苦，对于他们在心理状态之下所产生的行为予以理解和帮助，减轻病人的不适感；第三，如果病人患病涉及社会的公共利益，那么病人应履行及时就医、早日获得康复的义务，病人应当时刻以社会公共利益为大局，不能隐瞒病情，危害社会群众健康，特别是患有具有严重后果的传染性疾病时，应当及时寻求医疗帮助，这是病人应尽的义务；第四，在获取医疗救治的过程中，应当遵守有关的规章制度，如医院住院病人守则、医疗保险部门报销制度等。

三、中医精准医疗的优势

精准医疗注重个性化，中医精准医疗理念是根据不同患者的需求，制定最适合的治疗方案。精准医疗的概念最先在国外提出，是医学领域一个新兴的发展方向，提供一种"量身定制"的治疗方案。中医中的辨证治疗属于一种个性化的治疗方式，其核心内容与中医精准医疗的主要内容相一致。中医精准医疗离不开中医学理论的指导，需要系统的中医知识作为基础。推动中医药实现现代化发展，必须实行精准医疗，发挥出精准医疗的绝对优势。在影响人类健康全局方面，中医精准医疗和个性化治疗具有一定的内在同一性。

推动现代化的医疗技术与服务的改革，必须提供一种精准化的医疗服务，在合理规划和利用医疗资源的基础上，利用大数据背景下的精准医疗模式，分析和关注患者的病症信息。中医精准医疗服务是一种新的诊疗模式，能够通过吸收传统医疗服务的优势，并结合现代化的先进信息技术和理念，使现代化的医疗服务水平得到明显提升。当前，我国的精准医疗服务存在许多的挑战和不足，实践理论还不够深入和完善，需要进一步发展。

（一）中医与西医精准医疗理念差异

中医精准医疗和西医所推崇的精准医疗有一定的区别，虽然都具有个性化的治疗特点，但是无论在诊断还是治疗上，各自有各自的理论体系，属于两个派别。中医精准医疗的理论基础是以一种整体性的思维，运用科学的方法对全局加以把握；西医精准医疗则是停留在微观层面，运用还原论的方法。两者的技术不同，西医精准医疗中常用的技术手段是基因组测序，奥巴马政府提出的"精准医疗"计划采用的方法就是招募大量志愿者来进行基因组研究；中医精准医疗注重动态化的调节，也将西医的客观数据融入医疗当中，是一种深层次和高维度的"量身"。两者在治疗理念方面也有很大的不同，中医精准医疗运用的是一种系统化的辩证思维，与传统干预方法结合起来，进行整体调节，西医精准医疗依赖于分子靶向治疗，会采用一些抗体偶联药物。

（二）传统中医理论与精准医疗

分析传统中医理论，可以发现"证"是一种变化的过程，随着体内病情的演变而不断发展。人们认为它与个体体质差异存在很强的关联，是疾病的本质特征。中医精准医疗服务与传统医疗服务相比，具备更加准确的判断特点，能够依靠大数据和互联网的优势，制定出最优的一种治疗方案。中医精准医疗理念和中医中常说的"同病异治""异病同治"的思想不谋而合。传统中医对患者展开治疗，医生首先采用的是"望闻问切"的方式，通过临床积累的一些经验对病症进行辨析，但是这种治疗流程缺乏客观的评价体系，也没有客观地记录各种信息，不具备一定的可重复性与较高的可信度。在理解中医药客观性的基本要求上，思考如何发展中医精准医疗，突出中医精准医疗的优势，这是当前我们面临的新挑战。中医精准医疗的理论基础是中医药知识体系，采用系统生物学技术、分子影像技术等手段，以传统中医"望闻问切"为诊疗基础，结合病人所居住的生活环境，对患者的病症进行精准的分析与判断，从而为患者制定个性化的治疗方法与康复方案，具有疗效显著和安全性高的特征。中医精准医疗规划立足全方位、系统化以及全过程，是一项长期系统的工程，通过数据和测序工具的有机结合，实现技术上优势突出的中医精准医疗。

（三）中医精准医疗服务类型

诊断是中医精准医疗的一个重要方面，诊断是治疗的基础和前提，只有具备精准的判断，才能有效地完成接下来的治疗。当前，分子诊断是精准医疗当中最常见的诊断模式，以电子病历的形式收集与记录病人的信息，从生物样本库中对患者的分子层面采集信息，将收集的信息进行整合分析，更有利于诊断报告的准确性。诊断出病情之后，对疾病发展的方向就有了大致的了解，可以及时制定出应对措施，能够有效防止病情恶化。

经过精确的诊断之后，就要进行科学准确的治疗。一种疾病在不同的个体中会有不同的表现，精准医疗能够对症下药，提供最佳的治疗方案。对不同状况的病人提供精准护理时，要体现以患者为中心的思想，不同的患者的医疗需求不同，中医精准护理是以病人的需求为基本，用专业性的医疗护理为病人提供服务。同时，研发特异性药物也是中医精准医疗的主要内容，是推动中医医药改革和发展的有效途径。在给病人制定用药方案的时候，需要对患者的病因进行具体的分析，在追求最大疗效的基础上，保障患者的医疗安全，尽力减少特异性药物的副作用。精准医疗的有效药物是靶向药物，建立在精准诊断、治疗以及护理的基础上，最终以实现精准医疗，为患者减轻医疗负担为目标。

（四）优化中医精准医疗服务采取的措施

1. 为患者提供精准的分级诊疗

中医实现精准医疗的有效措施，就是以分级诊疗的方式，通过网络化的合作手段为患者提供精准医疗。分级诊疗所采用的办法是针对患者患病的严重程度不同，制订有差别的功能康复计划。如果患者的病情好转，或者转为相对稳定的状况，则可以将患者分批次转到相应的社区医院接受更进一步的治疗；一些正处在接受治疗阶段的病情较严重的病人则需要进行专业的特殊护理，以提供更为全面和高标准的医疗服务；如果是病危的一类患者，他们更多的是需要人文上的一些关怀。对于慢性病发病率高的老年人群，需要给他们专业的护理和医疗康复指导，为其进行定期的体检，了解病情的进展，采取对应的治疗措施[1]。此外，应该关注患者的情绪，缓解患者的心理负担和压力，给予情感上的关怀和安慰。中医精准医疗需要互联网技术的支撑，将现代网络技术投入分级诊疗当中，从而获得较为精准的有关信息，在诊疗过程中对治疗效果进行密切的监督，根据出现的病情变化调整治疗方案，达到更加精准的中医医疗效果。

2. 开通预约服务功能

提高医疗服务的效率，可以实行预约服务，从而节约患者看病等待的时间，

---

[1] 范美玉. 基于大数据的精准医疗服务模式研究 [D]. 武汉：华中科技大学，2016.

通过预约服务，医生能够提前了解就诊患者的基本状况，对接下来的治疗有了一定的准备，同时也能创造医院安静的环境，避免人流量多而嘈杂。预约服务只是针对病情平稳或轻微的就诊者而言，如果是急重症患者是不需要进行预约服务的，因为这样有可能错过最佳的治疗时间。不管是每天对患者的日常护理，还是一些个性化的服务，甚至是在饮食方面，都应该根据患者的实际需要而采取有效的服务措施。

3. 实行精准医疗的个体化

（1）加强预防的个体化

在对疾病的预防当中，需要建立一个精准的院前预防和处理系统，这是建立在医疗信息库的基础上[1]，将人种、居住环境、地域差异、职业特点以及气候变化等纳入分析系统中，综合基因的多样化和个体体质的不同，以分子学为基础，掌握病种的易发因素，系统分析人群的疾病发病特点，从而制定精准的疾病防治方案。对于具有高发病率的疾病而言，应该对此类患病人群进行定期的筛查，形成预警模式，时刻防患于未然，这样能够有效阻止疾病的发生。中医学里的《黄帝内经》就体现了"治未病"的思想，我国古代医学家孙思邈也强调"治未病"的重要意义，从古至今，一些大家对于"治未病"如此重视，可见这种思想具有科学性与合理性，能够给人们带来价值。"治未病"思想充分展现了中医学理论当中的"整体观念""辨证施治"，不仅基于这些原则，还在对整个过程实施预防的同时，考虑个体的差异化，分析疾病发生的原因、性质以及规律，以个体化和整体化为原则，具体规划诊疗方案。可以总结出，精准医疗也注重"治未病"理念，中医辨证施治中构建具有个体化特点的"治未病"诊疗体系，中医精准医疗预防体系也包含同样的思想内涵。

（2）加强诊断的个体化

中医精准医疗诊断建立在精确的诊断管理系统的基础之上，不仅需要拥有个性化的医疗理念和医学研究方法，还需要具备诊断分析仪器设备，依赖现代医学技术发展的成果，实现医学的精准诊断，制定出个体化方案。个体化的差异始终

---

[1] 贾龙，张华. 论精准医疗对中医辨证施治的思维创新探析[J]. 中华中医药杂志，2017，32（12）：5270-5273.

是存在的，不同人的基因以及蛋白质结构和代谢功能都是不同的，不能所有的病人都共用一套预防治疗方案，应该在临床上实行差异化干涉，这样既可以降低可能存在的风险，同时也能早期开展疾病诊断。所有的治疗方案的实施都需要先进行精准的诊断，精准理念讲究的是一针见血，必须具备科学的评估细则以及精准的实施计划。在中医学理论中，辨证施治可以使我们清晰地认识疾病，对疾病资料进行辨析，利用这种思维展开诊断，中医的辨证施治理念可以运用到精准医疗当中。

（3）加强治疗的个体化

精准治疗需要建立在人体基因组和蛋白组学基础上，充分利用现代科学的有关技术，评估个体的疾病风险等级以及全身状况，也可以借助精确的仪器设备，实现精确的个性化治疗干预。从宏观角度出发，必须把握疾病发生的本质特征，采取有针对性的个体化治疗措施，特别是对于一些处方药，更要体现医生的个体化观念。很多疾病的发生以及发展都受到气候、体质差异、年龄以及居住环境的影响，在对患者的治疗进行分析时应该综合考虑，只有因地制宜、因人制宜和因时制宜，才是完善的治疗计划，这体现了中医精准医疗中个性化融入治疗中的思想。辨证施治中的"同病异治""异病同治"体现了精准治疗的核心内涵，展示了精准治疗理念的实质。面对同一种疾病，不同的个体所包含的基因组的分子结构信息不同，而同一个体患不同的疾病，可能具有相似的分子学信息，针对这类情况应该采用个性化的精准治疗。

（五）落实中医精准医疗服务

1. 精准预防的应用

"治未病"是中医中的一种非常宝贵的疾病预防思想，应当充分利用这种理念开展个体化的预防保健和中医康养，在防治中展现出中医的预防思想。精准医疗计划是一种新的医疗模式，融合生物大数据，考虑了个体的差异化，能够对重大疾病开展早期的预选和筛查，对亚健康状态做出及时的调整，达到精准预防的目的。在中医精准预防中，最重要的一点就是要辨识个体体质的差异，了解不同个体对于疾病的不同表现，这是做好精准预防的基础，因为易感基因在被外界环境激活后，疾病的发病和转向受到体质的影响。目前西医的医疗模式大多重视对疾病的治疗，而忽略预防疾病以及机体的康复，这是医学发展理念上需要改变的地方。对中医"治未病"思想应该全方位地进行宣传和倡导，并充分展现在医疗服务中，及时对疾病进行精准预防，构建个体化和常态化的中医精准预防体系。

2. 精准诊断的应用

随着医学的不断发展，更多的医学诊断方式应用到了临床实践中，如再生医学、免疫治疗以及生物大数据等，这些诊断技术的出现有助于精准医疗的实施。精准医疗依据个体患病的特点，寻找特定的靶向位点，对疾病做出精准的诊断和治疗。精准诊断可以与中医辨证施治相结合，减轻中医"证候"论治的复杂化，有助于实现标准诊断。单纯分析"证候"的发生发展规律以及特征，是具有一定难度的，如果将精准医疗的细胞化学、基因调节等方面的技术应用到分析当中，将是中医辨证施治的完善和发展，对精准诊断具有很好的辅助作用。

3. 精准治疗的应用

精准医疗在实践当中与辨证施治内容有许多重合的地方，但是辨证施治在实践中存在一定的不足，依靠中医传统的治疗方式和手段无法进行精准用药和治疗。在没有精确诊断之前，盲目使用药物不仅会造成一些医疗资源的浪费，而且会给患者的身体带来伤害和副作用。将精准医疗的个性化治疗理念和辨证施治有机结合，可以获得事半功倍的效果。根据不同患者的药物效应，选择一种最佳的药物和剂量，可实现中医精准医疗的科学化治疗。

第二节 河北与其他省份中医医疗卫生资源配置对比

一、总体情况概述

（一）国家与河北省中医医疗资源概况

能称为中医药强省的一个非常重要的因素就是人民群众有获得所需要的中医医疗服务的充分机会，这与中医医疗机构数量、分布广度、医师数量与水平以及设施配备密切相关。通过调查研究，全面掌握河北省中医医疗卫生资源的配置情况，并与其他省份进行对比分析。

2016年2月，国务院印发的《中医药发展战略规划纲要（2016—2030年）》提到："中医药作为我国独特的卫生资源、潜力巨大的经济资源、具有原创优势的科技资源、优秀的文化资源和重要的生态资源，在经济社会发展中发挥着重要作用。"同时明确提出，到2020年，实现人人基本享有中医药服务。全面建成以中医类医院为主体、综合医院等其他类别医院中医药科室为骨干、基层医疗卫生机构为基础、中医门诊部和诊所为补充、覆盖城乡的中医医疗服务网络。2017年7月1日，《中华人民共和国中医药法》的正式实施，是中医药行业发展重要的里程碑。十九大报告指出，实施健康中国战略，为老年人提供连续的健康管理服务和医疗服务。随着人口老龄化进程的加快，健康服务业蓬勃发展，人民群众对中医药服务的需求也越来越旺盛。因此，提高中医资源分配的公平性，也是对十九大报告的良好呼应。

在《2016年我国31省份中医类医院配置公平性分析》一文中明确提到，中医类医院财政拨款在各省之间存在一定的差异。中医类医院财政拨款占医疗卫生机构之比最高的省份数据为内蒙古自治区的10.39%，最低为辽宁省的3.78%，平均值为6.33%，比例最高者是比例最低者的2.75倍，极差为6.61%，说明各省份之间财政在中医类医院与医疗卫生机构的投入比例差别较大。各省对中医的财政投入公平性较高，但从中医类医院财政拨款占医疗卫生机构之比最高不超过11%可以看出，对中医类医院的财政投入远低于对其他非传统医学的投入❶。在各省中，中医类医院财政拨款占医疗卫生机构之比的均值为6.33%，低于该均值的省份有17个，不同省份对中医的重视程度也相差甚远。研究表明，我国中医类医院资源分配的不公平主要是省际的不公平。针对我国正在建立社会主义市场经济、人口众多、地域经济差异较大、城乡二元结构的基本国情，在进行医疗卫生资源配置公平性评价时，可以根据各区域经济社会发展水平、居民健康素质、基

---

❶ 王溪，郭艺玮，白倩，等.2016年我国31省份中医类医院配置公平性分析［J］.中国医药导报，2019，16（22）：174-177.

本医疗卫生服务等不同情况，进行分组设计与数据处理，以尽可能减小偏差❶。

同兄弟省份比较，河北省的中医药强省差距明显。国家中医药管理局2018年统计数据显示，河北省万人口中医类医院床位数为6.80张，位于全国第19位（见图7-2-1）。河北省中医执业（助理）医师3.4万人，万人口比例为4.51，位于全国第10位（见图7-2-2）。河北省公办中医类医院院均总收入为10536万元，位于全国第20位（见图7-2-3）。

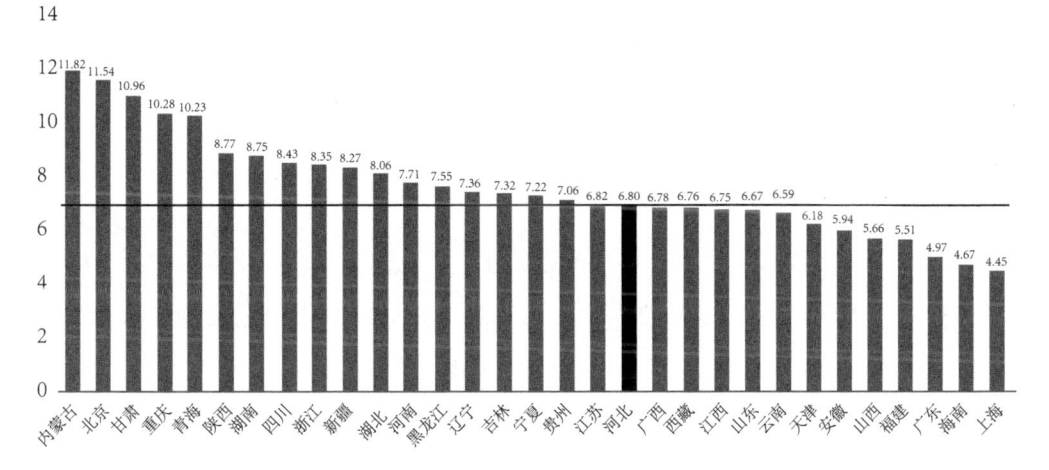

图7-2-1 2018年各地区万人口中医类医院床位数对比图

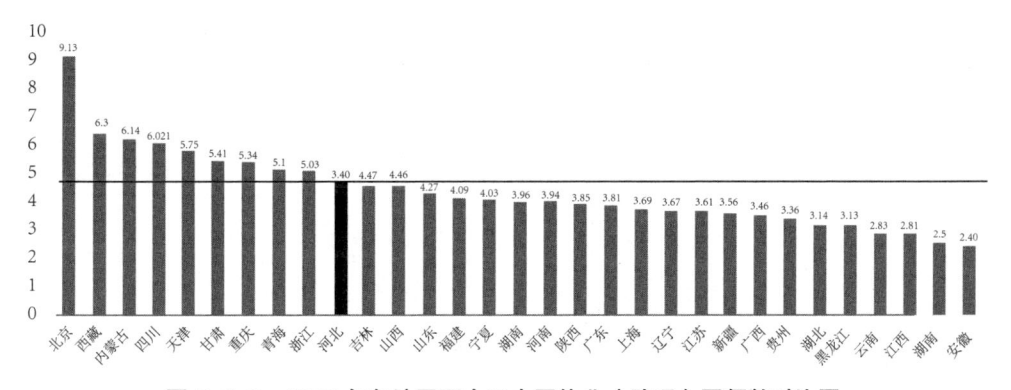

图7-2-2 2018年各地区万人口中医执业（助理）医师数对比图

---

❶ 赵红，王小合，应心，等. Lorenz曲线和Gini系数在卫生资源配置公平性评价应用中的几个问题与思考［J］. 中国卫生经济，2012，31（4）：25-27.

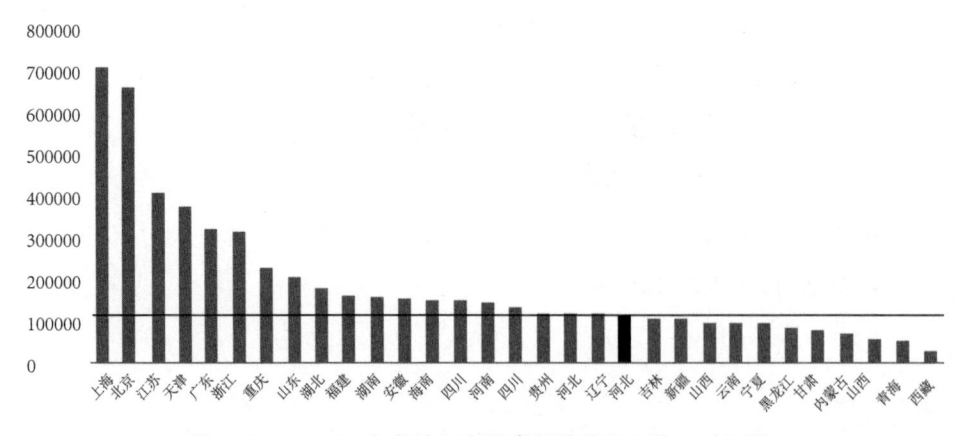

图 7-2-3　2018 年各地区中医类医院院均总收入对比图

（二）与全国中医类医疗机构比较，龙头机构明显匮乏

2019 年艾力彼医院竞争力排行榜数据显示，全国中医类医院排名中前 30 名，河北省无一入榜，前 50 名有 2 所医院入榜，分别为河北省中医院排名第 35 位、沧州中西医结合医院排名第 37 位（见图 7-2-4、图 7-2-5）。

2019 年 2019 年艾力彼医院竞争力排行榜（前 40 名）

1	广东省中医院	21	佛山市中医院
2	江苏省中医院	22	武汉市第一医院
3	中国中医科学院西苑医院	23	浙江省立同德医院
4	上海中医药大学附属龙华医院	24	广西中医药大学第一附属医院
5	中国中医科学院广安门医院	25	黑龙江中医药大学第一附属医院
6	上海中医药大学附属龙华医院	27	福建中医药大学附属人民医院
7	广州中医药大学附属第一中医院	28	中国中医科学院望京医院
8	北京中医药大学东直门医院	29	新疆维吾尔自治区中医医院
9	天津中医药大学第一附属医院	30	湖南中医药大学第一附属医院
10	辽宁中医药大学附属医院	31	江西中医药大学附属医院
11	浙江省中医院	32	甘肃省中医院
12	重庆市中医院	33	成都市第一人民医院
13	湖北省中医院	34	黑龙江省中医院
14	成都中医药大学附属医院	35	河北省中医院
15	首都医科大学附属北京中医医院	36	深圳市中医院
16	长春中医药大学附属医院	37	沧州中西医结合医院
17	山东中医药大学附属医院	38	河南省中医院
18	河南中医药大学第一附属医院	39	西南医科大学附属中医医院
19	安徽中医药大学第一附属医院	40	北京中医药大学东方医院
20	上海中医药大学附属岳阳中西医结合医院		

图 7-2-4　2019 年艾力彼医院竞争力排行榜（前 40 名）

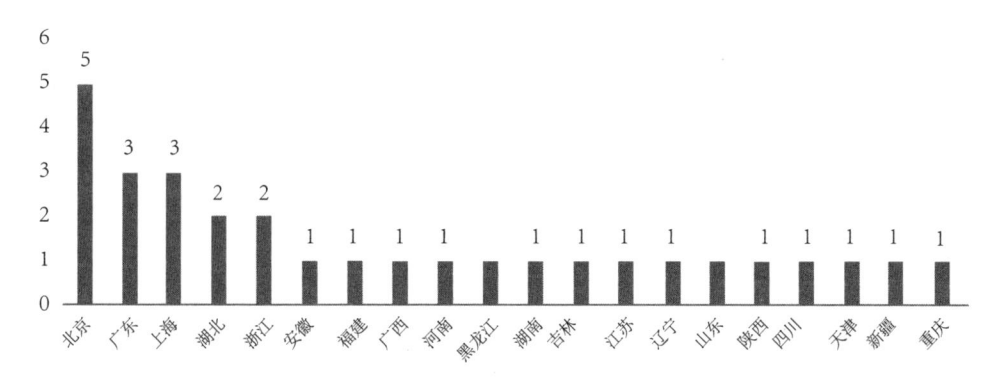

图 7-2-5　2019 年艾力彼医院竞争力排行榜前 30 名医院各地区分布图

（三）省级中医药工作联席会议机制

目前，24 个省市（区）已建立省级中医药工作联席会议机制，分别为北京、天津、河北、山西、内蒙古、辽宁、吉林、黑龙江、上海、江苏、安徽、福建、江西、山东、河南、湖北、广东、广西、海南、四川、贵州、云南、陕西、甘肃。未建立联席会议机制的地区中，浙江、新疆曾建立，新疆目前正在重新报批。

二、河北省内现状的多维度透视

2019 年较 2009 年河北省中医类医院机构数增加 98 个，增长 51.04%，总体呈上升趋势；编制床位增加 22951 张，增长 99.14%，2009—2016 年每年增加 1000～2000 张编制床位，从 2016 年开始每年增加 3000～5000 张床位，总体呈上升趋势；实有床位增加 32260 张，增长 144.62%，平均每年以 2500～5000 张床位数增长，其中特需服务床位 2009—2019 年增加 94 张，负压病房床位增加 38 张，2015—2016 年增长最为迅猛（见图 7-2-6）。这些对河北省整体中医能力的提升做出了极大贡献，有利于让患者享受到更好的医疗服务，同时也对河北省中医的普及和推广起到了很大的推进作用。

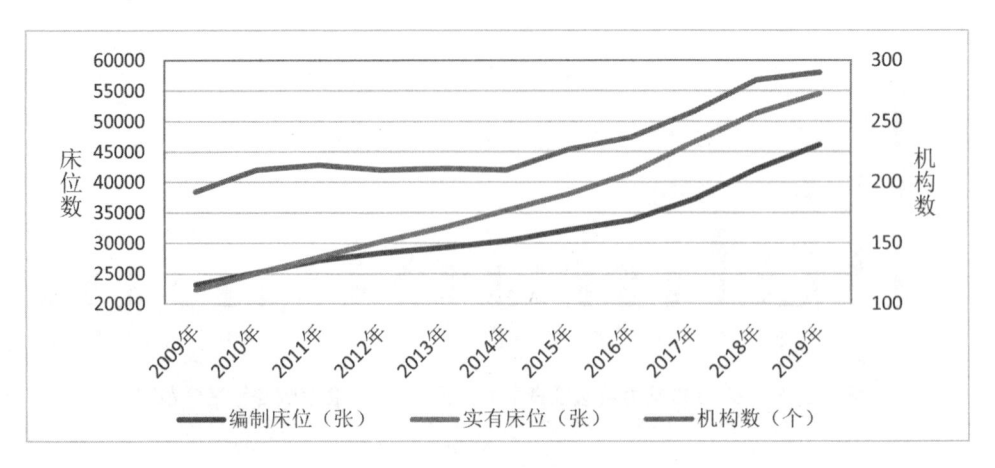

图 7-2-6　河北省中医类医院机构、床位数变化图

2019 年较 2009 年河北省中医类医院卫生技术人员增加 26371 人，增长 111.28%，平均每年增加 2000～4000 人，2017—2018 年增加最为迅速；执业医师增加 9685 人，增长 107.84%，执业助理医师增加 494 人，增长 25.40%，其中中医类执业医师增加 4530 人，增长 115.33%，中医类执业助理医师增长 141 人，增长 28.54%，总体都呈平稳上升趋势（见图 7-2-7）。卫生人才队伍得到了充实，极大地提升了医院的医疗服务能力，让患者可以得到更好的治疗与照顾。

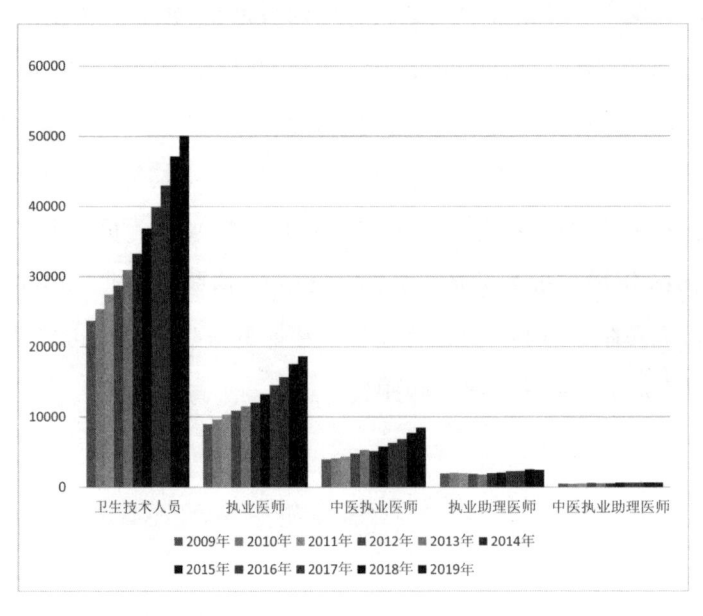

图 7-2-7　河北省中医类医院卫生技术人员数

2019年较2009年河北省政府办中医类医院按地区分院机构数总体增幅较小；2009—2019年总收入增加93721.41千元，增长417.78%，2016—2019年总收入增幅较大；总支出2009—2019年增加90756.95千元，增长420.61%，2016—2019年增幅较大，总体来说，总收入和总支出都呈上升状态（见图7-2-8）。由于收支结余是体现医院收益能力的主要指标，由此可以看出河北省政府办中医类医院的收益能力是在不断提高的，表明中医医院的医疗服务能力是在不断增强的❶。

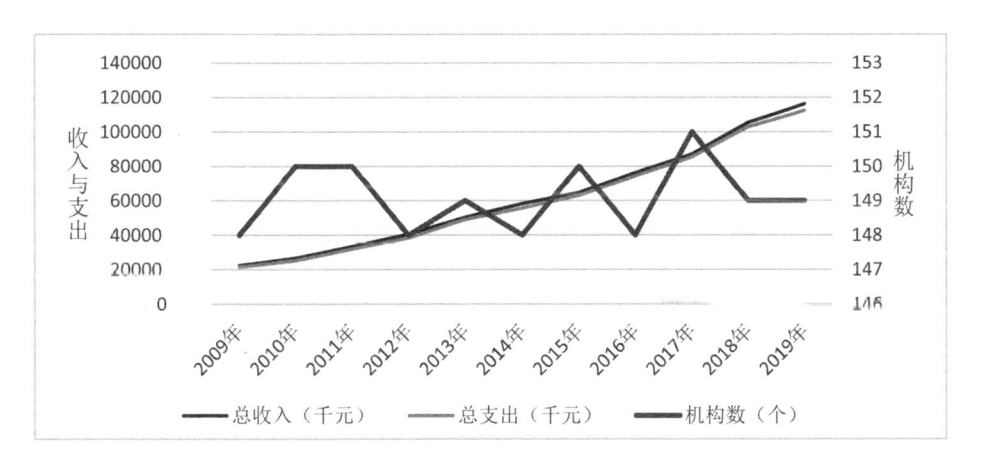

图7-2-8 河北省政府办中医类医院按地区分院均总收支情况

2012—2019年河北省政府办中医类医院按地区分院门诊收入增加22526.02千元，增长169.65%，平均每年增加2000~4500千元。由数据可看出，2018年和2019年收入增加最快，其中药品收入增加12177.09千元，增长174.14%，检查收入增加3404.27千元，增长113.39%，化验收入增加1889.87千元，增长187.84%，总体都呈上升趋势（见图7-2-9）。河北省政府办中医类医院门诊收入的持续上升❷，有利于医院对设备进行更新和对医疗技术进行改进，从而促进患者诊疗效果得到增强。

---

❶ 耿书培.河北省公立中医医院经济运行情况分析[J].统计与管理，2017（10）：95-96.

❷ 黄丽华.医院门诊收入的统计分析[J].中国卫生统计，2006（4）：382.

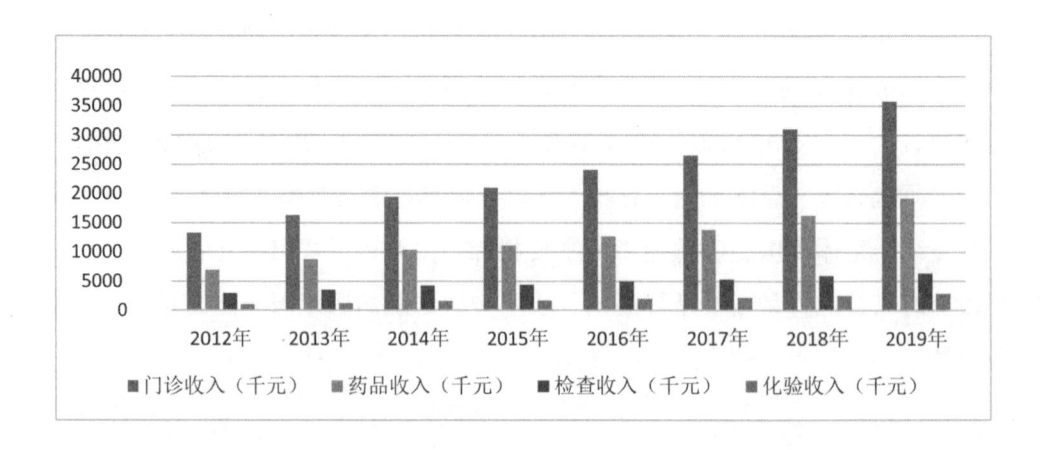

图 7-2-9　河北省政府办中医类医院按地区分院均门诊收入情况（2012—2019年）

2019年较2009年河北省政府办中医类医院按地区分门诊患者平均每诊疗人次医疗费增加107.29千元，增长111.20%，平均每年增长10千~20千元，处于匀速增长的状态，只有2019年略微下降4.31千元。其中挂号费2009—2019年增加0.7千元，增长134.62%，药费增加59.56千元，增长120.23%，检查费增加13.76千元，增长60.62%，治疗费增加12.38千元，增长151.90%，均处于稳定上升状态（见图7-2-10）。门诊患者负担的稳定上升一定程度上体现了医改发挥的积极作用，但医院还需要继续加强管理，减轻患者就医负担，从而提高公众健康水平。

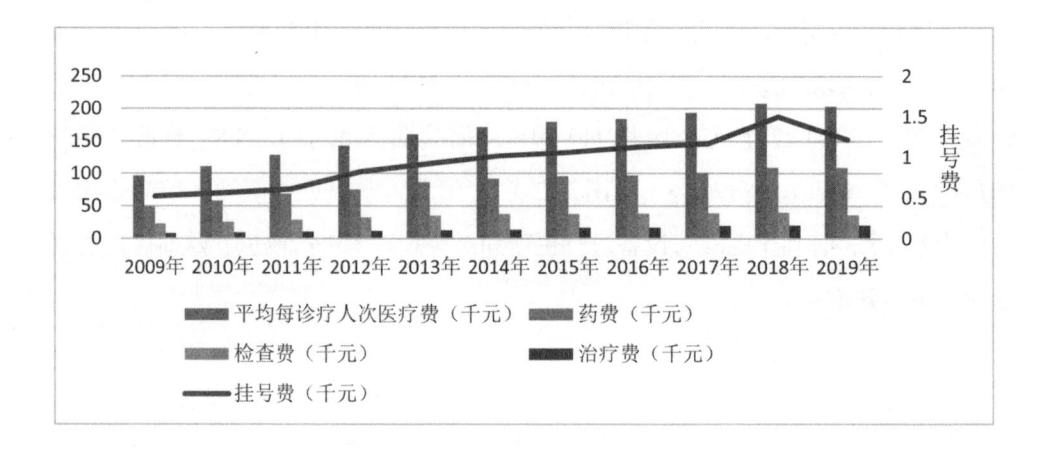

图 7-2-10　河北省政府办中医类医院按地区分门诊患者负担情况

2019年较2009年河北省政府办中医类医院按地区分住院患者出院者人均医疗费增加4072.2千元，增长127.56%，平均每年增加300～500千元，数据上升比较稳定，其中2019年较2009年床位费增加126.18千元，增长75.97%，药费增加925.84千元，增长59.06%，检查费增加578.59千元，增长266.41%，治疗费增加670.12千元，增长134.08%，手术费增加28.71千元，增长11.53%，出院者平均每天住院医疗费增加434.4千元，增长115.46%，都处于稳定上升状态（见图7-2-11）。住院患者医疗费用的稳定上升，一方面是由于医院运行成本逐年增长，另一方面是面对这种情况，全体医务工作者应充分认识到做好控制医疗费用不合理增长的必要性和责任感，自觉落实医院的社会责任和公益性。

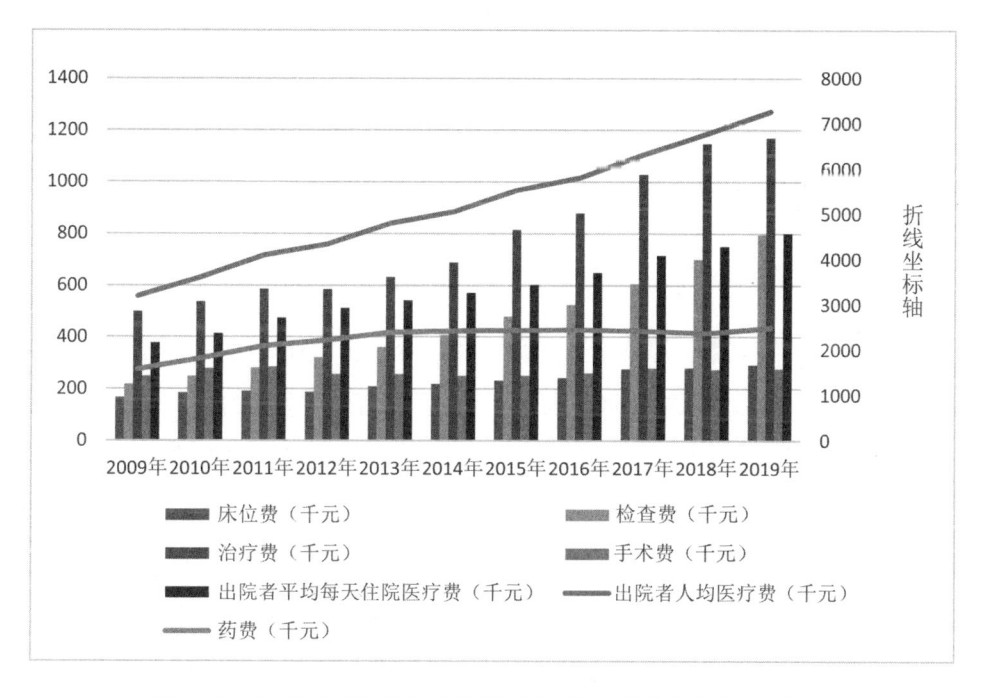

图 7-2-11 河北省政府办中医类医院按地区分住院患者负担情况

2019年较2009年河北省政府办中医类医院按地区分医院医师人均担负年诊疗人次增加371.89人次，增长33.67%，2015年和2018年数据均下降20人次左右，2019年人次上升较快；2019年较2009年医师人均担负年住院床日增加192.7日，增长35.36%，2015年和2019年分别下降19和14人次，其余均处于小范围上升状态;医师人均每日担负诊疗人次增加 1.48 人次,增长 33.64%;医师人均每日担负住院床日增加 0.53 日,增长 35.57%(见图 7-2-12)。医院医师工作效率的提高,明显增强了医院服务的能力,扩大了服务范围,减少了医患纠纷,提高了患者的就医满意度。

图 7-2-12　河北省政府办中医类医院按地区分医院医师工作效率

三、优化中医医疗卫生资源配置的措施

统筹东中西部卫生资源配置,优化资源配置结构,促进区域协调发展,部分东部经济发达地区的资源配置水平大大高于中西部经济欠发达地区[1];中医医院卫生资源配置呈现出两极分化的倾向,因此,统筹区域间资源配置差异,优化资源配置结构,使资源配置过高地区规模数量向资源配置过低地区倾斜,避免扎堆分布,促进区域协调发展,满足各地各层次中医药卫生服务需求。鼓励社会办中医医疗机构建立中医医联体。2018 年,民营中医医院占比超过五分之二,社会办医成为中医医疗机构的有力补充。积极培养中医药人才,优化各地区中医药人力资源配置,鼓励人才流动。全国中医院每千人口卫生技术人员已达到较高水平,但依旧存在区域配置不协调的现象。人力资源是撬动所有资源的首要资源,也是最为重要的决定性资源。政府积极培养新型中医药人才,建立高效的人才流动机

---

[1] 林锦慧,那丽,牟昀辉,等.全国中医医院卫生资源配置情况分析[J].中国卫生经济,2020,39(12):44-47.

制，鼓励中医药人才向人力资源缺乏的地区流动，促进各个地区中医药人才之间的经验交流。

河北省在《2021年全省中医药工作要点》中明确提出将通过深入开展党史学习教育、坚持依法发展中医药、推动重大举措规划出台等措施加强中医药治理体系和治理能力建设；通过推进深化医改中医药工作，进一步发挥中医药特色优势在健康河北建设和深化医改中的作用；通过实施重大基建项目、加强中医院内涵建设、提升基层中医药服务能力、推进中医药与养老和旅游深入融合从而优化中医药服务供给；通过加强中西医协同、做好疫情防控中医药工作、提高中医医院应急和疫病防治能力进而实现中西医协作水平的提升；通过加强高层次人才培养、加强基层中医药人才队伍建设、加强中医药院校教育和毕业后教育实现中医药人才队伍建设；通过加强中医药学术流派研究、加快推进中医药科技创新、促进中药材质量提高、推动中医药文化创新性发展实现中医药传承创新发展；通过深入推进冀台冀澳中医药交流合作、推动中医药融入"一带一路"实现中医药"走出去"战略；此外，还要巩固中医药扶贫成果，加强中医药信息化建设。

第三节　河北中医医疗机构服务能力提升的个案分析：河北省中医院

一、历史沿革

河北省中医院（河北中医学院第一附属医院）是河北省唯一一所集医疗、教学、科研、预防、急救、康复为一体的省级综合性三级甲等中医院。

医院历史可追溯到1970年11月河北新医大学六·二六门诊部成立，当时工作人员不足50人。1972年10月改为中医门诊部，1977年6月在此基础上成立了河北新医大学中医院。1979年改为河北医学院中医医院，10月，更名为河北省中医院，1981年2月21日正式开院，设有各种建制机构20余个，病区4个，固定资产 352 万元，医院职工人数 382 人，其中医务人员 318 人。1986 年医院基建规划基本完成，总建筑面积约 4.2 万平方米，其中医疗用房 1.93 万平方米。截至 2019 年底，医院占地 5.6 万平方米，医疗区建筑面积达到 13 万平方米，设临床医技科室 60 个，病区 41 个，固定资产 96681 万元，编制床位 1800 张，职工 2115 人。河北省中医院自建院以来发展至今实现了医院的蝶变式发展。

二、医院发展的内外部因素考量

（一）医院发展的外部环境

习近平总书记多次表示对中医药的关注，中医药是中华民族的瑰宝，一定要保护好、发掘好、发展好、传承好。2016 年习近平总书记在全国卫生与健康大会上提出，要着力推动中医药振兴发展，坚持中西医并重，推动中医和西医相互补充、协调发展，努力实现中医药健康养生文化的创造性转化、创新性发展❶。

河北中医药发展环境进一步优化，省委书记、省长多次对中医药工作进行专题调研，做出了重要指示批示。2011 年河北省人民政府出台了《关于振兴中医药事业的决定》，医院迎来了中医院发展的春天。省政府拨款 9000 万元，国家中医药管理局拨款 2000 万元，建设面积 35650 平方米的门诊医技楼并投入使用，极大地改善了患者就医环境；政府给予大力支持，投资约 3.5 亿元，2016 年综合病房楼投入使用，建筑面积 70200 平方米，病区增至 36 个，开放床位 1450 张，极大地优化了住院环境。

2017 年 12 月 1 日河北省第十二届人民代表大会常务委员会第三十三次会议通过了《河北省中医药条例》，河北省成为《中华人民共和国中医药法》颁布后全国首个完成中医药地方性法规修订的省份。2020 年 9 月 27 日上午，河北省中医药传承创新发展大会在有"药都"之称的保定市安国市开幕，会议决定大力推进中医药产业高质量发展，积极服务健康中国大局。会议强调切实把中医药发展

---

❶ 孙骐.公立中医医院经济管理绩效评价指标体系研究［D］.南京：南京中医药大学，2018.

摆在战略位置抓实抓好,加快中医药发展,是贯彻新发展理念、构建新发展格局和建设健康中国的实际行动,是满足人民对美好生活新期待的重要举措,是建设经济强省、美丽河北的有力支撑。

(二)医院发展的内部环境

2011年,在全国振兴中医药事业的大好形势下,医院步入快速发展轨道。2013年以孙士江同志为代表的医院新一届领导班子深入分析制约发展的核心问题,坚持"中西医并重"原则,一方面,提出"增强综合救治能力走中医现代化道路"的总体思路,研究制定并大力推进改变医院面貌的"十二件大事",另一方面,谋划实施五年发展规划、三年倍增计划和四年行动计划,明确提出了"发挥中医特色优势,提高综合救治能力"的办院方针。对医院的顶层设计,为医院快速发展指明了方向,加速了医院跨越式发展步伐。在人才梯队建设、医疗技术提升、先进设备的配备、信息系统的升级、科研教学等方面投入力度加大,医院发生了翻天覆地的变化,中医特色更加突出,综合救治能力显著增强,家园文化深入人心。短短几年,10个"国字号"医疗品牌落户医院,不断向国内知名现代化研究型中医院转型。

三、十年发展变革

中医药振兴发展迎来天时地利人和的大好时机,要切实把中医药这一祖先留给我们的宝贵财富继承好、发展好、利用好。河北省中医院抓住这一发展机遇,稳步推进医院各项工作开展,服务能力获得了很大提升。

(一)医疗质量不断提升,服务人次逐年增长

服务能力提升首先反映的是服务人次的大幅增长,从最初的日门诊量八九百人到现在的三四千人,从2010年年门急诊量348111人次到2019年的门急诊量1057340人次,增长了203.7%(见图7-3-1)。

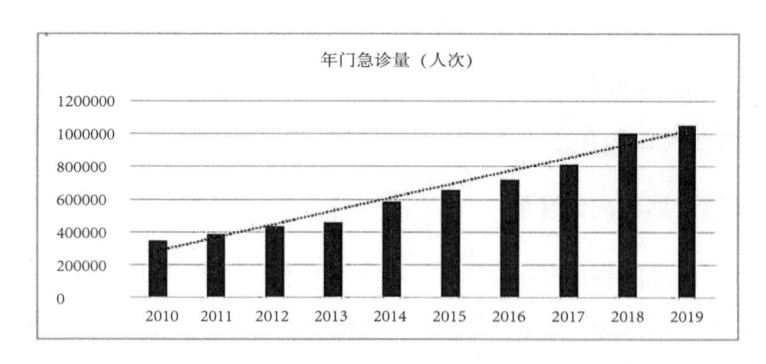

图 7-3-1　河北省中医院 2010—2019 年年门急诊量

随着医疗技术水平的提升和就医环境的改善，住院患者从过去"请他住"到如今"请他出"，住院人数从 2010 年的 10685 人次到 2019 年的 42194 人次，增长了 294.9%（见图 7-3-2）。

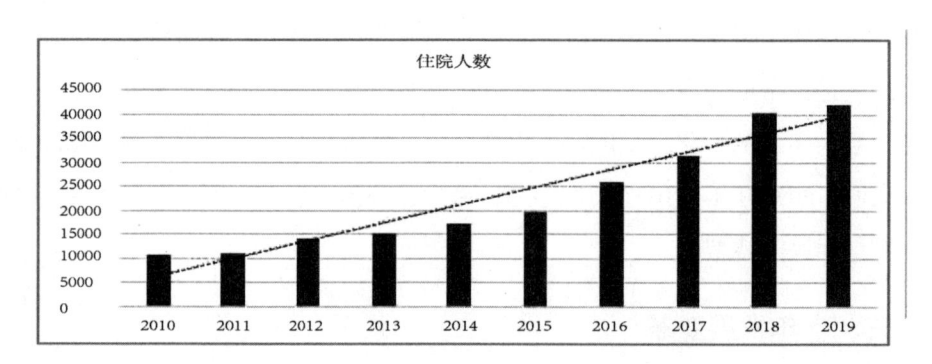

图 7-3-2　河北省中医院 2010—2019 年年住院人数

随着医院医疗水平的提高，就诊患者的增加，相应的医院业务收入从 2010 年的 19952.8 万元到 2019 年的 111291.3 万元，增长了 457.8%（见图 7-3-3）。

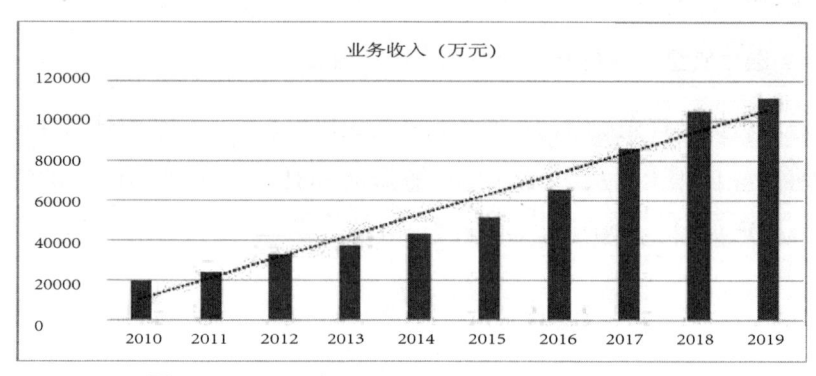

图 7-3-3　河北省中医院 2010—2019 年年业务收入

医院引进外科系统人才，建设大外科，先后建立了七个外科，三四级手术量逐年增长。手术例数从 2010 年的 1578 例到 2019 年的 8899 例，增长了 463.9%（见图 7-3-4），2019 年全年开展三级手术 2592 例，四级手术 1657 例。多学科急危重症联合诊疗建设初见成效，国家高级卒中中心、胸痛中心先后申报成功。

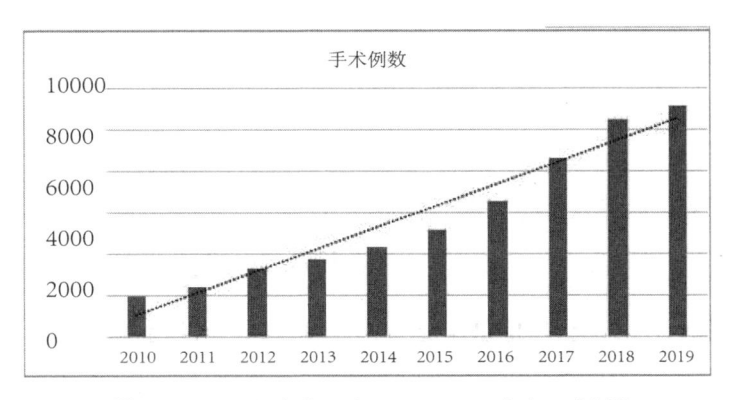

图 7-3-4　河北省中医院 2010—2019 年年手术例数

（二）加快信息化建设，实现科学化管理

2012 年以来，医院高度重视信息化建设，在医疗收费系统的基础上，不断提档升级，逐渐向高层次信息化管理模式迈进。按照医院的五年发展规划及年度医院信息化要求，制定了医院信息化工作方案，整体规划，分步实施，积极推进医院信息化建设。2012 年 8 月完成了新门诊医技楼机房建设与验收工作，9 月召开了全院信息化建设启动大会。自 2013 年以来，院领导高度重视信息化建设工作，累计投入 7000 多万元，加快信息化建设步伐。2013 年 7 月 20 日，一卡通系统、门诊医生站、门诊收费、门诊药房、药库等门急诊系统顺利上线，门诊排队叫号及自助设备系统陆续上线，信息化建设取得阶段性成果。2016 年，医院承建"中医馆健康信息平台"项目，成立了"河北省中医药数据中心"，建成国家 B 级标准机房，建筑面积 500 多平方米，拥有服务器 42 台、交换机 142 台、终端计算机 1000 多台。2017 年，执行公立医院医疗改革，整理各类数据 5 万余条，优化系统顺利完成，8 月 26 日启用新物价标准。2019 年初医院制定了"4543"建设目标，其中包括建设 4 个数据中心（管理数据中心、临床数据中心、科研数据中心、中医药数据中心），建设 3 套智慧模式（智慧医疗、智慧服务、智慧管理）。LIS（实验室信

息管理系统）系统升级改造上线运行，信息系统实现全面升级，以医院信息集成平台为核心的信息系统成功上线；逐步实行移动医护系统、康复数据库系统、医院精细化运营管理系统、病案数字化系统。同年以优异成绩通过中医馆健康信息平台项目国家首批验收，高分通过电子病历评级四级省级评审工作。2020年通过医院信息互联互通标准化成熟度测评四级甲等评审，申报电子病历5级评审。医院信息化建设的推进使患者的就诊流程更顺畅、医疗服务更高效、医院管理更精细。

（三）完善基础建设，优化就诊环境

为进一步满足患者日益增长的中医就诊需求，优化患者就医体验，先后建成门诊医技楼、综合病房楼以满足患者就诊需求，同时为了实现医院的跨越式发展，实现由传统型中医医院向研究型中医医院的转型，医院又建设了科研楼，为实现医院科教研一体化发展奠定基础。

（四）引进先进设备，提升综合救治能力

医院持续提升综合救治能力，直线加速器、伽马刀、手术机器人等大型诊疗设备相继投用，卒中中心、胸痛中心、创伤急救中心建设不断推进，三级手术例数同比增长35.8%，四级手术例数同比增长5.8%。

河北省中医院拥有第四代达芬奇手术机器人（见图7-3-5），是北方地区第一家、全国第二家引进达芬奇手术机器人的中医机构。它不仅推动河北省中医院外科手术进入升级版革命新时代，还标志着医院大外科综合救治能力再次跨越升级，标志着为患者朋友带来新的健康福音。

图 7-3-5　第四代达芬奇手术机器人

第四代达芬奇手术机器人具有独特的优势：一是应用范围广，在高级图像处理、应用范围、手术环境等方面都具有相较于传统人工手术更多的优良性能；二是切口创面小、出血少、恢复快、无痛苦、并发症少。目前，河北省中医院运用手术机器人能够为普通外科、心胸外科、泌尿外科、消化道外科、妇科外科的患者实施各类先进高端的微创手术。大外科七个科室稳步发展，屡创佳绩。

除此之外，医院呼吸重症专业顺利通过国家认证，VTE（静脉血栓栓塞症）防治项目被评为全国优秀，向实现"三零"目标迈出坚实一步，子宫内膜筛查中心成功建立，承办国际论坛奠定行业地位，中医现代化运行体系凸显优越性。放疗科半年接诊110例，绝大多数取得满意疗效；妇科、产科、新生儿科一条龙服务体系成熟运转，均创高难度手术历史纪录；120站点、急诊科、重症医学科、卒中中心实现无缝隙对接，抢抓机遇向国内知名现代化研究型中医院大步迈进。

（五）加强人才梯队建设，打造优质服务团队

医院2016年有高级专业技术人员275人，国医大师1人，全国名中医1人，河北省名中医8人，享受政府特贴专家11人，省管专家4人，全国老中医药专家学术经验继承工作指导老师7人，省老中医药专家学术经验继承工作指导老师18人，硕博导115人。医院设临床、医技科室61个，编制床位1800张，是第二批国家中医临床研究基地建设单位，拥有脾胃病科、肛肠科、肾病科、中医护理学4个国家临床重点专科（中医专业），肛肠科入选国家区域中医（专科）诊疗中心建设项目；拥有针灸科、急诊科、耳鼻喉科等7个国家中医药管理局重点专科；拥有骨伤科、呼吸科、心血管病科、皮肤科、治未病科等17个省级中医重点专科[1]。河北省中医院是河北中医学院附属医院、国家中医住院医师规范化培训基地、中医类别全科医生规范化培养基地，医院设14个教研室，承担18门课程教学任务。每年在院本科生600余人，硕士、博士研究生200余人，规培学员400余人。

河北省中医类医院人员2019年较2009年在岗职工数增加30965人，增长106.49%，每年增加2000～5000人，2014—2019年增长较为迅速，其中卫

---

[1] 周文平，范俊利.腾飞中的河北省中医院［J］.河北中医，2016，38（1）：2-3.

生技术人员增加 26371 人，增长 111.28%，其他技术人员增加 1833 人，增长 118.33%，管理人员增加 1251 人，增长 92.54%，工勤技术人员增加 1546 人，增长 61.40%，总体都呈上升趋势（见图 7-3-6）。中医类人才队伍数量和质量"双增长"，带动了医疗技术能力和医疗质量"双提升"，为健康中国建设提供了强大动力和坚实基础。

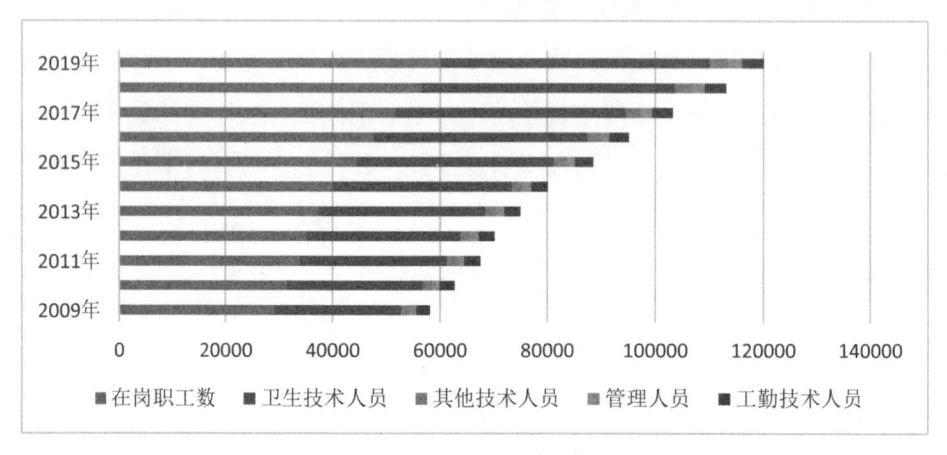

图 7-3-6　河北省中医类医院人员数

早在 2013 年，河北省中医院就开始进行战略谋划，后经充分调研、反复论证、资金筹措、人才引进、设备购置等，建立国际标准现代化放疗科。放疗科由归国学者、医学博士等人才组成实力雄厚的专业队伍，科室专家长期从事肿瘤及相关疾病的预防、诊断和治疗工作，在肿瘤及肿瘤相关疾病的诊断、放疗方面，具有较高的造诣和丰富的经验。科室拥有国际主流先进设备，结合中医经典理论和现代细胞与分子生物学研究成果，救治能力不断提高。

医院举办"冀星人才"培训班启动仪式，拉开了医院内部"西学中""中学西"两类人才培训工程的序幕。培训班为期 3 年，开设 900 学时课程，邀请国医大师、全国名中医、省名中医省内、外知名专家学者授课，旨在打造河北省中医界的"黄埔军校"。医院党委把培训办班与医疗活动等同对待，成立由党委书记亲任班主任的专门领导小组，党委书记亲自筹划、排课程、选教师、划拨经费、指导制定培训方案。培训课程分为"专业知识""急救技能""科研能力""管理知识"和"国学文化"五大版块，共三年 900 学时课程。培训班定期邀请国医大师、全国名中医、省名中医、省内外知名专家学者进行学术讲座培训；培训班的计划课程时间为3年，筑牢以中青年为主的临床科室医师业务基础，积极打造老中青三代有机融合的人才发展梯队，为医院的高质量发展保驾护航。

岐黄学者培养项目是国家中医药领军人才支持计划的一部分，旨在贯彻落实党和国家对高层次人才培养的相关政策，创造有利于领军人才成长和发展的环境，充分发挥领军人才的引领带动作用，逐步形成并壮大支撑中医药事业传承发展的高层次人才团队，推动中医药事业传承发展。"岐黄学者李应东传承工作室"在河北省中医院正式挂牌成立，助力了医院的人才培养。

（六）主动创新服务，对接网络平台

为积极响应党中央、国务院加快发展"互联网+医疗健康"的决策部署，落实国家中医药管理局《关于推进中医药健康服务与互联网融合发展的指导意见》，医院充分利用"互联网+"手段，建立符合健康中国战略的智能化医院，提升医疗卫生现代化管理水平，优化资源配置，缓解患者"看病难、看病贵"的问题。

1. 互联网医院开启无接触式诊疗新模式

河北省中医院2020年获河北省中医药管理局批准成立互联网医院，成为河北省首家中医互联网医院。平台开展慢性病与常见病的网上复诊、电子健康码全流程应用以及电子处方流转、药品配送等业务，首批注册互联网医院的专家有120余人。新冠疫情进入常态化防控阶段，医院作为守护人民群众健康的最后一道防线，承担着重要的责任。受疫情影响，很多患者居家隔离不能及时就诊，河北省中医院互联网医院通过提供在线复诊、网上缴费、志愿者送药上门等服务，为患者解了燃眉之急，也避免了患者到医院就医产生的潜在的交叉感染风险。

疫情防控期间，院领导紧急部署打通线上线下各相关系统，通过互联网医院平台，引导群众线上预约挂号，缴费后直接到门诊出示电子健康卡扫码就诊，简化了流程，减少了排队办理就诊卡的时间。通过线上全预约服务模式，真正做到了让群众少跑腿，信息多跑路。

2. 远程医疗平台助力分级诊疗

在远程医疗方面，医院已经开展远程会诊、远程教育、远程手术示教、远程心电、远程门诊、远程影像等多种业务，促进优质医疗资源高效下沉❶。构建远程医疗服务体系，融合5G技术，探索具有中医特色的远程医疗应用，落地省政协"卫生下基层"活动，努力为基层医疗机构和广大边远地区群众提供专家级的中医远程医疗服务，提升基层医疗机构的诊疗服务水平❷。通过平台双向转诊绿色通道，提高了急危重症救治的效率。截至2020年底，共开展各类服务1257次，辐射省内外170多家医疗机构，受众超过32000人次。在结对帮扶湖北期间，医院与襄阳、神农架远程医疗系统率先对接，为相关医疗机构进行远程影像判读227次，极大地缓解了当地医疗机构医疗资源紧张的问题。

3. 河北省海外华侨华人健康咨询服务平台——中医药走出国门的新窗口

医者仁心，新冠肺炎疫情肆虐全球的同时我们也牵挂着海外游子的安危，医院与省侨联合作上线了河北省海外华侨华人健康咨询服务平台，组织近百名专家形成了专家库，专门设置了新冠肺炎专科、呼吸、重症、急诊等多学科专家实时在线。许多从武汉回来和参加过抗疫的医护人员，化身志愿者为海外的同胞提供新冠病毒防治咨询，解答疑问。该平台及时便捷地为海外同胞、留学生提供中医药健康咨询服务的同时也对弘扬中华传统文化、中医药文化发挥了积极作用。平台用户遍及五大洲40多个国家和地区，为助力全球抗疫做出了中医贡献，得到了省人大侨办和外交部的肯定。平台不仅让海外同胞感受到了祖国的关爱，还为中医药走出国门开辟了新的渠道，是人类命运共同体的具体实践。

4. 互联网体检报告解读平台——权威专业的专家解读

为解决体检者拿到报告后很多指标和术语都看不懂的难题，医院上线了互联网体检报告解读平台，通过体检报告上传和患者描述向全社会提供中西医结合的健康指导服务。体检者可通过手机端上传报告，根据体检数据进行分诊，医院会邀请由国医大师、全国名中医、河北省名中医、医院名医堂专家及全院各科遴选的中西医专家、治未病健康干预专家组成的造诣精深的专家团为患者提供多学科专业的中西医结合健康养生方案。通过在线治未病服务，进行未病先防的有益探

---

❶ 王学成，侯劭勋. 互联网医疗前沿、实践与案例[M]. 上海：东方出版中心，2018.
❷ 何思长. 分级诊疗背景下成都市基层医疗机构发展现况调查.[D]成都：成都中医药大学，2017.

索。通过体检后的健康随访、健康教育等方式实现健康管理，达到预防慢性非传染性疾病，提高人民生活质量，降低医疗支出的目的❶。

通过几年的努力，医院在"互联网+健康医疗"中取得了可喜的成绩。这是一个全新的起点，要在新的起点上推进高质量跨越式发展，加快打造医院转型升级的强大引擎和新增长极。实干创造实绩，要以更务实的举措推进医院在新的起点上再出发。要贯穿线上线下一体化服务的理念，在优化顶层设计上再发力，以先进理念、切实思路拉开大框架，构建大平台，推动大发展，提升"互联网+健康医疗"的发展层次和水平。在医疗服务实践中一如既往地重视和关注人民群众的获得感，满足人民日益增长的美好生活需要，让人民从改革发展中获得实惠，为百姓健康保驾护航。

（七）增强服务意识，提高患者满意度

在"全国医疗服务评估评价大会暨改善医疗服务经验交流会"上公布的2020年度"患者、医务人员双满意"总排名中，河北省中医院名列中医医院类全国第五名，获"患者、医务人员双满意"优秀医院称号。医院自2019年连续两年获此项殊荣，和医院始终坚持党建引领、创新管理，充分发挥中医特色，持续提升综合救治能力是分不开的（见图7-3-7）。

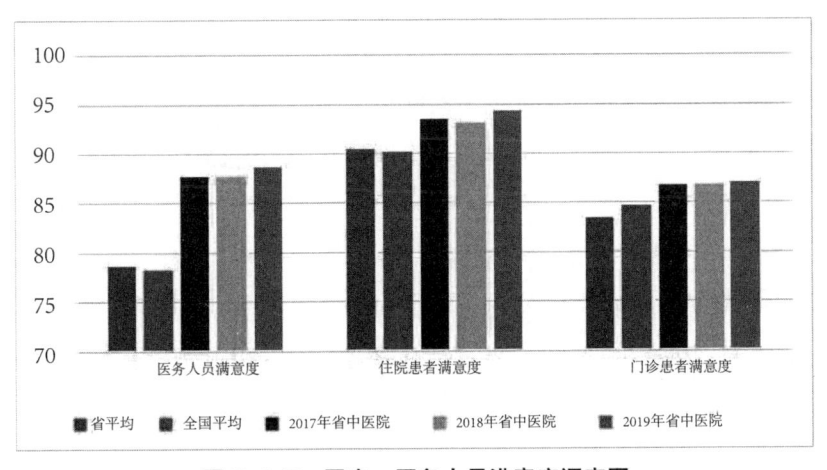

图7-3-7 医患、医务人员满意度调查图

---

❶ 杨芬芳，杨秀琴，李增芳，等. 体检人群信息库建设及健康管理模式的构想[J]. 医院管理论坛，2010，27（3）：58-61.

1. 狠抓党建，发挥公立医院的公益属性

在医院党委坚强领导下，医院坚持"防疫不放松、服务更优化"的服务宗旨，明确"四个到位、六个确保"工作法，以党建为引领，创新实施"六个一党建工作法"，形成党建工作金点子，推进开展"党员示范岗、党员责任区"活动；多措并举，在医疗、教学、科研、管理，服务多个方面取得优异成绩，取得了群众满意与医院发展双赢的优异成绩，并受邀在全国公立中医医院党建工作座谈会交流经验，得到国家局领导的充分肯定；面对新冠肺炎疫情，医院党委始终把疫情防控作为重大政治任务，闻令而动、科学部署、全力以赴。医院不断强化统筹调度，充分发挥医院党委的领导作用，科学研判形势，准确把握大局，高效、全面、深度参与疫情防控。持续优化、严格落实院感防控制度，充分发挥"哨点"作用，确保医院"零感染"。

2. 发挥中医特色，核心竞争力显著增强

为进一步落实医院"发挥中医特色优势、提高综合救治能力"的办院方针，在中西医结合上实现新突破，加快推进"中医有特色、西医不逊色"的发展进程。国家中医临床研究基地建设年度任务基本完成，国家区域（中医）诊疗中心建设稳步推进；7个国家级重点专科对标国家中医诊疗中心、17个省级重点专科对标国家级重点专科加快建设；全院临床路径覆盖病种进一步扩大，专病门诊数量和门诊中医治疗项目都将近达到2019年的3倍；院内制剂在研发使用、纳入医保等方面，均取得明显进展；医院全力实施重大项目，获批国家传承创新基地、国家疫病防治基地、国家级博士后科研工作站和省中医药循证医学中心，临床研究体系进一步完善。

3. 创新管理，医护服务能力大幅提升

河北省中医院创新医疗服务模式，六部门联合行动，提供预约诊疗、移动支付、结果查询、信息推送、自动发药、增设服务窗口等服务，大大缩短了患者的等候时间。

利用5G通信技术提供远程示教和远程指导，实现线上线下医疗服务有效衔接。实现了群众便捷就医、安全就医、有效就医、明白就医，优化了群众的就医感受和体验。规范诊疗行为，积极实施国家组织药品集中采购，减轻人民负担，将医改红利与百姓共享。

以"家园文化"建设为引领，积极打造"患者康复的家园、职工发展的家园"。实施"五大文化工程"，高标准建设院史馆、中药馆等文化环境，营造浓厚的中医药文化氛围。深入开展"药食同源饮食文化节""膏方节""优质服务年"活动和"请让我来帮助你，就像帮助我自己"全员志愿服务活动，讲好中医故事，形成品牌价值，满足民众的健康需求。

第四节 中医名家成长经历简述及启示

中医是一门探索研究人体发病机理、发病原因、证治诊断、治疗方法以及疾病预防的传统中国式医学学科。它是在古代简单朴素的唯物主义及自然辩证法的指导下，在漫长的历史长河中逐渐形成和发展起来的以治病救人为核心的医学思想体系，充分展示了中国古代人民与疾病不断斗争的无穷智慧和日渐积累的丰富实践经验及理论学识。在研究思路上，以整体观念为核心，以五脏六腑的病理生理为基础，通过比类取像的方式，对病人进行辨证施治，同时也更加注重预防和养生理念，具有朴素的分形论、控制论和系统论。不难看出，中国中医药文化传承历史悠久，博大精深，能够孕育出如此优秀的传统文化，必然是有这么一类足以让百姓信赖、堪称社会道德之楷模、勇于献身医药事业的人，"大夫""医者""郎中""医生"是对他们最美的称颂，他们也是万千百姓心中的敬仰，是生命的最后一道防线。在中医药文化传承与发展的历史进程中，理论基础与临床实践始终息息相关，历代的著名医家无不是兢兢业业于临床，洞烛先机，窥探诊治规律之格局，于妙手回春之余，勇创独到精辟之解。

燕赵之地，岐黄沃土。河北省作为燕赵文化的起源地，从古至今名医辈出。回望古时，扁鹊奠定四诊合参理论的基础，刘完素对火热论学说进行了详细阐述，李东垣开创补土派，提出脾胃论，张元素对脏腑辨证进一步完善，加之王清任创立的"消散、攻逐体内淤血以治疗淤血病症"的方法，张锡纯铸成彼时中西汇通学派之璀璨。观当下河北中医医学理论的新气象，也是人才济济，为业内推崇和尊敬。下面以三位现代中医名家为例，进行简要的概述分析。一位是创新发展"络病证治"理论体系和"脉络学说"，创立中医络病学新学科的中国工程院院士吴以岭；一位是开创浊毒理论的河北名中医李佃贵；最后一位是治学严谨、大医精诚的国医大师李士懋。

一、吴以岭

吴以岭，河北省衡水市人，是中医心血管和脑血管方面病症研究的领军人物，是中国工程院院士，同时也是我国络病学的开创者和脉络学说的领军者。吴以岭1982年毕业于南京中医院，获临床医学专业硕士学位，现任河北中西医结合研究院名誉院长、中国络病科学研究与中药材自主创新重点实验室负责人、国内心脑血管病核心权威专家委员会副主任委员、国家中医药管理局脉络病重点研究室主任、中国中西医结合委员会名誉主席、世界中医药学会委员会副主席等职务。

1949年，在河北省衡水市，知名医家吴世升的长子吴以岭出世，书香门第的吴家积累了大量古籍医书，使得吴以岭自小在医书的熏陶下受益匪浅。父亲吴世升也格外注重孩子的教育，让吴以岭从小就接受父母的教诲，他童年时期的许多时光都在潜精研思中医药中度过，五岁时就可以精记方剂，十三岁就可以精确鉴识两百余种中草药，并对药理效应洞若观火。吴以岭在这种白天随父出诊，晚上学习中医药典古籍的生活中长大，他利用三年时间，将《黄帝内经》《伤寒论》《金匮要略》等50多部晦涩难懂的中医药经典古籍的核心思想融入自己的脑海里，这也为其以后的临床医学研究打下了坚实的理论基础。

1977年我国恢复高考制度，仅在高中上过一年学的吴以岭完成了自己学习成长的首次飞跃，以优异的成绩进入河北新医科大学的中医专业研学。在高校就读的这段时光，吴以岭废寝忘食刻苦学习，刚进入大三时就将所有选修课程修学完成，同年以优异成绩进入南京中医学院，并成为该校的第一届硕士研究生，实现了学习成长的第二次飞跃。这段不平凡的学研历程也昭示着吴以岭后来非比寻常的发展经历。2009年，吴以岭不忘初心，以他为我国中医药行业建设所带来的不俗成就，当选中国工程院院士，以此实现了他人生的第三次飞跃，但这并不是吴以岭不平凡人生的最高峰，2019年，吴以岭被授予"全国中医药杰出贡献奖"，同时在人民大会堂内获得了当年中国国家科学技术进步一等奖的至高荣誉。

在攻读硕士期间，吴以岭对中医不断探索，认识到传统的"活血化瘀"仅仅是片面关注血液的黏稠度和凝固性，而没有关注到血脉自身病症的情况，同时注意到许多治疗相关疾病的药物并非消散攻逐淤血的药物，后受到清代著名医学家叶桂有关思想的启发，在继承先人学术观点的基础上，吴以岭逐渐展开对脉络病学的研究，初次构建"络病证治"体系，首创"气络学说"和"脉络学说"，形成独一无二的络病理论，开创中医络病学的新学科，以络病基础理论为具体指导，制定治疗心血管疾病的有效方法，并通过临床循证医学研究确认疗效的准确性，从临床医学到创新理论，再到后来的相关药物研究与实际病症适用，最终研究得到针对心脑血管病症的参松养心胶囊、芪苈强心胶囊等，同时得到了我国医药发明研究认可，是世界级具有创新能力的研究成果。

谈及中医的关键组成部分——经络学，吴以岭说，大多数人都知道经络是什么，但经络中的"络"具体是什么，什么是"络病"，如何去治疗"络病"，即使是学中医的也未必能说清楚。吴以岭从这个问题出发进一步指出，络脉要从泛说和详说上区分。泛说上经络是指联系五脏六腑和外表的通道，但详尽而言，又是指经络分为运行血液脉络（脉络）和运行经气气络（经络的络）两个方面❶，这也是学科的两个方向。目前阶段大家所研究的是络脉学科的其中一个方面脉络，指的是中小毛细血管和毛细血管。对于进一步细化的络脉分支，与西医上所讲的对血管和神经逐渐细化分支的理论大致相似。中医络脉层面的划分，包括西医毛细血管和神经系统的定义。经络、气血瘀阻与毛细血管表皮知觉障碍基本一致；经络瘀阻等同于西医的动脉粥样硬化；心肌梗死或脑血栓形成、冠心病等同于中医的络脉瘀阻。

在著作《络病学》一书中，吴以岭认为，心脑血管生成的首要因素是络脉阻塞、络病痉挛和瘀血阻络。络脉阻塞相当于血管阻塞，络病痉挛与血管痉挛相似，瘀血阻络相当于血管硬化和血栓形成。血管硬化、血管痉挛、毛细血管阻

---

❶ 吴以岭教授访谈：络病与心脑血管病的治疗[J].健康大视野，2006（7）：40-41.

塞，西医上药物治疗需要多种并行，而中医通络法治疗一般采用一种药物可以处理三个层次的问题。心脑血管疾病的预防必须严格把控预防、治疗和康复三大门关。在保持稳定生活习惯、做好预防的同时，重点针对高脂血症、高血压、高粘血症患者，开展降血脂、抗凝，加强对毛细血管内皮药物的干扰，断开心脑血管初始阶段；对心脑血管疾病患者，治疗主要包括改善凝血、改善毛细血管表皮、抗心肌梗死、溶解静脉血栓等；对于预后病情稳定后如何避免复发，还要用鸡尾酒疗法多方位多角度用药。还有一个很关键的问题：通过急性心肌梗死和脑死亡的诊治，虽然疏通了大血管，这毛细血管早已被破坏且难以修复。只有保证毛细血管的完整性，心脏和大脑才能完成真正意义上的血液供应，这也是目前西医药物治疗无法解决的难题，而使用中药可以有效解决这个问题。络病系统的科学研究，梳理络病病因、病机，辨证施治，打造络病学研究理论框架立体应用体系，基本建成络病辨证施治系统。2004年，中国科学技术出版社出版发行的以吴以岭教授为主编的《络病学》问世，标志着"络病证治"体系的创立。

二十多年以来，吴以岭教授在络病学基础理论方面的自主创新性研究，为国家"973"项目的立项和成功实施奠定了坚实的基础。在络病学的基础上开展更深更广的科学研究，整合现代毛细血管病科学研究的最新消息，寻找"脉络—血管系统疾病"在病理阶段发生发展趋势的相关性和规律性，将治疗络病的中药方剂应用于预防毛细血管变性的科学研究中，为预防心脑血管及糖尿病毛细血管病变提供了具有广泛指导作用的新的基础学说理论。吴以岭教授及其团队系统地梳理了历代参考文献中有关脉络基本学说理论的概述和中药方剂治疗的阐述，并以他所提出的"多维形态网络结构"，将脉络分为经络和主脉。脉络不仅是经络系统中具有运行血液关键功能的网络，还是维持血液运行的心（肺）、血脉循环的关键。同时，它属于人体单独的形体器官，其作用是操控血液至全身，充分促进全身的新陈代谢。同时，也详细阐述"脉络"与包括血液循环在内的西医中小毛细血管和微血管高度关联，已成为中西医对毛细血管疾病科学研究的交汇点。

吴以岭教授利用脉络学说所研制的新药参松养心胶囊，是根据心律失常所表现的症状确定病因病机，独创"温清补近"的用药特色，在缓解慢性心律失常的药物治疗上迈出了关键性的一步。吴以岭教授通过脉络学说研究慢性心力衰竭的病因病机，认为"气分""水分""血分"相互影响相互制约，是导致疾病进一步恶化的关键所在，同时也是导致疾病加重、脉络淤积、心脏功能衰退的原因，由此，吴以岭教授提出"气血水同治分消"的组方用药，总结出"温阳益气、理血通络、利水消肿"的诊疗方针并开发出了芪苈强心胶囊，通过该药物的大量临床应用及试验研究，证明了脉络学说对于血管疾病的治疗具有重要的理论指导作用和独一无二的临床用药价值。吴以岭教授主编的《脉络论》是在《络病学》出版发行之后的又一著作，所阐述的脉络学说是对络病研究的进一步发展，同时在国内外也引起了强烈的反响。

吴以岭教授在做研究致力于临床实践的同时，也不忘教书育人，通过亲传亲授、临床带教的方式，为我国中西医人才发展做出了巨大贡献。无论什么事业，人才是发展的基础、根本，也是核心。吴以岭教授提出，要结合中医发展的趋势和规律，以"三基"教育理念为中心，围绕临床设置相关课程，配备相应的教师资源和设备，大力发展中医师承教育，走中医特色教学之路。他通过医学高等院校面向热爱学医的广大学子开课传道授业解惑，为中医药领域培养了不下百名的博硕士和博士后，建立了三大国家脉络病学二级学会，28个省市脉络病学专家委员会，组建了上万人的专业团队，为培育中医药人才做出极大贡献。

二、李佃贵

李佃贵，主任医师，教授，博士生导师，享受国务院特殊津贴专家，第三批、第四批国家老中医药专家学术经验继承工作指导老师，荣获全国劳动模范、首届中医药传承特别贡献奖、全国优秀中医医院院长、全国第四届中国医师奖、省管优秀专家、省突出贡献专家等荣誉称号，是河北省有突出贡献中青年专家，河北医科大学党委副书记、副校长，第六、七、八届省政协委员，第十届省人大代表。

在北京举行的首届"光耀中华·新世纪全国杰出人物颁奖盛典"上，河北省中医院李佃贵教授被评为十大领军人物之一。在颁奖典礼上，李佃贵教授就中西医哲学思维方式的差异、中医药的独特优势和特点，以及身为医者如何为维护人类健康奋斗终生等内容发表了演说，他倡导全社会支持中医、关注中医、热爱中医。李佃贵教授曾被评为"全国劳动模范""全国优秀中医院院长""河北省首届十二大名中医"，这次的"十大领军人物"[1]，给李佃贵的身上再添一道光环。虽身有诸多头衔，但李佃贵教授始终牢记自己身为中医大夫的职责与使命，运用自己独创的"浊毒理论"为患者减轻痛苦，祛除疾病，是他最大的心愿。

李佃贵教授学识渊博、经验丰富，不管是对传统中医药文化还是对古代哲学理论研究都有非常深刻的见解。秉承"医乃仁术""承古创新"的理念，李佃贵教授根据数十年的临床经验和对古典医籍的参悟，首次提出"浊毒理论"。中医上认为肝胆具有喜燥恶湿、喜凉恶热的特点，在治疗相关疾病方面应以清、化、调为主，讲求脾胃分治，胃属独立个体，重视肝对于脾胃在升清降浊过程中所发挥的协调作用，着重强调"浊毒""浊邪"对五脏六腑所造成的危害，通过肝胃同调、清热解毒、化浊祛湿的方法祛除邪气。在漫长的医药研究历程中，他始终脚踏实地、躬体力行，历经数万次的临床案例实践，终于在以不典型增生为特征的慢性消化系统疾病、肝炎、肝硬化等病症治疗上形成了伟大建树，针对慢性萎缩性胃炎癌前病变，制定了一整套的治疗方式方法，扭转了"胃癌前病变不可逆转"的无奈现状，为中医界治疗慢性萎缩性胃炎癌前病变以及肝硬化提供了新思路、新理念，造福深受慢性胃炎病痛折磨的患者，同时也赢得了业界人士的肯定。

任何新学说理论的诞生都要经过社会实践的反复检验和反复证明，都不是一蹴而就的，李佃贵教授对"浊毒理论"的研究也是花费数十年的心血而成的。他大学毕业后，就一直在校内进行中医内科的临床教育和诊疗。即使工作占据了生活的大部分时间，自小一直勤勉好学的李佃贵仍在临床实践和教学之余，一直保持着阅读文献和医学古籍的习惯，"书中自有黄金屋"，经过不懈的钻研和刻苦研读，李佃贵教授在对肝胆病的中医治疗技术上一日千里。1983年，时年33岁的李佃贵成为河北省中医院副院长兼中医内科教研室主任，担任副院长之职，李佃

---

[1] 高新军，周文平，李佃贵与他的"浊毒学说"[N].中国中医药报，2009-09-09（4）.

贵教授更加认识到治病救人是医生终身信奉的教条，提高医术水平是每个医生应当尽心尽力的事，这关系到患者的生死，正是深刻意识到这一点，李佃贵教授白天忙于工作，夜间挑灯看书，潜心研究中医医学，于1987年以显著成就，升至副高职称，俨然成为年轻一代中医人才的领军人物。

李佃贵教授认为，要想学好中医，就必须先继承传统的中医基础理论，在行医之初，他就选定肝胆脾胃方向，攻读了大量关于脾胃病的中医经典古籍，不断从中总结经验，继承先辈之理论精髓，再结合现代医疗环境和疾病发展变化加以创新，通过数十年以来对大量临床病例的研究分析和论证，李佃贵教授对于诸多伴有胃脘胀痛、纳呆、舌苔黄腻和脉弦滑的患者，提出与传统中医理论不同的看法。按照古籍文献所载，这属于痰湿中阻、脾失健运，而李佃贵教授认为或许有更加合理的解释和新的治疗方法，必须打破常规，才能有新的见解。李佃贵教授在为患者治疗疾病的过程中，不断研究总结经验，终于发现这些患者大多体内有毒邪和浊气，也就是后来所说的"浊毒证"，于是一个新的理论出现——"浊毒理论"。

李佃贵教授对此解释，人体除了感受风、寒、暑、湿、燥、火六邪之外，还有浊邪之毒。升清降浊，浊与清既相互对立，又相互统一，浊属于病理性的存在，既能导致痰湿，内生火热，也会转化为火热之毒，既可以作为病理产物，也可以是疾病的病因病机。胃乃水谷气血之海，与脾互为表里，以降为和，而脾喜燥恶湿，若湿邪太重，则影响脾胃气机，若湿邪进一步发展，转化为浊毒，也会导致机体功能紊乱，出现各种病理症状[1]。例如，胃癌与慢性萎缩性胃炎密切相关[2]。慢性萎缩性胃炎作为临床上难以攻克的消化道疾病之一，早在1879年，世界卫生组织就将慢性萎缩性胃炎并发肠上皮化生或不典型性增生，作为胃癌前的病变，这曾经一度是西方医学界无法攻克的难题。《素问·异法方宜论》中记载的"藏寒生满病"是对慢性萎缩性胃炎伴异型增生临床表现最初的描述。联系当代社会环境、人文地域、治病特点等因素，李佃贵教授认为损伤劳倦、饮食不

---

[1] 王英珍，周佃渠，赵海清，等.现代中医学［M］.天津：天津科学技术出版社，2009.
[2] 余瑞英，仇增永.滋阴化瘀法治疗慢性萎缩性胃炎临床观察［J］.中医药研究，2002（1）：13.

节、情志失控、邪毒外侵等都会对脾胃造成损伤，导致脾失健运，脾胃气机升降失调，清阳不升，浊阴不降，湿浊留滞，郁久化热，热壅血瘀，进而导致浊毒内蕴，成为慢性萎缩性胃炎的发病机理❶。鉴于浊毒的病理特征，相应导致该种病的病程较长且容易反复，解毒化浊则能够很好地治疗慢性萎缩性胃炎。李佃贵教授不断进行深入研究，摸索出了四步调胃法，即"疏肝调胃、散瘀活血、化浊解毒、健脾和胃"，大大提高了该病的治愈率。

李佃贵教授将"浊毒理论"用到对脾胃病的治疗上，造福了数万百姓，吸引了大量国内外患者前来就诊，其中有一位印度尼西亚的男子多年受慢性萎缩性胃炎的折磨，其在国内治疗无效，通过媒体了解到李佃贵教授对慢性萎缩性胃炎颇有研究，便费尽周折来到中国找到李教授为其诊治。李佃贵教授在查看该患者相关病历掌握病史之后，结合患者的舌苔、脉象等相关症状，制定了一套行之有效的中医诊疗方案，融入解毒化浊理论，经过月余治疗，该患者的萎缩性胃炎具有明显好转，胃疼、胃胀症状也随之消失。

中医讲究辨证施治，只要具有浊毒证的特点，皆可采用解毒清浊的治疗方法，这就是中医上讲的同病异治、异病同治。李佃贵教授的"浊毒理论"除萎缩性胃炎以外，对治疗浅表性胃窦炎伴重度不典型增生及中度肠化生、肝硬化、肝硬化腹水并伴有子宫结核、胆结石、慢性肝病、肾炎肾病、内外妇儿及五官科等五十余种疾病的诊治，也颇有成效。随着对"化浊解毒"疗法的深入研究，治疗方法也扩展到十八种。同时，国家中医药管理局浊毒证重点研究室和河北省浊毒证重点实验室也相继成立。李佃贵教授主编的《中医浊毒论》等十余部学术著作也陆续出版发行，使数以万计的患者从中受益。

俗话说，中医药发展，传承是关键。近年来，李佃贵教授在救治病人的同时，也不忘做好中医的传承，始终坚持"三不分"原则，即不分门户高低、不分社会地位、不分文化地域，对立志学习中医的年轻学子倾囊相授。在教书育人方面，李教授有自己的原则和要求，要求学生讲医德、读经典、重临床、练好字、有悟性。特别是练好字这一要求。俗话说"见字如晤"，字迹往往能反映一个人

---

❶ 党民卿.王道坤教授治疗慢性萎缩性胃炎癌前病变用药规律探讨［D］.兰州：甘肃中医药大学，2015.

的精神面貌和素质境界，写得一手好字，对中医来说尤为重要，这是对生命的珍视和对患者的尊重，其要求学生每天都要抽出一小时练习正楷，以便抄方能够清楚工整。

十年如一日，李佃贵教授经过多年耕耘，编撰了《中医学》《中医内科学》《中西医结合内科学》等十余部全国高等院校教材，培养了91名硕士研究生和31名博士生，开授公开课为上万名学生传道授业解惑，培养22名博硕士生导师以及23名优秀的中医药临床人才，14名我国老中医药权威专家学术研究工作经验的继承人，为中医药传承做出了突出贡献。

三、李士懋

李士懋（1936—2015），原河北中医学院专家教授、主任医师、博士生导师，我国第二、三、四、五批全国老中医药专家学术经验继承指导教师，中国中医科学院博士生合作导师，中国药品审评委员会委员，2008年获"河北省名医"称号。

李士懋教授对中医的理解，是基于余冠吾先生的重用蜈蚣，余冠吾先生只用四副药就为他母亲解除了高血压带来的困扰；后来李老母亲患下颌关节痛，张不开嘴，余先生检查后，给予桃核承气汤活血化瘀，两剂后便痊愈；之后李老父亲患关节炎，余先生仅用四副桂枝芍药知母汤就消除患者病痛；三年困难时期，李父水肿比较严重，余先生开了鸡鸣散排去黑水便痊愈。李士懋在一次又一次见证中医的神奇疗效，每每为中医知识博大精深感叹后，燃起了学习中医的热情。

1956年李士懋考入如今的北京中医药大学（前称北京中医学院），成为新中国成立之后的第一批高等医学院的学生。李士懋接受过任应秋、赵绍琴等老一辈名医的经验传授，为其今后的中医成就奠定了坚实的理论基础，从此与中医结下不解之缘。

1962年毕业后，李士懋一头扎进初建的大庆油田总医院。这一待就是十七年，把最好的年华献给了病人，也献给了我国石油事业。这十七年也是成就国医大师李士懋最宝贵的岁月，其随后投身教学，但临床实践从未间断，除了定期出诊外，求医看病者也络绎不绝。多年的临床实践为李士懋教授积累了丰富的经验，通过这些经验又不断投身于实践进行检验，相互印证，得以升华，这也是李士懋教授创新立说的重要历程。

1979年李士懋教授调入河北中医学院，从事相关教学、临床研究工作。在50多年的从医生涯中，李士懋教授始终躬体力行，学研具丰，将各家的学术观念、辨证特点、临床经验融会贯通，遵循中医学的整体观念、辨证施治的规律，逐渐形成以中医理论为指导，以脉定证、虚实为纲、推崇经法方药的思辨特点，并取得了显著的学术成就。其具体学术思想体现在以下几个方面：

一是在脉学方面，明确脉诊应居四诊之首。以脉定证，法依证立，依据病因病机，灵活定方。李士懋教授指出，脉诊决定了中诊四要素的判定，要通过脉象的各种变化，初步确定疾病的转归和预后，认为脉象才能反映机体本质，关键在于医者是否能准确对脉象进行判断，各种脉象的发生都有其相应的生理和病理基础。在中医临床辨证施治的过程中，首先要辨脉证虚实，沉且有力为实证，无力则为虚。李士懋教授在脉诊上提出了"方无定方、法无常法、方随法立、法从证出"的遣方用药原则，强调无论脉象多么复杂多变，都可以归于气血变化，乃气与血尔。

二是在温病方面，李士懋教授明确指出，温病的本质是火气郁结，邪热内滞，不能透达肌表。除温病后期，损耗真阴的患者，卫气营血的每一个环节只要有邪热，都一概属于火热郁结，郁热阴伤。温热病的本质是相同的，所以只能分为湿热和温热两类，都是采用以"清、透、滋"为主的治疗方法。清，即采用凉性药物进行治疗；透，就是疏通气机，除去阻塞，使伏于体内之热邪透达而出；滋，就是在治疗过程中注重对阴液的保护。"清、透、滋"是治疗温病的三字秘诀，适用于温病的每一个环节。

三是在汗法方面，李士懋教授提出，汗法不仅是用来治疗表证的，还可治疗里证。发汗的本质是"阳加阴"，对正汗有标准的阐述：全身可见、连续、轻微出汗、汗出脉衰而静。这与邪汗有本质区别：局部出汗、阵阵发、大汗淋漓、汗出热盛、脉不静。李士懋教授认为量汗法对于温病的各个阶段均适用，主张张锡纯所说的"出汗没有固定的方法，要根据阴阳两虚来调整和补充，也可以通过辨证进行论治，并不是只有用发汗的药物才为汗法。"

四是在"郁热论"方面，李士懋教授认为，火郁症并非一种疾病的专有名称，它原本包括一系列辨证治疗火郁症的疾病，包括外感与内伤等。凡具有火郁特点的患者，均称为火郁。因为火和热属性相似，所以火郁通常被称为热郁。该病的病因病机为阳气积于体内，郁而化火。可能是外邪所致，内邪阻遏，行气不顺；或为情志所伤，气机郁滞；或为气机升降无力；或为饮食倦伤，阳郁不达。李士懋教授认为郁热证的治疗秘诀就是"火郁发之"。

总而言之，李士懋教授在医学上遵循中医基本理论的传统体系，即"溯本求源，平脉辨证"。积极参考西医专业知识，取长补短，拒绝拿来主义，拒绝墨守成规，做到方无定方，法无常法，灵巧诊断，巧妙用药。

李士懋教授行医几十载，不仅医术精湛，学识过人，大医精诚，而且非常重视中医的传承以及人才的培养，李士懋教授认为传承是决定中医事业发展的关键。传承是为了更好地实现自主创新，是自主创新有章可循的基础和前提。因此，对于如何"传""承"，李士懋教授专门制定了相应的实施方案，作为业界领军人物和资深前辈，他鼓励骨干教师努力学习，不断进取，尽心尽力，有针对性地指导学生。不论是修改论文还是撰写作品，抑或是教学策略及科研设计方案和实际操作，李士懋教授无不倾心相授。通过师生共同实施"读经典、勤临证、录医案、听讲座、开论坛、搞科研、写论文"的传承方式，逐渐提高年轻教师的临床与科研水平，带博硕士、徒弟、青年教师进行临床医学随访，不遗余力地向年轻人传授经验。其精湛的医学技术、崇高的道德修养、卓著的声誉，吸引了众多来自全省乃至世界各地的学子前来学习医术，先后招收接班人及学徒15名，博硕士研究生22名，临床医学优秀人才21人，台湾学生3名，日本学生3名，韩国学生5名，外加本科毕业生不计其数。

健康是个体幸福生活的前提，是社会高质量发展的基础，健康梦是中国梦的基石。中医是中华民族泱泱五千年文明中重要的组成部分，是祖国传统文化的积累和精髓，在几千年生产生活实践和与疾病做斗争中逐步形成对生命、健康、疾病、防治的独特认识，体现了自然科学与人文科学的融合和统一，蕴含中华民族深邃的哲学思想，与健康中国战略的目标和内容高度契合[1]。中医医学在维护我国

---

[1] 张秀刚.基于KAPC视角的社区中老年人超重肥胖影响因素及干预策略研究[D].北京：中国中医科学院，2017.

人民的健康中发挥了极大的作用，但由于传承不足，中医医学的优势还未能充分发挥，同时发展还很不充分、很不平衡，还不能满足社会需求，与人民群众的期盼还存在较大差距，相关行业的人才断层、流失现象严重，已成为阻碍我国中医医学传承发展的一大难题，制约了其在健康中国战略中发挥更大的作用。所以，加强中医医学的传承能力培养具有紧迫的现实需要和深远的历史意义。

中医的发展、发扬离不开继承和创新，而中医人才培养的重要方式则体现为师承教育。纵观名医大家的学研经历和在中医学事业上的伟大贡献，他们的个人学术思想和实践经验无疑是每一个中医人的宝贵财富，但更重要的是，后辈应更好地将其传承和发展下去。中医学是实践性极强的传统科学，然而，传统的师承教育方式难以达到人才培养的规模要求，而且师承教育易受门户学派的影响，从而限制学生的知识结构和认知能力的发展，最重要的是传统的师承教育往往缺乏有效的质量监控和保障，有些师承教育甚至流于形式[1]。只有将院校教育和师承教育有机融合，同时发挥两种教育模式的特色，形成优势互补，才能更有利于实现中医学术精髓的传承，以及中医人才职业胜任力的提高和中医优势的发挥。

十年之计，莫如树木；终身之计，莫如树人。传承是几千年来中医医学发展的基本形式，是提升中医医学服务能力的核心工程，唯有传承才能保有中医医学的特色优势。做好中医医学的师承教育，突出中医药传承能力培养，构建以传承能力为核心的中医人才培养模式，培养出大批真正传承中医思维和学术精髓的人才，才能促进中医医学的传承和发展，使中医医学成为健康中国战略中的强大推动力量。

---

[1] 李学博，米鹏.基于胜任力模型的中医药院校信息管理专业人才培养策略研究［J］.中国医药导报，2017，14（25）：138-140.

第八章　河北中医药强省建设实践：科技创新

中医药是华夏民族的珍宝。在几千年的民族兴衰以及华夏儿女与疾病的长期斗争中，中医药应运而生，它的出现和发展为生命的延续积累了系统的诊治理论、技术和经验，使中医药在生命科学技术的发展中发挥着越来越独特的作用。中医药蕴含丰富的治病理念及方法等，是我国早期的和具有独创性、新颖性的医药资源宝库。因此，我们应促进中医药科技创新发展，深入挖掘中医药宝库中蕴含的精华，加快实现中医药的新转化和新发展，加快中医药理论思想与现代健康理念相融合的速度，从而促进卫生科技稳步发展，加快健康中国的建设步伐。

党的十八大以来，党中央高度重视中医药发展，从国家战略层面，对中医药的继承和创新进行了系统规划和周密部署，发布了《"健康中国2030"规划纲要》《中医药发展战略规划纲要（2016—2030年）》《关于加强中医药健康服务科技创新的指导意见》《关于加强中医医疗器械科技创新的指导意见》[1]，以及《国家中医药管理局关于加强中医理论传承创新的若干意见》《关于加快中医药科技创新体系建设的若干意见》等一系列促进中医药科技创新发展的指导意见和政策文件，在为中医药科技创新发展逐渐现代化提供众多建设性意见的同时，也为中医药科技创新跨越式发展带来了新的活力，指明了新的方向。

第一节　中医药科技创新的优势

近代以来，西方科学理论知识及技术不断传入我国。高新技术的出现为中医药创新性发展提供了新的技术支持，为中医药现代化注入了新动力。当然，在充

---

[1] 司富春，高燕. 加快中医药科技创新 助推健康中国建设［J］. 中医研究，2020，33（9）：6-10.

分利用科学理论知识及技术手段进行中医药现代化研究时，还应遵循中医药自身特点及发展规律。中医药的现代化发展既不能全部西化，也不能故步自封，我们要守正创新。新中国成立以来，中医药科学技术及理论知识发展迅速，培养了一大批受过高等教育的中医药人才，这为中医药科技创新实现飞跃式发展奠定了坚实的基础，其发展呈现出以下五大优势。

一是坚持自主创新，在中医药研究课题的设立及对传统中医药知识的继承与发展方面原创优势更加突出。进入 21 世纪后，科学技术部设立了许多中医药课题、项目，借此鼓励各科研院所加强对中医、中药的创新性研究及二次开发。国家部门加大对医药产业的资金投入的举措，不仅加深了对中医药的创新性研究，还加大了对中医药传统知识的保护力度。党的十八大提出，加大对继承名老中医学术经验、保护并传承古籍文献、研究中医理论基础等领域的支持力度和投入力度，至今已整理出版《中国古医籍整理丛书》400 余册，借此更好地传承中医药文化。运用现代科学技术，构建新方法来保护并继承中医药学理论知识。

二是坚持科技支撑，运用现代科学技术不断优化中医诊治方案，提高中药材质量等。国家发布相应文件如《"十三五"中医药科技创新专项规划》来加速现代科学技术与中医药的融合，还将许多中医药专项列入国家科技支撑计划、国家重点研发计划等国家重点项目中，借此促进中医药科学技术的发展。政府还联合 41 个国家中医药管理局重点研究室，借助研究室的前沿技术与理论共同建立中医药防治传染病临床科研体系。

三是坚持重点跨越，中医药研究平台和基地的创建为中医药创新性发展提供坚实基础。在全国各省各县组织开展的中药资源普查工作极其耗费人力、物力和财力，现正将地理信息系统、应用遥感技术和全球定位系统等信息技术和轨迹仪、坡度仪等仪器运用到中药资源普查工作中，这极大地缓解了资源普查压力。同时，至今已在一些中药资源保护区建立监测站，以达到及时监测中药原料资源动态信息的目的。计算机技术与中药资源知识的结合，使对中药材的生长情况、中药的资源分布等情况的监测更加科学、更加严谨。在全国建立了众多的国家级中医药临床研究基地、国家级中医药管理局重点研究室和国家级工程技术研究中心等中医药研究平台和基地，进一步推动中医药创新性研究的进程。

四是坚持原创思维，中医药研究设备、条件、平台和人才的优化和完善，使中医药现代化成绩显著。各中医药科研院所相互合作，如今已建成一批高水平中医药研究基地，如"国家中成药工程技术研究中心""中药安全性评价中心"等中医药科研中心❶。借鉴农业自动化发展模式，中药材种植技术不断走向机械自动化，中药材产地初加工也逐步走向集约化、产业化。中药企业约占中国制药企业百强榜的三分之一，由此可见，中药产业成为我国医药产业的重要支柱。

五是坚持引领未来，中医药经过多年的研究与发展，其核心竞争力不断增强。如今，我国不仅建立了中医药研究伦理审查体系，修订了《中医药科研伦理管理规范》，而且正式获批美国病理学家协会认证项目（CAP认证），还建立了中医药临床研究范式，推动了中医药临床科研一体化❷。

一、中医药科技创新发展历程

战国至秦汉时期，《黄帝内经》《神农本草经》等医药著作的问世，标志着系统中医药学理论体系的确立。汉代以后，社会与技术不断发展，中医药学理论知识也逐步被完善与创新，诊断与治疗技术不断提高。近现代以后，中医药的发展主要以实验研究与理论探讨相结合的方法进行，其中运用了许多新的实验技术手段，并逐步形成一套系统化的现代中医药科技创新体系思维模式。王振义、陈竺两位院士受到中医用药理论中"君臣佐使"的启发，在对急性早幼粒细胞白血病患者的治疗过程中，将中药与西药相结合，且有主有次，这种疗法明显提高了患者的"五年无病生存率"。我国药学家屠呦呦经过长期查阅古今医药文献典籍和进行中药基础实验，最终发现从青蒿中提取得到的青蒿素是治疗疟疾的特效药❸。这一特效药的发现不仅向世界展示了中药显著的疗效，还挽救了众多深受疟疾折磨的美洲、非洲等处于热带发展中国家的民众。2015年我国药学家屠呦呦被授予诺贝尔生理学或医学奖，除了为中医药在世界范围内的宣传带来了一次来之不易

---

❶ 中华中医药学会. 中国中医药学科史[M]. 北京：中国科学技术出版社, 2014.
❷ 曹琴, 玄兆辉. 主要国家中医药发展特征及对我国医药创新发展的思考[J]. 全球科技经济瞭望, 2020, 35（7）：13-19.
❸ 张士舜. 论中医学的特色定义及其发展[J]. 内蒙古中医药, 2004（2）：36-38.

的机会之外，还为中医药迈出国门奠定了坚实的基础。

二、中医药传承与创新

习近平总书记强调："要促进中医药传承创新发展，坚持中西医并重和优势互补，建立符合中医药特点的服务体系、服务模式、人才培养模式，发挥中医药的独特优势。"恪守传承精华、守正创新的中医药发展原则，中医药发展才能源远流长。新时代中医药事业和产业发展，要坚持高质量发展的要求，充分发挥中医药防病治病的独特优势和作用，开创创新发展新格局，加快中医药现代化、产业化，为建设健康中国贡献力量。

中医药文化的传承离不开古代医药著作，其中蕴含众多古人的智慧，主要包括：天人合一和顺应自然的中医药理念，亲尝百草和医者仁心的中医药品德，博采众长和兼容并蓄的中医药风格，辨证施治和药食同源的中医药思维，望闻问切的中医药诊断方法。

2020年以来，新冠肺炎疫情在全球蔓延，中医药研究人员彰显中医药优势，制定有效的治疗方案，还借助现代科技筛选手段，从历代中医药古籍中探寻抗疫良方——"三药三方"，为此次抗击新冠肺炎疫情做出了重要贡献。《抗击新冠肺炎疫情的中国行动》白皮书指出："中医药参与救治确诊病例的占比达到92%。湖北省确诊病例中医药使用率和总有效率超过90%。"由此可见，中医药对于治疗新型冠状病毒，效果显著，同时也更加坚定了我们加强中医药传承与创新发展的信心和决心。

三、中医药科研和教育体系

中医药产业顺应新时代需求，不断改革创新。中医药创新发展需要中医药科研和教育体系的不断完善，进而培养一批新时代中医药人才。中医药教育承载着我国几千年的历史、文化和国情的变化，是最具中国特色的教育。因此，应在遵循中医药发展规律，尊重中医药人才成长规律的基础上，结合新的人才培养教育标准，培养新型中医药人才。如今，我国已基本建立以中医药大学、科研机构和医院机构为研究主体，综合性大学、医药企业广泛参与的中医药创新研究体系，现已培养了许多中医药保健、教育、科研、文化和旅游等领域的综合型人才，为中医药科技创新发展贡献力量。

四、中医药大数据技术应用

大数据时代的到来，影响着人民生活的方方面面，同样新兴大数据技术被逐渐应用于医学研究中，并致力于发展智能化、精准化中医药产业。在诊断技术方面，大数据技术的运用不仅能实时监测病人指标数据的动态变化，把握疾病进展趋势，还能充分挖掘治疗疾病的潜在知识，以便准确且快速地确定病人病症。在中医研究方面，大数据技术的运用可快速整理分析大量临床疾病案例，从而了解常见病和特殊疾病的症候特征及其发生和演变规律，深入分析其治疗规律，以便精准且有效地治疗疾病。还可运用大数据技术来对疾病基因检测数据、蛋白检测数据、代谢检测数据和遗传学检测数据等数据进行分析，为中医药治疗疾病提供新路径和新方案。在中医诊治方面，可运用大数据技术对临床医疗研究信息（医药文献等）及病例信息（电子处方等）建立共享数据库，并对数据进行整理分类，探索中医药治疗各种疾病的特点，筛选出治疗各种疾病的最佳方药剂量和组合方案，使方药的使用更加合理和精准。在公共卫生管理方面，大数据技术的应用显著提高了公共卫生应急管理水平和决策水平。如此次新冠肺炎疫情的暴发，数字化技术提高了医疗、宣传等部门和各区域间的数据、信息共享和组织协作效率，从而确保医疗防控救治、应急资源调配和疫情监测预警工作的顺利进行。在医药产业发展方面，大数据技术的运用为医药产业的各个环节提供了大量的数据资源，对这些数据的整理分析，不仅可以优化医药产业的发展模式，还可以协调各个环节之间的资源配置，从而确保医药产业的健康发展。但是，运用大数据技术对于数据的质量和规范性要求较高，因此，如何获取高质量且规范化的中医药信息数据以更好地运用大数据技术是实现中医药产业创新发展亟待解决的问题。

五、中医药应对突发性公共卫生事件

新型冠状病毒肺炎、重症急性呼吸综合征（SARS）、禽流感、猪链球菌感染等传染性疾病对社会影响巨大，短时间内可造成众多人员感染，属于突发性公共卫生事件[1]。传染性疾病的传染性强、涉及范围广，对其治理不仅需要政府的参与，还需要调动更多部门的积极参与，统筹资源进行应对。从此次新冠肺炎疫情治理的实践来看，西医在新冠肺炎的治疗中效果不明显且缺少适应证的药品，无法取得较好的治疗效果。这为中医药参与治疗提供了机会，充分利用中医药整体调节、防治结合、简便验廉的特点和几千年的临床治病经验，此次抗疫国家相关医药部门依据我国实际情况做出决策，以行政文件的形式发布了具有中西医结合特色的国家诊疗方案，此方案覆盖了新冠肺炎患者病情变化的全过程，有效降低了发病率、转重率、病亡率，提高了治愈率。中西医协同防治，中医药优势突出；在疗效上，中医药参与救治确诊病例的占比达到92%；在经济成本上，纯中医治疗费用占总支出的20%~30%。可见，中医药参与突发性公共卫生危机治理不仅能取得显著的疗效，还缓解了政府在应对公共卫生危机时所面临的经济压力，这充分表明中医药在应对突发性公共卫生事件方面具有独特优势。此外，我国还在国际交流会中，积极分享中医药抗疫诊疗方案和临床经验，向世界疫情重灾区捐赠医疗物资、派遣医护人员。通过此次新冠肺炎疫情，中医药再次向世人证明其在应对突发性公共卫生事件方面具有绝对优势。政府应积极制定中医药参与突发性公共卫生危机治理的相关政策，勇于打破中医药参与突发性公共卫生危机治理的阻滞规定，进而提高中医药在医疗卫生服务体系中的地位，加快实现习近平总书记提出的中西医并重的医疗卫生服务发展战略。

六、中医药是促进世界发展的新动能

中医药产业具有巨大的潜在经济价值。"一带一路"倡议促进了中医药文化传播在各国的顺利推进，中医药产品与服务在世界人民群众中的接受度也逐渐提高，此时对于中医药的发展应积极与互联网、食品制造业、养老养生业等产业相结合，创造出多种多样的中医药健康产品和服务类型，更好地促进我国与世界各国在中医药领域的合作，加速各国经济和社会的进步，使之成为世界经

---

[1] 姚中进，黎东生，黄婉晴.中医药参与突发公共卫生危机治理的阻滞因素与适宜机制[J].中国医院管理，2021，41（6）：8-11.

济发展的新兴力量。同时中医药产业还带动着我国人民脱贫攻坚，走向富裕。脱贫攻坚是党中央在实现中华民族伟大复兴征程上的重大举措，中药材产业具有良好的市场前景[1]，目前我国已基本形成"政府组织+专家技术支撑+特色中药资源+企业带动+药农参与"的中医药产业模式，应积极鼓励广大农民参与到中药材产业中，不仅能充分利用农村的生态环境，还能显著提高农民收入。但是，如山西省长治市平顺县，此地山峦多平地少，不利于发展普通农作物，可以选择适宜在此地生长的中药材。2020年平顺县通过种植和售卖中药材，带动本地居民大力发展中药材产业，不仅扩大了适宜中药种植生产的地域，提高了中药的产量和质量，还为世界人民的健康事业提供了物质基础，同时为经济发展提供了新动能。

七、中医药促进世界医药文明的交流互鉴

世界文明多种多样，相互交流借鉴有利于世界文明的创新发展，从而带动整个人类社会向前发展。中医药是中国古老文明中重要的组成部分，从古至今我国传统中医药不断地与他国医药文化相互碰撞、交融、共同进步。早在古代，明朝李时珍所撰写的本草学著作——《本草纲目》在世界备受好评，深受英国学者达尔文的夸赞，称其为"中国古代的百科全书"。由此可见，传统中医药对世界古代医药的发展发挥了重要作用。中医药以开放包容的姿态接纳其他民族医药文化，相互交流学习，使不同民族的医药文化交相辉映。例如，我国引进乳香、没药等南药，不仅增加了中药材的种类，还扩大了中医药治疗范围。如今，中医药产业已成为中国与世界各地卫生经贸合作的重要内容，亦成为世界各国维护国民身心健康的工具之一。习近平总书记在向世界卫生组织赠送针灸铜人雕塑仪式的讲话中指出："要继承好、发展好、利用好传统医学，用开放包容的心态促进传统医学和现代医学更好融合。"中西医结合医疗体系的出现就是中医和西医相互借鉴的成果。中医以整体观念来诊治疾病，研究整个机体的状态变化；西医主要是以局部治疗为诊治疾病的出发点，研究机体中各个组织、器官的结构和功能。

---

[1] 黄静婧.中医药助力构建人类命运共同体[J].广西中医药大学学报，2020，23（4）：127-129.

中西医的研究与治病理念虽有差异，但两者各有优势和特色，相互结合才能更好地为人类健康服务。

八、中医药维护地球生态平衡

中医药是一种可持续发展的绿色医疗模式。中医药在诊治理念、诊疗技术和用药方面均具有绿色环保的特点。中医药学者认为，人与自然、人与社会、人体内部的生态平衡，才是人类身心健康的基础。当这种平衡状态被打破时，便会引发疾病，而中医的思路是将这种失衡状态调整至平衡状态来治疗疾病。中医的治疗方法包括药物疗法和非药物疗法，其中药物疗法是指利用源于自然的中药材（植物、动物和矿物药）的药理作用来治疗疾病；非药物疗法是指运用推拿、按摩和针灸等技术来治疗病症。中医药疗法是人类长时间对大自然规律探索所得的智慧结晶。中医在运用药物的原则上充分表现出生态平衡的含义，如"君臣佐使"的配伍原则，一副方药中君药发挥主要的药理作用，臣药配合君药，发挥协同药效，佐药抑制君臣毒性，使药具有调和诸药的功效，药材间的相互牵制和促进使方药发挥出最大药效。同时，中药材资源是自然生态环境中的重要组成部分。明代医药著作《本草纲目》中便记载了1892种动植物用药，其中植物药就有1095种，还有不少药材为动物药和矿物药，这些药物均源于自然，取之于自然。这足以表明中药材是地球上重要的自然资源。因此，维护中药资源多样性，挽救濒危中药资源是建设美丽中国、加强生态文明建设和维护地球生态平衡的重要举措。维护中药资源多样性就是在保护地球生态资源，同样也是在保护人类的家园。人类基于经济利益的趋势和生态环境的恶化，使多种中药资源处于濒危状态，所以抢救濒危中药资源，维护中药资源多样性迫在眉睫，这既是保护中药材资源宝库的需要，是延续中医药治病救人的需要，也是实现人与自然和谐共生的需要。

第二节　中医药创新的要义

进入21世纪，我国的综合实力不断提升，中医药在社会发展中所发挥的作用进一步被人民群众所认可。新时代，不仅要传承中医药，还要实现中医药创新。创新是中医药发展的动力和机制，中医药应以原创为基础，学习现代前沿科学技术，借鉴发达国家的发展经验不断创新，成为一个不断发展的医学体系。此外，还要着力促进中医药产业战略升级，加强中医药人才培养，进一步扩大中医药的文化宣传范围。

一、中医药现代化

（一）中医现代化

中医现代化，是指在遵循中医自身特点与发展规律的基础上，充分利用现代科学技术与手段进一步研究和发展中医。现代化中医综合了传统中医学、现代西医学以及当代科技手段发展成独具中西医特色的医疗体系。中医传统的望、闻、问、切的诊断方法整体地、辩证地且安全有效地对病人病情进行分析和判断，这对于治疗具有个体医学特征的现代疑难病有非凡的意义。然而，这种传统的诊断方式并不能精准地描述出发病部位以及病情程度等。此时便需要现代高科技仪器如核磁共振成像、电子计算机 X 线断层扫描（CT）等仪器的辅助，可以精确又清晰地显示出病灶部位，但是这些扫描成像仪器同样具有注重局部病变、对检查者身体有一定损伤等缺点。因此，提倡中西医结合的治疗方案，既能快速确定病因，又能高效地治疗疾病；这也是通往中医现代化的必经之路。具体来讲是将现代科技手段与中医的辨证施治诊疗手段相结合，创建更加科学、智能和便捷的中医诊疗体系。例如，构建四诊信息化、辩证智能化的问诊体系；将传统中医学与现代西医学有机结合，逐步建立中西医结合防治重大疾病、传染性疾病和难治性疾病的完整治疗方案和评价体系；通过整理分析各中医院所中不同人群的临床案例，并结合中医药养生理念，逐步建立以提高生命生存质量为目标的养生保健体系；整理出应用于现代化中医医疗体系的科学评定方式，制定出适用于现代社会的中医药技术标准和评价指标，以便于我国的中医药医疗服务水平快速达到或超过国际水平。总之，我们应通过推进中医诊断、防治及养生理念和技术现代化，使中医快速成为现代化中医学。

（二）中药现代化

中药是在传统中医基础理论指导下，用于防病治病的物质。新时代，中药逐步走进人们生活的方方面面，尤其是在每次抗击疫情的过程中，中药所发挥的药效总能得到国内外学者的高度认可。因此，世界各国民众对中药的接受度逐渐提高，中药市场和产业规模不断扩大[1]。随着现代科学技术的发展，中药的传统种植、炮制、制剂等技术与理念和当代科学技术相结合是其发展的必然趋势，同时也推进了其国际化发展进程。最初应用于中药制备、炮制等的现代化技术和器械的安全性、质量控制水平和技术水平与西药所用技术和设备相比较差，且中药药效成分不明确，这些劣势阻碍了中药的进一步发展。因此，应运用现代化科学技术，提升中药栽培品、炮制品及其制剂质量，细化中药有效成分，从而加快实现中药走向现代化、国际化的目标。同样，中药质量标准现代化是中药走向国际化的重要前提，也是中药产业快速发展的重要保障。中药具有多成分、多靶点、多种作用途径的特点，因此用药物单组分质量控制模式来评价中药质量优劣的方法已不具备较强的说服力。目前，引入了中药指纹图谱和多组分分析的方法来综合评价中药质量，以便获取更加安全、有效的高质量中药，从而更好地为建设健康中国而服务。总之，中药现代化是一个动态的、开放的发展过程，既要做到取其精华，保留优秀的中医药理论，又要与时俱进，主动吸取当前先进的科学技术与理念，以此不断完善中药理论，确保中药理论的发展紧跟时代的步伐。

二、中医药科技创新

目前，市场上的中药产品大多主要发挥辅助作用，缺乏具有市场竞争潜力的创新型药物。若想让中医药继续焕发出生机，既要不断推动中医药产业技术的变革和生物医药的创新发展，又要不断发挥中医药原创优势。加快中医药科技创新发展，是建设健康中国的战略要求，也是建设创新型国家的重要组成部分。应坚持以前沿热点和临床实际为导向的药物创新研发，构建创新型药物研究设计框架，将免疫疗法、基因组学、大数据、人工智能等与医药研究技术相融合，从而

---

[1] 徐金标，谢晓艳.中药现代化与国际化背景下的本科人才培养[J].嘉兴学院学报，2021，33（6）：115-119.

开展对单味中药、中药复方等药物的作用机理和作用靶点的研究。鼓励制药企业与科研院所、研发外包组织合作，充分利用各方的优势，缩短研发时间，降低研发和生产成本，加快中医药科技成果转化与应用。中医药科技创新发展有利于中医药产业进入国际市场，有利于向世界宣传中华文化并打造中医药国际标准"轨道"。

三、中医药产业战略升级

新兴科学技术的更新迭代，显著促进了中医药产业战略升级，即由劳动型产业逐渐转化为科技型产业，进而加快中医药产业的高质量发展。充分利用智能化种植设备，可规范中药农业种植，提升中药材质量。积极引进新型粉碎、干燥、制片等高效自动化中药生产设备，提高中药制剂生产工艺流程的标准化、现代化水平，从而加快实现制药产业结构升级，加快大型中药企业集团和产业集群的形成。将一系列科学信息检索技术运用到探究中医经典古籍方药中，构建系统化、现代化的筛药模式，加大对中医药古籍文献信息的挖掘力度，以便开发出安全、有效的中药制剂。

四、中医药创新人才培养

新时代，医药产业、农业等均以创新发展为导向，为建设现代化强国添砖加瓦。中医药产业的创新发展，关键要有一批具备高水平科技创新理念的中医药人才，人才是中医药传承经典、开拓创新的根本和基础。要求中医药创新人才不仅精通中医药经典古籍，临床实践技能娴熟，具有活跃的中医思维，还应具有一定的现代研究理念与技术，具有一定的开拓创新精神和国际化素养。故中医药学教育需要顺势而上，大力推进中医药学与西医学、现代信息技术学科的融合融通，并积极建立跨学科、跨学院人才培养机制，进而缓解药物研发、医药人工智能、医药材料工程、医疗器械等领域高质量人才不足的问题。通过培养中医药创新人才，使中医药在传承中实现现代化创新，使中医药的现代表达更为透彻。

五、中医药面向未来统筹优化和国际的战略规划体系

近年来，现代科学技术加快了中医药的发展，但在中医药现代化进程中仍存

在诸多障碍。随着人工智能技术与生物科学领域的相互融合,衍生出诸多可应用于中医药基础研究的新兴科学技术(如蛋白质结构解析、药物结构分析等),为排除中医药现代化进程中所出现的障碍带来新的思路和策略,人工智能技术为中医药发展带来新的发展机遇。与此同时,我们还应坚持中医药的独特性,制定独具中国特色的医疗制度,完善适用于中医药发展的政策机制,着力扫清中医药发展进程中的体制机制障碍,从而激发中医药发展动力。要在国际上积极寻求中医药学合作伙伴,通过实施国际复合型中医药人才培养模式、开展中医药人才海外培养合作项目和制定中医药国际标准和监管制度等措施,加强各国间的中医药沟通交流,深化国际组织间的合作。

六、中医药文化宣传

中医药在康复理疗方面独具优势,但在老年人、慢性病患者、急性疾病恢复期患者等需要康复理疗的人群中,接受针灸、推拿、拔罐等中医理疗的人占比很小,人们对中医药防病治病理念的认知程度以及应用情况、适用范围的了解程度很低,故应加大中医药文化宣传力度、拓宽宣传途径、创新宣传方式,使中医药中保健理念、食疗理念和养生理念等以生动、形象的方式传递给民众,从而提高民众的中医药素养和健康生活水平。要积极推动中医药文化进校园活动,积极开展中医药博物馆事业和中医药非物质文化遗产申报与保护工作,不仅使中医药文化贯穿国民教育始终,还要让世界各国人民认识中医药、接受中医药,借此推动中医药为人类健康做出更大贡献❶。

第三节 河北中医药科技的现状

随着科学技术突飞猛进的发展,中医药科技创新发展亦发生了质的飞跃,出现众多杰出案例。通过总结中医药科技创新发展现状,发现其中的科学规律,认

---

❶ 曹琴,玄兆辉.主要国家中医药发展特征及对我国医药创新发展的思考[J].全球科技经济瞭望,2020,35(7):13-19.

识相似或同类问题❶，对于解决现代医药学科技难题，促进其研究开发和运用具有重要作用，对于推动健康中国建设具有重要的现实意义。

一、中医药理论研究方面

通过将系统生物学、大数据、人工智能等前沿科学技术与中医药研究相融合，加强对中医药基本理论（阴阳五行理论、藏象学说等）的深入研究，揭示中医特色疗法（刮痧、针灸、推拿）的科学内涵，并对中医药诊治理论进行现代化诠释，从而为中医药工作者治疗重大疾病、慢性病等难治性疾病带来新思路和新方法。尽管中医药基础研究和临床研究方面已经取得诸多成就，但在中医经典理论研究创新方面仍存在不足。

二、中医药文献研究方面

运用数字化方法、数据整理技术对中医药古籍文献、名老中医医案、所收集的名老中医的临床经验和学术思想进行整理分析与数字化，进而形成"名老中医学术思想临证经验多维动态分析挖掘系统""名老中医学术思想群体规律分析挖掘系统"以及"名老中医学术思想临证经验综合信息服务平台"等，为名老中医经验传承提供了平台。运用现代信息科学技术挖掘中医药文献典籍中治疗恶性肿瘤、心脑血管疾病、风湿性疾病的辨证方法和用药规律，并对其中使用频率较高的药方进行药物种类、四气五味、归经等方面的综合性分析，以便探究出针对某一类疾病的特效药。但是，目前对于将大数据、互联网等技术用于分析中医药文献的使用并不成熟，还需进一步发展。

三、中医药防治重大疾病方面

近现代以来，医药及科研工作者在探究中医药防治重大传染性疾病、难治性疾病方面取得了显著的创新成果，为现代医学防治传染性及难治性疾病的研究提

---

❶ 司富春，高燕．加快中医药科技创新 助推健康中国建设［J］．中医研究，2020，33（9）：6-10．

供了带有启发性的案例。中华民族在长期与各种疾病抗争的历史长河中，发现早幼粒细胞白血病被成功治愈得益于现代学者发现中药砒霜是治疗白血病的特效药物，发现青蒿素是治疗疟疾的特效药，发现汉防己碱在缓解埃博拉出血热方面具有很好的疗效，这些研究成果极大地提高了中医药科研工作者参与中医药创新性研究的积极性。

四、中医药治疗难治性疾病方面

中医药独具审证求因、辨证施治的治疗观念，且在治疗各种恶性肿瘤、风湿类疾病、自身免疫性疾病等难治性疾病中效果突出。近现代中医药科研工作者运用科学技术来探索中医药中治疗恶性肿瘤等难治性疾病的中药有效成分或组分、中医诊治方法等，并对此进行了大量的基础性实验和临床研究。研究发现了中药的多种作用，如某些中药可影响肿瘤细胞生长周期和抑制端粒酶活性，从而降低肿瘤细胞增殖能力，也可抑制拓扑异构酶活性等来抑制肿瘤生长与转移，还可直接杀伤肿瘤细胞，以此来治疗恶性肿瘤[1]。此外，有些中药具有保护骨髓功能、抑制骨髓细胞凋亡和促进造血机能恢复的作用，还可增强机体的特异性免疫，可调节巨噬细胞的分化和活性等，从而重塑机体的造血和免疫系统，以此来减少抗癌药物的毒副作用，提高抗癌疗效。恶性肿瘤的发病机制极为复杂，涉及多个器官，虚实寒热交错，在临床研究中，中医治疗方法不断完善，现常用健脾益肾、以毒攻毒、软坚散结、理气活血、扶正培本等治疗方法，来调控肿瘤微环境，进而抑制肿瘤生长。但是，中医药治疗恶性肿瘤等难治性疾病的机制尚不清楚，仍需进一步研究。此外，历代先辈医家对于治疗难治性疾病积累了丰富的临床经验，如《伤寒论》《金匮要略》中均记载了许多治疗疑难病的方药，且疗效显著。但是目前对这些经方的作用机制研究和创新性剂型的研究还较少，需运用现代科学技术加强对中医经典名方的研究、二次开发和应用[2]。

---

[1] 陈宇. 关于中国南方肿瘤患者中药使用情况的调查 [D]. 成都：成都中医药大学，2015.

[2] 司富春，高燕. 加快中医药科技创新 助推健康中国建设 [J]. 中医研究，2020，33（9）：6–10.

五、中医医疗器械科技创新方面

随着现代科技的更新迭代，人工智能、物联网等新兴技术也开始融入中医医疗器械产业，从而衍生出拥有自动取药、智能诊脉等功能的新型医疗器械以适应当代医院等机构的需求。近几年，在全国中医医疗器械生产企业中，出现众多高新技术企业，显著提高了中医医疗器械产业的整体科创实力。中医医疗器械的智能化发展，不仅提高了医疗机构的服务质量，满足了人民群众的中医药健康需求，还推动了中医药产业的现代化创新发展。

六、中医药企业科技创新方面

中医药企业一直走在传承与创新中医药的前沿，最早的中医药企业便是以中药堂的形式出现。其中在中医药史上最悠久的中华老字号企业之一便是始创于明嘉靖年间的广誉远，拥有龟龄集、安宫牛黄丸、牛黄清心丸等103种中药古方制剂，其制备过程在选药、用量、炮制、制法等方面，都体现了我国中医药传统工艺的匠人精神，承载着我国中医药文化的核心价值❶。广誉远不断引进新型生物技术与设备、招纳高素质中医药人才，对中药经典名方的制备工艺和剂型种类进行创新性研究。广誉远现已发展为集研产销于一体的高科技现代化制药企业。为推动中医药传承与创新发展，近几年，国家医药部门颁布《中药经典名方复方制剂简化注册审批管理规定（征求意见稿）》等相关文件，以此激励各科研院所与药企积极开展中药经方的研究。多家大型中药企业积极响应文件号召，从考证经方出处、历史沿革变化及现代应用三个层面来开展对中药经方的研究。不仅如此，中医药企业积极联合各科研院所在学术传承、理论研究和临床实践方面的创新发展，也体现了传承创新互动发展的理念。

---

❶ 张宏武，黄文龙. 从我国中药企业的现状看中医药的传承与发展［J］. 中国卫生事业管理，2020，37（3）：193-196.

第四节　河北中医药科技创新的持续推进

河北省中医药科技创新基础坚实，一是有高水平的科研平台，如重点实验室、研发中心等，极大地完善了河北省中医药科技创新的硬件设施。二是有原始创新成果，20世纪80年代初期李佃贵确立浊毒理论治疗脾胃病的研究方向，主要研究方向为浊毒理论治疗慢性萎缩性胃炎的疗效，经过40余年不懈努力已发展为国内知名的脾胃病科研创新团队。河北中医药发展环境好，省委、省政府高度重视，在《"健康中国2030"规划纲要》等文件中，提出主要任务之一是"推进中医药强省建设"，这些文件为中医药强省建设描绘了蓝图、明确了措施、提供了政策制度保障并营造了良好的氛围。在全国中医药竞争的大背景下，河北省持续推进中医药科技创新，建成中医药强省，要扎实推动以下几方面工作。

一是推动中医药技术创新。中医药技术创新是加快建成中医药强省的关键，包含中医药全产业链的各个环节。要通过技术创新，让中药材种植或养殖机械化、自动化、智能化、智慧化，不断提升中药种子资源品质，不断丰富各地优质道地中药材品种，不断提升道地药材在全国乃至全球的竞争力。要通过技术创新，用人工智能、物联网、大数据等信息技术和新材料为中药加工制造赋能，推动中药加工制造转型升级，实现柔性制造、个性化制造，不断提升中药饮片、中成药质量，不断提高中药的有效性和安全性，进一步增强人民群众对中药产品的信任感。要通过技术创新，加速中医服务业发展，将线上线下诊断治疗相结合，让中医咨询、治疗在医院外和家庭中开展。要研究开发家用中医保健诊断治疗设备，让老百姓在家里就能对部分疾病进行自我诊断、自我治疗，使每一个人都能成为自己身体健康的第一责任人。要通过技术创新，使中医药教育专业化与大众化相结合，院校教育与社会教育相结合，不断提高中医药教育质量，不断推进中医药知识普及，缩短中医药人才成长周期，培养更多受群众欢迎的名家中医。总之，要通过技术创新，让河北省的中医药人才、产品、服务、标准走向全国、走向世界。

二是推动中医药体制机制创新。中医药体制机制创新是加快建成中医药强省的动力。要通过体制机制创新,让全球的中医药科技创新人才到河北汇聚,全球的中医药成果到河北转化,全球中医药产品从河北销往全世界。要通过体制机制创新,让河北成为医术确有专长的民间中医师的向往之地,成为民间中医和中医秘技、秘籍、秘法、秘方的集散地,推动中医精华传承,为健康河北建设贡献力量。要通过体制机制创新,让河北的中医药创新迸发新活力,中医药创新成果层出不穷,中医药优秀人才不断涌现,从而使中医药产业不断壮大。

三是推动多维度迭代创新,走向管理新闭环。一方面,要围绕建立现代医院管理制度,根据国家总体部署和安排,做出河北省推进落实的顶层设计,精确定位在建立健全医院治理体系和完善医院管理制度两大方面,明确政府、医院和行业组织各自应该做什么和怎么做。另一方面,要在全面推进建立现代医院管理制度进程中,深入开展医院组织管理结构重塑工程,逐步借助人工智能技术大幅提升医院内部业务效率以及院际转诊协作水平。具体的措施包括:在更大范围内探索公立医院职业化管理、全面落实公立医院经营管理自主权、依法落实公立医院享有股权的权利和其他投资性权利。

一、加强中医药临床创新

(一)创新医疗服务模式,充分发展"互联网+智慧医疗"

"互联网+智慧医疗"是以互联网或移动互联网为载体,将物联网、大数据和云计算等技术运用到传统医疗服务体系中而形成的新型医疗服务业态的总称[1]。"互联网+智慧医疗"所涉及的服务包括预约诊疗、移动支付、检验结果在线查询、远程医疗等,极大地提升了医疗服务质量,满足了人民群众多样化的医疗服务需求。"互联网+"与传统医疗服务体系的融合,极大地推动了健康中国的建设,如构建了全民健康信息平台,汇集了各类医疗信息资源,使疾病预测和预警得以实现。通过短视频、微信公众号等网络平台来宣传医药健康知识,可显著提升国民健康素养。

---

[1] 吴红月."医疗健康+互联网":强调以需求为导向[N].科技日报,2015-08-13(9).

（二）加强前沿技术引入，促进中医药临床技术创新

创新中医药研究的思维方法，即将中医药基础理论（阴阳五行、经络学说）与现代前沿技术相融合，形成现代化中医药思维，进而探究中医药经典理论的科学内涵，提升基础研究的原创性和中医药诊治技术的精准性。还应将分子生物学、细胞生物学、生物化学等多学科前沿技术充分运用到死亡率高的恶性肿瘤、尿毒症、糖尿病等重大疾病、疑难病、慢性病的诊治中，探索疾病的病因、病机，并积极探寻治疗机制。充分利用中医整体化、个体化诊治理念以及前沿技术对疾病的分析结果，切实提升中医药防治重大疾病、疑难病、慢性病的临床疗效与服务能力。还要积极将基因组、代谢组、肠道微生物组等前沿知识与中医辨证施治相融合，利用大数据分析技术挖掘中医诊治的基因规律、代谢规律、用药规律等，逐步形成精准化中医药学发展模式。与此同时，要借鉴国际先进医学研究机构的医学发展模式，推动我国中医药医学发展，提升中医药临床服务能力。

（三）加强中医医疗器械创新，助力大健康医药产业发展

政府部门应发布相关文件来促进中医医疗器械创新发展，支持中医医疗器械企业加大科技创新力度，引进高科技人才，研发新型产品。首先，要建立中医医疗器械专业孵化器，鼓励优秀中医医疗器械企业研制高精准、高质量的医疗器械，加大用于体检、康复和养老等领域的中医医疗器械研发力度。其次，要加大中医医疗器械研发的宽度和深度，拓宽其应用范围，提升其质量。在临床诊断方面，研制使用便捷且检测精准的智能化脉诊仪、舌诊仪等诊疗设备。在康复阶段，开发出使用简单的智能手部康复训练仪、下肢智能康复机器人等康复智能化设备。还可以以服务家庭为出发点，研发出小型轻便且操作简单的中医检测与监测设备，尤其要以老年人康复与护理为出发点，研发适用于老年病康复的中医智能复器等相关辅助器械。最后，要加强现代医学影像学与传统中医学的深度融合，推动中医影像诊疗技术的创新型研发、标准制定和临床应用研究。同时利用现代影像学技术对中医药基础理论、诊断方式、治疗效果等进行科学阐释，为中医药诊疗提供可视化证据，从而推动中医药学创新发展。

(四）加强中医药学术国际交流，促进中医药基础研究创新

基础研究是整个科技创新体系的源头，因此促进中医药发展的首要任务是加强中医药基础研究，同时，还要求与时俱进，站在国际高度，将前沿科学技术和创新性方法引入基础研究。要鼓励学者、教授、学生等从事科研工作的人员，积极参与高水平的国际学术交流会，及时获取国际医药发展的最新情况，瞄准中医药学术发展前沿，学习新理论与思路、新技术与方法，开展中医药创新性研究。还要鼓励国内外的科研院所、医药企业和医疗机构开展多方面的合作，如学术交流会议、人才交流项目、相互引进先进设备、共同搭建高水平科研平台等，充分发挥各方优势，积极探索中医药理论内涵、重大疾病防治方法，深入开展中医药基础研究、中药新药研制等项目。

（五）加强中医治疗难治性疾病研究，不断提高临床疗效

首先，中医药传承千年，具有丰富的治病经验，尤其是中医药中的经典名方对治疗某些难治性疾病（恶性肿瘤、心血管疾病等）效果显著。因此很有必要将中医经方研究纳入国家中医药科技创新发展战略中，增加对经方研究的科研立项和财政投入，从而加强分析、总结经方治疗难治性疾病的治病规律及用药特点，揭示其科学内涵，进一步研究创新方药。其次，应联合医院、科研机构和医药企业等共同建立癌症、心脑血管疾病、糖尿病等难治性疾病的基础研究及临床研究中心。将现代前沿科学技术投入中药经方的研究中，分析其治病机制，并及时进行成果转化，如加强以经典方剂为基础的院内制剂、中成药及新药的研发。最后，充分运用信息技术、数据挖掘技术、循证医学方法系统汇聚相关病证古今文献和临床病例，探索中医经方治疗病症规律、诊疗技术、用药特点、核心方药以及临床疗效等，以便于优化诊治方案，提高临床疗效，使中医经方充分发挥其在常见病、多发病和慢性病防治中的独特作用。

（六）加强中医经典传承，促进中医理论创新

首先，深入分析中医药经典名方，以辨证施治的思维进行研究实践，科学合理地采用循证医学方法进一步探究其现代临床适应证及作用机制，以此加强中医

经典理论传承，促进中医药经典名方的创新发展，使经典名方不仅为建设健康中国助力，还能为全球贡献"中国良方"。其次，深入开展名老中医经验传承研究项目，利用科学技术将名老中医治疗疑难病症的经验数据化，并利用大数据覆盖的全面信息资源来分析和认识其中的精华，挖掘出其中的规律联系。不仅要吸收名老中医的治病经验，还应对古今名医名家的医案和古今文献中的治病信息进行整理和分析，形成系统的理论框架，如利用数据挖掘技术将分散的名老中医临证经验进行规范化整理，建立"病—证—法—方—药"数据库。

二、加强中医药产业创新发展

医药产业在保障人民生命健康、支撑医疗卫生事业和健康服务业方面发挥了巨大作用，同时也是我国国民经济中不可分割的一部分。21世纪，我国经济持续稳定快速发展，人民生活条件有了很大的改善，对高品质健康生活的追求进一步提升，养生保健品日益受到人们的青睐，人们对医疗保健产品的需求逐渐增加，医药产业也越来越受到公众及政府的关注，其在国民经济中的地位也得到了逐年提升。同时，医药产业也是一个高度融合多种学科先进技术和发展领域的高科技产业群体，科技创新已经成为医药产业发展的核心，特别是进入21世纪以来，随着生物学、生命科学、合成化学等学科的迅猛发展以及这些学科在医药产业的广泛应用，科技创新在医药产业中的重要性愈发突出。

（一）提高中医药行业自主创新能力

中医药行业自主创新能力的提高体现在新药、新技术和新工艺的研发和应用上，其中需要高素质和具有创新能力人才的参与、合理的研发资金投入以及结合市场情况所制定的自主创新策略。自主创新能力的提高关键是提升科学技术水平，因此要不断引进新技术、学习新知识。中医药产业企业可以联合科研院所、高校等力量，搭建公共科研技术平台，进而提升自主创新能力。同时中医药产业创新发展需要政府的支持，需要政府加大对医药企业科研创新的资金投入和政策支持力度。政府与中医药企业共同构建医药产业集群，团结医药产业内各企业力量，形成有效结合与互补，鼓励企业间相互学习，推动企业进行技术创新，进而健全医药产业创新体系。

（二）扩大并创新中医药发展领域

面对新时代中医药产业，应积极拓宽并创新中医药发展领域。首先，大多数中药为植物药，生产成本低且获取便捷，其中药食同源类药材早已融入百姓生活，故而中医药诊疗受到广大群众的欢迎与认可。中医药企业可充分挖掘中医药在养生保健方面的特色优势，如中医诊治慢性病可依靠药膳、药浴、推拿等疗法。中医药企业应积极推进中医药健康服务产业与其他相关产业的融合发展，既推动产业转型升级，生产适应市场的新产品，又扩大服务领域，创造新供给，释放新需求，满足群众多样化、个体化的健康需求。其次，可借鉴日本汉方研究方法及其产业发展进程，把中医经典名方作为中药创新的一个切入点，利用现代科学技术寻找关键技术突破点，广泛运用数字化、分子生物、指纹图谱等技术，对中医经典名方进行创新性研究和二次开发，进而研发出有效且适应市场的新药。民间秘方也是中医药文化中的瑰宝，其一般是针对某一种或某一类疾病有既定疗效的药方。中医药企业应利用现代技术对民间家传秘方进行研究与开发，从而研发出具有知识产权的新药，不仅能为众多患者带来福祉，还可产生巨大的经济效益。最后，应加强中医药企业与科研院所的协同发展，共享研究资源，促进基础研究与临床资源及产业化发展的深度整合，以此加速推动基础研究成果转化到临床应用，从而助力新药研发。

（三）加强中医药适宜技术研发

首先，深入挖掘和整理中医药中原创且有效的诊断疾病和治疗疾病的技术与方法，并联合国家级医疗部门共同制定相应的标准规范，同时加强宣传推广与应用。其次，借鉴现代医学及其他学科的知识技术，分别研制出对一般人群和特定群体（儿童、妇女、老年人等）的诊断和治疗技术，从而提升中医药健康服务技术水平，丰富中医药健康服务的内容和形式。与此同时，要鼓励医疗科研机构中的中医药专家共同遴选安全有效且简单便捷的中医药治疗常见病、慢性病及养生康复保健类适宜技术，如加强预防和治疗心脑血管疾病、颈椎病、腰肌劳损等常见病、慢性病的药物研究和保健器械研发，以此来满足不同人群的健康需求，并为建设健康中国助力。

三、加强多元化中医药创新人才培养

（一）专业人才培养

发展中医药产业需要不断加强人才队伍和素质建设，中医药创新性发展需要更加注重创新驱动、知识溢出和人才支撑，专业人才培养是一个紧迫的任务[1]。中医药专业人才主要包括教育科研、医疗卫生和健康管理服务三类人才，从事教育科研、医疗卫生和健康管理服务相关行业的人员需要接受系统且严格的人才培养。首先，从高校专业及相关培训机构入手，优化培养方案，开展与中医药行业相关的教育活动，从专业素养、专业知识与技能等方面进行培养、培训，提高学生、学员的综合能力，培养合格、优秀的中医药专业人才。其次，中医药专业的教学要与中医药产业的市场需求联系起来，将实践案例融入教学计划，定期举办中医药传统炮制工艺传承、国医大师进校园等活动，分享中药材炮制经验、救治患者的心得和学习经验。最后，加强中医药企业与学校的合作，形成企业为学校提供实践平台，学校为企业提供技术研发和医学理论知识的局面，为满足企业的人才需求提供便捷途径。

（二）多元化中医药人才培养

建设健康中国不仅需要培养基层中医药人才，还需要培养中医药高层次基础研究人才和中医药创新型人才等多元化中医药人才。要优化基层中医药人才培养模式，为基层人员提供优质的培训资源，进而加大基层中医药人才培养力度。在基层医疗机构积极开展学习中医经典教育培训，积极开展师带徒项目，积极推广传统中医药诊断与治疗技术，从而提高基层中医药人员的文化素养和诊治能力。各科研院所应联合中医院校，建设培养中医药创新人才的实验班、中医药基础研

---

[1] 张秀菊，杨振儒，刘斯文，等.河北省健康产业发展现状及科技创新对策研究[J].中国医药导报，2020，17（31）：193-196.

究人才培养基地等,培养一批中医药基础理论知识扎实的创新型中医药高层次研究人才;开设中医药国际贸易、中医药小语种等课程,培养具备国际视野的中医药人才。大力支持中医药领域中优秀青年前往国外知名高校学习传统医药知识和技能,培养国际化中医药人才。要加强中医药学科与现代科学技术、生物学、代谢组学等学科知识的相互融合,培养中医药科技创新型人才。

(三) 健全人才培养和激励机制

第一,面对医药产业及市场需求,各中医药高校不应只开设中医药传统课程,还应开设中医药养生保健、中医药美容、中医药健康旅游、中医药健康养老等专业课程,不仅培养中医药专业型人才还应加快培养中医养生保健、康复、养老、健康管理等技术型人才[1],从而满足未来医药产业发展和人民群众的健康服务需求。第二,中医药产业急需培养一批创新型领军人才、专业技术人才和优秀企业家,要鼓励医药企业与各个科研院所开展人才联合培养,重点培养中医药方面的医药研发人才、医药工程技术人才、医药技术创新人才、医药经营管理人才等。第三,加大各省份培养中医药人才项目的资金投入,并制定相应的奖励政策,积极推动各省加大对高层次医药科技人才的培养力度;还应鼓励发达地区的中医药专家和学者定期到少数民族或贫困地区,为当地医药企业的研究人员、医药科技工作者等提供基础理论知识培训和技术指导,进而缩小各省中医药人才素质差距,提升全国中医药人才质量。

四、"一带一路"建设推动中医药科技创新发展

(一) 提供良好的国际交流环境

目前,已有多个国家与国际组织积极参与到"一带一路"建设中,还主动将本国的经济发展战略与"一带一路"建设相对接。"一带一路"建设为沿线国家创造了良好的国际交流环境,亦为中医药文化的国际化传播提供了良好的平台。在"一带一路"建设背景下,我国与非洲国家、欧盟组织等沿线国家和组织积

---

[1] 中国药学会药事管理专业委员会.中国医药卫生改革与发展相关文件汇编:2016—2017年[M].北京:中国医药科技出版社,2017.

极开展中医药学术交流会议，共同建立医疗机构（如中国－捷克中医中心），以此构建海外中医药发展平台，推动中医药国际化发展。"一带一路"建设在为中医药企业拓宽海外市场的同时也增强了中医药在海外市场的竞争力，进而推动中医药产业的转型与升级，加快完善中医药传播体系，提高中医药在国际上的影响力。

（二）开阔中医药从业人员的国际视野

在"一带一路"建设中，中医药产业逐渐走出国门，医药从业人员开始以世界维度的开放视域来探讨中医药科技创新、规划中医药现代发展模式。政府、国际组织、学术团体、行业协会等通过"一带一路"建设开展一系列的中医药学术交流活动和国际传统医药科技合作项目，不仅宣传了中医"天人合一"的整体观、辨证施治的个性化治疗、治未病和养生保健等理念，还开阔了中医药从业人员的国际视野，拉近了国内外传统医学机构间的距离，进而形成了国际化中医药文化传播体系。

（三）推动中医药相关双边贸易发展

"一带一路"建设促进了我国与"一带一路"沿线国家和地区间的双边自由贸易，亦为中医药贸易提供了良好的发展环境。应充分分析各国现行的与自由贸易相关的法律法规，进而制定出恰当且合理的双边自由贸易协定规则，并与国外企业构建良好的合作关系，积极推动各个国家与地区间中医药产品与服务的合作，抢占国际市场中医药产业份额。"一带一路"建设有利于加快独具中医药特色的产品进入沿线国家的市场中，推动国家对外贸易发展；有利于中医药文化在沿线国家的宣传，提升国家软实力。

五、加快推进大健康医药产业发展

（一）加强大健康医药产业发展的顶层设计和战略谋划

首先，相关部门要对新时代大健康医药产业发展的新情况和新形势进行全面分析，进而进行以科技创新为核心的中医药发展的整体顶层设计和前瞻性战略谋划，完善大健康医药产业发展的需求导向、问题导向、目标导向和效果导向，从而培育医药发展新动能，拓展医药发展新空间，构建医药产业新体系。其次，全面分析总结大健康医药产业特色文化，并以此为基础，结合现代科学技术，研发具有医药文化特色的绿色有机产品和康健产品，推进医药健康旅游和医药养生产业的深度融合发展，积极探索医药发展新方向和新路径。最后，在充分调研国内大健康医药产业最新情况后，应了解和分析国外大健康医药产业发展状况，并充分吸收各方发展经验，结合本地区的特色优势，制定大健康医药产业发展规划，促进大健康战略性新兴产业发展。

（二）以科技创新为引领，加快大健康医药产业科技成果转化

首先，积极推进大健康医药产业以"创新驱动、特色发展、统筹推进、优化升级"为发展方向，设立大健康医药产业发展专项基金，加强医药企业与各医药高校、科研院所间的合作，共同建立大健康医药产业科技创新研发中心、中医药研发公共服务平台等，促进中医药产学研一体化发展，积极研发医药新品，加速转化新成果，推动新项目落地。其次，要加大对大健康医药产业中各领域的资金投入、技术支持力度。加快推进医药健康领域项目建设进程，支持研发能力较强的医药高校、企业和医疗卫生机构提高特色优势药材、道地药材种植与栽培技术，提升制药工艺水平和设备自主研发能力，引导有实力的民族医药企业进行医药技术改造和创新，提升优势医药产品质量，加强产品品牌建设。最后，推进大健康医药产业以"调整产业结构、转变发展模式、促进产品升级"为导向，联合科研机构共同搭建开放合作、互利共赢的公共医药服务平台，加快建设中医药高新技术产业基地和产业集群。

（三）加强中医药骨干企业和产业集群培育，优化产业组织结构

首先，传统中医药产业发展动能在逐渐减弱，亟须培育、壮大新兴中医药产业，从而加强大健康中医药产业发展的供给侧结构性改革。应加强中药材种植业、中药新药研制业等产业的优质供给，并通过扩大其有效供给，减少其无效供给，来提高供给结构的适应性和灵活性，提高资源配置效率，从而优化现代中医药产业结构。其次，在推进具有地域特色优势的中药材产业转型升级以及扩大健康中医药发展总需求的同时，要充分考虑区域发展阶段、资源分配和公众需求，并着力推进去产能、去库存、去杠杆发展，进而通过增加中医药科研项目资金和鼓励优质中医药新产品、新器械的开发方式，加快培育一批具有资源凝聚力、行业竞争力、品牌影响力的中医药龙头企业。最后，提升中医药龙头企业对发展缓慢和技术水平较低的中医药企业的并购能力，从而聚拢企业资金和研发创新能力，增强健康医药产业市场集中度，提高整个医药行业的运行质量。

（四）创新发展模式，充分拓展中医药和民族医药健康服务空间和领域

首先，依托民族地区的气候条件、生态环境等条件优势和特色文化优势，充分利用当地的中药资源、自然资源及人文、工艺资源等拓展中医药的发展模式。主动加大中医药、民族药与大健康产业的合作力度，积极开发大健康产业发展的新方向和新途径，全力推进智能化健康医药产业发展。其次，充分挖掘中医药和民族药的文化历史，并以此为依据来完善医药健康服务空间布局、细化健康产业发展类型，大力发展药膳产业、健康生态旅游产业，从而形成以模式创新为动力的健康管理产业。最后，根据地域特色，创建具有民族特色的医药大健康服务发展示范区，并以此构建民族特色养生服务带，同时加快养生医药产业园、药膳食疗馆等中医药健康旅游基地建设和特色健康产品、食疗保健品等产业的发展。

六、加强中医药科普创新，助力健康中国人行动

首先，将人人都是自身健康第一责任人的理念传达至每个人。中医药的养生保健技术及方法，适合长期融入人民生活，全方位保障个人健康。所以，应及时对中医药养生知识与方法进行研究和科普，并落实到个人健康行动中。其次，中医药历经数千年的沉淀，具有丰富的养生知识和方法，对于不同健康状态、不同年龄段和不同职业等人群的养生疗法及经验，已经形成一套简便且行之有效的养生保健技术和理念。对此应加以推广，使人人都能享有适合自己的健康养生保健方法。最后，加大信息技术与科普中医药养生理念相结合的力度。以信息技术手段（大数据、云计算等）为基础，创新科普传播途径和服务模式，实施更精准、更通俗的中医药科普，使人人都能运用中医药科普常识和养生保健技术让自己健

康、让家人健康、让身边人健康，如此形成合力，推进健康中国建设。

七、搭建科研平台，增强中医药传承创新发展的支撑力

要始终把搭建科研平台作为中医药传承创新发展的基础性工程来推进，作为中医药传承精华、守正创新的重要内容来落实，形成以政策推进、孵化创新、部门联创和校企联动等科技创新平台为支撑的中医药科研体系，不断增强中医药传承创新发展的支撑力。一是搭建政策推进平台。制定支持中医药科研创新的专项优惠政策，通过资源招商、资本招商、技术招商等招商模式，加快中医药创新型产业项目建设，构建大健康生态圈。二是搭建孵化创新平台。围绕中医药传承创新发展的战略目标，依托现有产业基础和优势，增强中医药产业创新发展能力。三是搭建部门联创平台。瞄准加快中医药产业发展所需突破的关键技术和重要研发产品，持续加强中医药产业科技创新平台建设。四是搭建校企联动平台。依托中医药类院校建设的国家级技术创新平台、省级协同创新中心的人才技术优势，开发并转让中医药产品、中医药技术，为广大群众提供优质的中医药产品和技术服务。

八、创新科研机制，激活中医药传承创新发展的内动力

要把创新科研机制作为中医药传承创新发展的重中之重，通过创新人才培养、科研转化等，不断激活中医药传承创新发展的内动力。首先，完善创新人才培养机制。提高创新能力的关键在于人才，通过国家级、省级、市级主要学科学术与技术带头人、优势科技创新团队项目、"双千计划"等人才科技计划项目，加大中医药领域人才培养力度，构筑中医药传承创新发展人才高地。其次，促进中医药供需对接。研究开发"网上医药技术市场"服务平台，依托此服务平台举办大型医药科技成果在线对接会，征集中医药领域科技成果和企业技术需求，促成供需对接，推动中医药产业产学研协同创新。最后，加强中医药标准化研究和新药研发。推进中医药防治常见病、多发病、慢性病、传染病等系统性研究，进一步推动中医药标准化的工作进展，建立国家与国际均认可的国药（省药）标准体系，制定和完善现代中药标准和规范，同时要加强中成药新药研发和二次开发。

九、强化科研保障,保持中医药传承与创新发展的持续力

要把完善科研政策制度作为中医药传承与创新发展的重要推手,通过政策驱动、实体互动等措施,保持中医药传承与创新发展的持续力,促进中医药科研创新工作的高质量开展。首先,颁布推动中医药传承与创新发展相关政策措施,健全中医药管理服务体系,完善中医药传承创新发展联席会议制度,将中医药产业发展纳入经济社会发展总体规划中,将中医药传承与创新发展纳入相关部门绩效考核内容。其次,鼓励中医药科技人员创新创业,依托高校科研平台推动产学研发展等相关政策,不断优化中医药科技成果转移转化的政策环境,促进中医药人才投身科技研发和创新创业。最后,鼓励各省科研院所与医药龙头企业共同组建中医药国家级、省级工程(技术)医药科研研究中心,加快推进中医药创新性发展。

第九章　河北中医药强省建设实践：产业发展

第一节　河北中医药产业发展的阶段性成果

中医药自伟大的中华民族诞生之初就与每一位中华儿女一路相伴，历经五千年的风霜雨雪和坎坷羁绊。近代，中医药更是在西方文明冲击下世界范围内保留最为完整，发展现状与发展前景最好的传统医药。就其经济价值而言，中医药产业是产值丰厚的重要民族特色产业；就其综合价值和社会影响而言，中医药产业是直接服务于民族成员身心健康的民生产业。因此，党和国家领导人对中医药给予充分的关注和支持，习近平总书记针对中医药的发展发表了一系列重要论述，更是多次发布重要指示与批示，鼓励中医药产业的健康发展，党中央、国务院从国家战略层面的高度对中医药的发展进行了强力推动和重要部署。

发展中医药产业意义重大，当前中医药的配套法规颁布实施，《中医药发展战略规划纲要（2016—2030年）》也在稳步推进，中医药的传承与发展是时代任务，更是民族伟大复兴的重要任务，《中共中央国务院关于促进中医药传承创新发展的意见》指出，传承创新发展中医药是新时代中国特色社会主义事业的重要内容，对于打造中国特色卫生健康发展模式，弘扬中华优秀传统文化，增强民族自信和文化自信，推动构建人类命运共同体具有重要意义[1]。河北省省委、省政府也以高规格来召开全省中医药传承创新发展大会，这不仅反映出各级党委及政府对中医药的空前重视，还显示了社会各界和人民群众对发展中医药的广泛认同。

习近平总书记在党史学习教育动员大会上指出："江山就是人民，人民就是

---

[1] 刘志勋.浅谈对促进中医药传承、创新与发展的理论解读［J］.教学考试，2020（25）：28-29.

江山。"中医药产业是为人民群众服务的。在我国深化发展的过程中，人民对物质资料的需求逐步得到满足，同时人民对医疗服务的需求在不断增加，中医药产业对于人民群众多层次、多样化的医疗需求的满足是重要一环，特别是针对人民群众养生保健、益寿延年的质朴愿望，中医药产业承担着排头兵的重任。

在近两年的两会期间，中医药在新冠肺炎疫情防控过程中发挥的重要作用成为与会委员关注的热点话题，也是科技界、医疗界、新闻界以及百姓街头巷尾热议的内容，而且在这一场抗疫战斗中，河北中医药行业的明星产品连花清瘟胶囊备受关注，这是河北中医药产业界为全国抗疫做出的独特贡献，彰显了河北关怀和河北力量。

河北省既有安国这样自古以来中医药产业的繁荣之地，又有新中国成立后在省会石家庄等城市茁壮成长起来的具有国内外影响力的中药材、中成药企业，中医药产业作为传统的经济增长点为省内经济贡献良多。在新时代，有着传统优势加持的中医药产业也承担着优化产业结构、寻找新的经济增长点的时代任务。中医药产业的范围极广，从药农的田间地头，到药工的车间车床，再到以养生保健为目的的服务业，涵盖了第一产业、第二产业和第三产业，近年来中医药休闲旅游产业方兴未艾，人工智能、大数据与中医药结合的产业也在逐步走进人们的视野，从传统到现代，从过去到未来，中医药产业打破所谓"朝阳产业"和"夕阳产业"的刻板定义，完成了传统优势和全新业态的新老结合，让中医药产业独具特色，是省内经济再发展应该紧紧抓住的着力点。中医药产业的作用不仅体现在经济增长这一方面，它还肩负着脱贫攻坚、生态建设、文化复兴等多重任务。

河北省中医药方面的进步主要体现在两个方面。其一，政策层面与时俱进地调整和规范；其二，具体产业层面所体现出的优良成果。

一、河北省中医药产业的政策层面成果

中医药产业发展的必要性和重要性是省内战略决策层面始终关心的重要问题，中医药产业能够取得良好的成绩，有赖于政策的积极指导和跟进。

河北省省委、省政府从省级层面的高度出发，近些年陆续出台了多部针对中医药发展的指导意见，包括《河北省中医药强县建设方案》《河北省中医药条例》

《关于加快推进中医药产业发展的实施意见》《关于促进中医药传承创新发展的若干措施》等,从实施的现状来看都取得了显著成效。其中《河北省中医药条例》的颁布是国内首例,可见政策层面的设计极具首创精神,而且此条例从法律保障的角度出发,对中医药产业是规范更是爱护。针对省内的中医药产业发展,河北省也做出了相应的组织安排,成立由分管省领导任组长的中医药事业发展领导小组和中医药传承创新发展工作领导小组,各个市级单位也建立了相应组织,对中医药发展的各类重大事项进行定期的研究和布局。

顶层建设并非泛泛而谈,而是切实地把产业发展的具体要求握在手中,河北省领导层也在为省内中医药企业的发展提供更广阔的舞台,近年来多次举行并参与"京津冀中药材产业发展大会"等具有展览和销售性质的会议,给省内企业扩大营收渠道搭建了平台。针对中医药业界大量经典有效的名方验方等,河北省药品监督管理局制定了《关于支持医药产业高质量发展的若干政策措施》(以下简称《措施》),旨在帮扶尚未产业化的中药制剂通过更加便捷的渠道完成申报、审批等流程,从而走向批量生产和更广阔的市场,在坚决守护药品生产的安全底线的前提下,发挥省内的产业优势,将"放管服"落实到生产和市场一线。提出鼓励经典名方中药复方制剂注册生产等26项举措,支持医药产业发展❶。《措施》还针对中医药类企业常年关注的研发、生产和多种经营问题开辟了便利化道路,明确提出帮扶企业新型产品的研发、新增产品的许可、产业园区的建设等政策。《措施》还提出了医疗机构中药制剂审批许可,支持医药企业兼并重组和产业结构调整等政策。河北省还积极开展中医药相关试点工作,目前在已运行的中医优势病种收付费方式改革试点当中,已经获得了初步成效;对中医药医疗单位的现代医院管理制度试点已经铺开;石家庄市国家中医药综合改革试验区项目的建设也在稳步推进。对于市场主体需求的具体把握目前表现在中医药政策的制定和实施层面,河北省已经日臻成熟。

产业发展犹如草木春生,对气候和土壤都有相应的要求,省内中医药政策的战略设计和稳步跟进都是在为中医药的发展创造优良的环境。近些年来,省内中

---

❶ 李晓伟.河北鼓励经典名方中药复方制剂注册生产[J].中医药管理杂志,2019,27(15):17

医药产业在良好环境的加持下，也结出了丰硕果实。

二、河北省中医药产业的产业层面成果

（一）中医药医疗体系

目前河北省各个行政地区的中医医院的发展情况较为喜人，一直保持较高的增长态势，目前各级中医医院共有310所，数量的同比增长在30%以上，2020年总的就诊人数高达2692.4万，相较于2019年有了近60%的增长，床位也保持40%以上的增长，有6万余张，并有50家中医医院在中央政策资金的支持下实现了改建扩建。其中河北省中医院作为龙头单位让"国家中医临床研究基地建设单位"的称号落地，建设了3个国家区域中医（专科）诊疗中心、57个国家和91个省级重点中医专科，在政策扶持和本院优势共同作用下推出脾胃病、血液病、肛肠病等一批品牌专科。在县级中医医院层面有70家医院进行了标准化建设，国医堂如雨后春笋般建立起来，新建了近2000个。从基层医疗到省市级医疗，各级医疗单位的中医药服务实力在逐步增强。中医院系统对于区域合作的渴求也在提升，近年来，北京和天津地区的12家中医医院和河北省的12家医院开展了"一院一地对口协作"项目，并且原有的北京对接廊坊、衡水、张家口等多地区医院的协作项目也在持续推进和扩大，参与其中的河北省医院多达120家。

以省内医改工作的落实和深化为重要契机，中医药医疗体系步入了更加规范化的时代，在中医医院内部的中药制剂管理问题和差别化医保补助方面，各级中医院借助政策的倾斜开展了综合性改革，做到了有效落实。各级中医院先后补充了100多项中医类医疗服务项目，在满足多种医疗需求的前提下，也增加了收入。河北省在全国范围内是最早对医院制剂、中药配方颗粒医保支付标准进行政策规范的，各级医疗单位在现今政策的鼓励下，最终使269种医院制剂和573种中药配方颗粒纳入医保[1]。河北省的中医药医疗单位积极组建了中医医联体百余个，而且在初步运行当中已经看到了部分成效。

---

[1] 赵新喜.统筹兼顾"四方利益"着力构建新时代医保事业发展新格局[J].中国医疗保险，2021（5）：6-7.

（二）中医药企业单位

河北省在中医药资源方面自古就位列全国前列，省内地形和气候条件的丰富，让河北省成为多种药物的规模产区。根据中药普查，省内中药资源的品类有1400多种，在国内知名的本地道地药材有20余种，黄芩、黄芪等药材的产量持续多年位列全国前列。除此之外，还有很多药材是在种植园区的不断扩大和技术的改良下成长起来的，由此形成了许多药物的全国级别的优势产区，这些药材占据的全国单个药材总产量比例极高，比如金银花、天花粉、王不留行、酸枣仁、紫菀、山杏等药材的产量能够占到其药材全国总产量的60%或以上[1]。还有一批正在成长的中药材，旨在打造新的产区优势和品牌效益，包括金莲花、白芷、枸杞、知母、苍术、防风、沙参、山药等。就种植园区规模来看，中药材的种植园区当中超过一千亩的就已经有约400个。值得注意的是，中药材产量近几年的增长形势非常喜人，在2008至2017年的十年间，河北省中药材产量从10.75万吨增长到77.60万吨，增加了66.85万吨，增长率高达622%，而且是逐年上涨不中断，2017年当年的增长幅度最大，中药材总产量相较于2016年增加35万吨，增长幅度达到80%。

根据省内地域气候条件、地形条件的不同，河北省因势利导发展出多个中药材的特色区域种植区或种植带，包括燕山产业带、太行山产业带、冀中平原产区、冀南平原产区和坝上高原产区，合称为"两带三区"。燕山产业带以种植热河黄芩、金莲花、苦杏仁、山楂、北柴胡、北苍术为主，太行山产业带以种植西陵知母、防风、穿山龙、金银花、酸枣等品种为主，其他产区也有自己的优势品种。这些产区都独具特色，针对各个区带的不同需求，河北省安排财政资金投入来开展规模园区的建设。

除了传统的中药材种植产业之外，河北省目前拥有多家具有产业规模和国内外影响力的中医药药品生产企业。截至2019年，省内的中药工业企业已经达到113家，其中最具有代表性的就是神威药业和以岭药业。近些年，河北省中医

---

[1] 赵颐.河北省中药材种植区域比较优势及种植意愿分析[D].保定：河北农业大学，2019.

药企业的发展稳中有进,以岭药业作为中医药企业在省内同行业处于头部位置,2020年营业收入为87.82亿元,同比增长50.76%,在国家科学技术奖励大会中,以岭药业凭借"中医脉络学说构建及其指导微血管病变防治"项目获得了2019年度国家科学技术进步奖一等奖,这是该年度医药卫生界唯一的国家科学技术进步奖一等奖,而且在近两年的新冠肺炎疫情当中凸显了更为重要和特殊的地位,其明星产品连花清瘟胶囊更是成为全球第一种被国家级别药监部门认可的治疗和预防新冠肺炎轻症的适用药,在近两年全球疫情防控危机和机遇并存的当口,连花清瘟作为药品在多个国家和地区完成注册,这是中成药品在国际市场上迈出的关键一步。

传统的中医药工业型企业虽然在经济发展中占比重大,但是中医药产业的其他领域也在蓬勃发展,服务于百姓日常生活的中医保健类产业以个体经营的方式走进商业街,中医药产品的电商企业也日渐增多。此外,建成一批国家和省中医药健康旅游示范区、示范基地和健康养老基地,形成的10条中医药健康旅游线路也提上日程。

(三)中医药发展的典型区域——安国市

保定安国市在古代称为祁州,自古以来承担着中药材集散贸易的重任,不仅是在国内享有盛名,在国际舞台上安国也以"药都""天下第一药市"的身份享誉全球,曾有"草到安国方成药,药经祁州始生香"的说法❶。安国市药材产值在其县市单位的总产值中已经过半,创造的税收额也在三分之一左右,并且在河北全省,安国市的药材产量以70%的占比居于省内绝对的头部位置。

安国市是国家层面官方认可的"中国中药材之乡"、全国首批中药材种植示范县、国家中药材流通追溯体系试点、国家级外贸转型升级专业示范基地、国家中药材种子种苗繁育基地、河北省级物流产业聚集区❷。常年以来安国市的中药

---

❶ 张玥.安国市金融机构服务中药中小企业调研报告[D].保定:河北大学,2017.
❷ 赵智瑶,王军,杨宇.安国中药产业链运行现状及优化建议[J].合作经济与科技,2018(7):19-21.

种植面积维持在 15 万亩左右；安国不仅是全国最大的中药材集散地和出口基地，改革开放以来还把市场拓展到欧洲、东南亚等多个国家和地区[1]。安国每年都会举办"中国中药材节"以及各种医药药材交流活动。安国市场中药材在交易品类有 3000 余种，年交易额达到百亿级别，全市数万人口直接参与到中药材产业中。

安国市拥有多家实力雄厚的省级院校的经济学、金融学等优势学科的科研支持，其中就包括河北大学、河北农业大学和河北金融学院等多家科研和教学单位。中小微企业是国家发展的重点关注企业类型，其市场占比大，更是市场的基本盘之一，但也是最难经受资金匮乏和融资困难的市场单元，近些年来省内多所高校从经济政策、金融服务多个层面出发，以扶持和帮助中小微企业为落脚点，以满足市场实际需求为科研目的，贡献了为数众多的科研成果，为安国的进步与发展持续不断地更新"智库"数据。

整体来看，目前安国市中药材产业主营业务相对单一，以饮片加工为主的经营方式，虽然已经具备较明显的产业优势，但是更具附加值的产业相对欠缺，产能不能完全释放，因此对于市场的综合性开发才是高瞻远瞩之策，尤其应重视中医药文化的传播和大健康产业的发展。目前安国中药材市场内部的活跃度是非常高的，但依旧缺乏更加具有国际影响力的龙头企业或明星企业，下一步应该促进产业的融合，打造更加稳固的产业链条，减少本市乃至本省内部企业的无效竞争和同质化，转为相互促进，形成互补经济的更具有国内外市场竞争力的商业集群。企业单位的下一个发展纪元有赖于持续的政策推进、中医药文化的深入人心和更加贴合市场需求的科研服务，这是涉及行政、医疗、教育、金融、法律等多个领域的有机动员，目前安国市场所取得的成就是多领域共同努力的结果，这片中药产业热土的未来发展需要各个领域的携手合作，同样的，河北省作为中医药大省，安国既是省内中医药发展先锋模范之一，又是省内其他地区发展中医药学习借鉴的宝藏之地。

目前，尽管河北省在中医药产业领域取得了一定的成果，但是依然面临着一系列风险和挑战。中医药服务能力尚且欠缺，对于充分满足人民群众的医疗需求还有一定差距，中医药医疗资源在全省医疗资源中的占比还明显不足，例如，医

---

[1] 王莉莉.京津冀协同发展背景下推进保定市康养产业发展的对策研究[D].保定：河北大学，2021.

院单位数量占比在14%左右，床位的占比也只占到了12%；与其他中医药大省、强省相比，在中医医院数量、床位、中医执业医师数量方面，排名并不领先；中医医院总体产值的全国排名也在20位左右。省内尚且缺乏龙头性质的医疗单位，在艾力彼医院竞争力排行榜中河北省中医院排名第35位，沧州中西医结合医院排名第37位，还有相当大的进步空间。目前，河北省中医药的传承创新能力与实际需求尚存在不匹配的现象，2018年安国中药材市场完成的交易额为31000万元，在全国"四大药都"中排在第3位；省内中医药发展的一大制约因素是相关人才缺乏，省内培养中医药人才的大专院校的数量和质量需要进一步增加与提高。

河北省中医药产业的发展并不是一蹴而就的，在过往的几十年中，河北中医药正是在面临诸多困难和挑战的情况下，一路披荆斩棘才取得今天的成绩。"征途漫漫，唯有奋斗"，河北中医药创业人将谨记中医人的初心和使命，为全国中医药的守正创新、传承发展做出更卓越的贡献。

第二节　河北中医药产业竞争力判断

一、中医药产业的概念和分类

随着生产力的不断进步，社会分工的日益明确，社会生产力水平不断提高，产业开始出现。产业由社会分工产生也以其为基础，在社会生产的过程中，一些相关度高的企业及其生产活动共同形成产业。

中医药产业是和中国传统医学有关的医药企业及其相关人员活动的集合体。中医药产业在我国发展了上千年，形成了较为完整的医药体系，具有独特的"望、闻、问、切"四大诊法，并具有丰富的临床治疗经验以及完善的医疗保障系统，是我国本土产生的产业。在中国上千年的发展历史中，中医药产业为中华民族人民的身体健康做出的贡献不可磨灭。在当代，中医药在我国防治传染病、增强国民体魄和提高人民生活质量方面也发挥了重要的作用。中医药产业包含很多种类，主要有中药材、中医药从业人员的服务、医药宣传教育及中医药文化四大方面。中药材产业包含中药材的生产全过程，在中医药产业发展的过程中起着支柱性的作用，是中医药不可替代的一部分。中医药从业人员的服务主要包括对中医药资源进行科学的规划和配置，并开设了包含中医科的综合医院门诊、专门的中医医院等的服务。在院校中培养专门的中医药人才是中医药能长久发展的保障。中医药文化产业是在世界重视医疗系统的大背景下产生的，满足人们对中医药的文化消费需求，以中医药文化内容为资源，并与国民经济相互结合的各种经营性机构的集合，它为整个社会提供了两大类产品，一类是中医药文化产品，一类是中医药文化服务[1]。

二、河北中医药产业的优势与劣势

（一）优势

1. 燕赵中医，源远流长

中医药学，源远流长，宝藏丰富，象征着几千年来我国人民和疾病斗争的睿智。习近平总书记多次肯定中医药学的价值并指出，中医药学包含我国上千年来的养生经验，并且有实践的支撑。中医药文化是我国传统文化中极为重要的一部分，《伤寒论》《本草纲目》是我国发展中医药产业的基础，也是古人对中国和世界人民的馈赠。中医药产业将"无欲无求，大医精诚"作为职业守则。

燕赵大地具有深厚的文化底蕴，中医药文化产生和发展的基础是传统文化，有鲜明的地方特色和地区特征，河北省有无数关于中医药的故事，孕育了无数古老文明，也留下了祖先的诸多珍贵遗存和不少传奇故事，我国中医药文化能从古代传承至今，河北省在其发展的过程中也发挥了不可估量的作用。河北省张家口的泥河湾文化，是170多万年前的历史遗留；河北省邯郸涉县有娲皇宫自然保护区遗址，相传女娲在这里炼石补天；河北省石家庄新乐的伏羲台，据传伏羲曾在此地推演出世界和宇宙的规律，形成先天八卦，是我国古代中医阴阳五行学说的理论来源。

---

[1] 叶利军.公益性与产业化有机结合的典范：评十大中医药文化基地[J].中医药导报，2012，18（2）：4-7.

五千年前，炎帝、黄帝、蚩尤三大民族祖先"聚于涿鹿，战于阪泉"，河北大地上开展了历史上规模最大的战役，同时这次战役也促进了各民族的逐渐融合，不同文化开始进行友好交流。此次战役之后，神农氏将其总结的农业生产经验和采集药物的知识都带入了河北地区，黄帝也把他的驯养技术和治国观念带入了燕赵大地，并在继承伯高、岐伯等人的医学理论的基础上，发展中国古代医疗卫生科学和中医理论。虽然中华民族的祖先贤明，但也避免不了自然灾害。大禹治水，改堵为疏。燕赵大地，是一片英雄辈出的土地。河北藁城地区出土了商代时期中医所用医学工具——砭石，还有大量的中药材植物的种子、骨针以及酒器和朱砂，证明商代时期是中医学鼎盛发展的时期。台西人在建造住房上十分讲求房屋的温暖和通风，在本地挖掘水井，展示了古时候河北地区人民的幸福生活。

司马迁在《史记》里也提到了中医的起源，他指出开创古代医学技术的并非黄帝，也不是传说中的神农，更不是当时古代皇宫中的御医，而是在野外救助人民的深入民众的扁鹊，也称秦越人。扁鹊身上有很多尚未得到答案的谜题，但这些都不能动摇他作为我国古代医学开创者的地位。扁鹊对于诊脉和"望、闻、问、切"手法具有独到的见解看法，开创了许多新的临床和中医药学术科目，这些也使他成为我国四大名医之一。扁鹊生活在老子和孔子开创学说的历史阶段，中医学也在这个时代兴起，和中华民族传统优秀轴心文化同步诞生，为以后的中医学发展奠定了基础。

秦始皇在河北邯郸出生，死于邢台沙丘，他的出生和离世都在燕赵大地上，同时这里也是他入海求仙丹的地方，他在这里寻求不老的传奇。窦太后推崇的黄帝学派和老子学派，董仲舒提出的天人合一理念都与《黄帝内经》有很大的关系。东汉建武年间建造的安国药王庙里供奉的神主为邳彤，由此可见我国药物买卖可以追溯到汉朝。

华佗的外科治疗手术或许没在邺城进行，张仲景的医学著作或许不是在河北大地上完成的，但是汉朝时期以及唐朝宋朝，河北的中医学家也一定面对过同样的疾病，也为此做出了不懈的努力。自从北齐李密写成中医药学的《药录》一书和唐代张果出版关于中医的《伤寒论》一书之后，一些医学名家也开始全身心投入研究中国的古代医学，或写作出版一些研究草药和诊疗方法的书籍，或向当地医学大家从师学习，或潜心研究药理，或收徒传授技艺，一时之间，人才辈出，学术氛围极其浓厚。

金朝和元朝时期医学界的争鸣现象，从燕赵大地开始出现。刘完素指出天气过热导致热病出现，民间流传的传染病大多为天气过热所致，因此所开药方大多为寒性凉性，制造方子多为攻下。由于传染病的危害性大且传播范围广，刘完素的结论在全国各地得以传播，形成了较为深远的影响。张元素对药物的不同性质进行归纳，并提出人体肺腑是互相联系的医理药法。张元素的徒弟李东垣主张每个时代不同，学术也应该不断创新。他出生在社会动荡时期，受战乱的影响，民众食不饱腹，流离失所，多有内病，但是当时的医者并未察觉，把这种疾病当成一种临床实证病来治疗，内伤外感不加以准确区分，患者的最佳治疗时间被耽误，在这种情况下，李东垣写出了《脾胃论》和《内外伤辨惑论》两本著作，并在全国范围内流传，李东垣也因此被称为一代宗师。此外，河北易水中医学派中也一直保留着元代医学名家罗天益和王好古的医学著作。

明朝和清朝，河北省的医学得以继续发展，医学分为各个门类，数不胜数。魏荔彤对经典的中医学著作进行了系统性的分析与研究，杨照藜也对各大著作进行了分析注解。西医传入中国后，中西医开始融合发展，王清任对经典著作中的错误进行了改正，张锡纯在《医学衷中参西录》一书中对当时医学界的现象进行了分析。在新中国成立前后，杨医亚创办和主持的杂志在世界范围内宣传了中医的学术思想。

2. 河北中医药资源丰富

河北是中医药大省，具有丰富的中医药资源。河北省中药材栽培历史悠久，是生产植物药材的重要基地。河北药企众多，部分中药材种植量占全国较高份额，如酸枣仁、天花粉、金银花等占全国总产量的60%，连翘、北柴胡等产量占全国的33%。河北省面积广阔，占地18.88万平方千米，有高原地形、平原地形和山地地形。在河北省内蕴藏了无数中药材资源，其中承德地区的药材超全省的30%，张家口地区的中医药材约占全省的25%，秦皇岛占据全省的13%，保定市约占12%。河北省的人工栽培药材多分布在中南部地区，该地区以平原和丘陵地形为主，河北全省有超 25 万亩地用来培育中药材，主要有板蓝根、菊花、沙参、白芷、丹参、山药等。全省集中力量先后建设了中药材示范园、现代园区、特优区等，种植万亩以上大县（市、区）达到 44 个，1000 亩以上标准化生产示范园达到 400 个，规模化、集约化种植率达到 92%，并自主制定研发了中药材省级地方标准 82 项，居全国首位。

河北省地处华北平原，气候适宜，四季分明，土地平整肥沃，符合大多数中药材的生长特点。在河北省悠久的中药材种植史上，研制出了很多高质量、产量稳定的有地区特色的中药材，如祁紫菀、祁芥穗、祁菊花、祁沙参、祁薏米、祁白芷、祁花粉、祁山药具有河北特色的八大祁药以及西陵知母、白洋淀芦根、口防风等河北省道地中药材。

河北安国素以"药都"之名享誉海内外，历史上，河北安国是我国最大的中药材集中运销地区，有悠久的中药材种植历史，有 15 万亩农田专门用来种植中药材，适宜种植品种 300 多种，常规种植品种 40 余种，年吞吐量达 10.8 万吨，许多中药材品种都是全国产量最高的，如山楂和黄芩。山药和黄芪的种植面积占全国的 25% 以上，白芷的产量也占全国产量的 10%。安国作为"中国中药材之乡"，规划占地 2000 亩的河北安国数字中药都正在稳步发展，实现"五统一"（统一标准、统一检验、统一交易、统一仓储、统一票据），引入电商和期货等现代化交易方式，健全产品质量检验和追溯平台。其经营品种超过 2000 个，年吞吐量超过 120 万吨，位居四大传统中医药市场之首。随着我国现代化贸易管理模式的进一步转变和升级，安国一直致力于打造"来源安全、去向可查、质量有保障"的中药安全系统，在市场上有"安国无假药"的声誉。

近几年来，河北省涌现出一批优秀的中成药加工企业。河北拥有神威药业、以岭药业、颈复康药业等一批国内外知名企业，五福心脑清、连花清瘟胶囊、颈复康、腰痛宁等一批驰名中成药产销量居全国之首。根据 2019 年度中国中药企业前 100 位排名，石家庄神威药业有限公司和以岭药业股份有限公司都名列前茅，随着河北省对中医药的重视程度不断提高，这些中医药企业在全国的竞争力也越来越强。

3."简便验廉"是中医药的特色优势

中医药文化是我国优秀的传统文化。中医主张人体是一个整体,各个部分都有相关性。中医药受到传统哲学思想的影响,体现了以医之道,中医药文化是用中医的理论来保障人的生命健康的艺术。《周易》有言:"观乎人文,以化成天下。"中医讲求大医忠诚,总是自觉地关注人类的病痛。在此基础上,形成了"简便验廉"的中医特色。"简便验廉"是中医传统特点之一,同时也是中医的精髓所在。

简约质朴是"简"的内涵。"简"从中医的角度来看,是简省的体现,关注人体的生命健康,不杂不乱,并不等同于平时所指的简单。"简"是简约,把万千杂症归结到一起,进行概括归类,达到简约的效果,从而实现阴阳平衡,融会贯通,所以"简"是指简约。

"便"是指方便合适。中医所说的方便,是指灵活运用人体的身心康灵,在人类世界,运用中医的理论来消除现实病痛,提高人类的生命品质。

"验"的含义是被无数次验证,这里特指在临床应用中的效果。在 2003 年的"非典"治疗和 2020 年的新冠肺炎疫情防控中,中医都发挥了力挽狂澜的作用,中医药疗效有目共睹,中医药也得到了临床的检验。关于中医检验也有悠久的历史,如扁鹊治疗尸厥和张仲景治疗寒证等,均属于中医中的"验"。在西医占据大部分市场的背景下,中医在病毒性感冒发烧、皮肤疾病、呼吸道疾病和各类慢性病的治疗上,仍展现了其优势。

"廉"是指价格低廉。中医治疗几乎不采用大型设备,一根银针、一把草药即可满足需求。同时,中医在诊治中因人制宜,不浪费财力,进行适度治疗,因此,"廉"也是中医的特征之一。

西医在诊治时需要较多的医疗物资,大量的资源被使用,使其治疗价格昂贵,废弃物较多,对环境也造成了不同程度的污染。相较之下,中医的药材主要是植物,对于环境的污染很小,甚至可以说是无污染的。中医药产业是应该在世界范围内普及的环境友好型医学产业。

中医药独具特色,一碗汤药,一根银针,常常能达到立竿见影的效果。中医药具有疗效优势,能在短时间内看到显著的效果,并且药物制作简便,成本低廉。尤其是在抗击新冠肺炎疫情中，中西医在重症病例救治中的紧密合作，为提高患者治愈率、降低病人死亡率做出了巨大贡献。中医药产业不仅能使人民获益，而且在一些关键时期能保障国家的安全。在日常生活中，无论是从疾病防治的角度还是从疾病治疗的角度，中医药产业都造福了人民大众，使其用最少的钱获得最大的效果。在关键时期，中医药也能用较为低廉的经济成本解决较为棘手的问题。近几年来，中医药在重大公共安全事件上起到的作用，也使我国政府和民众都更加重视中医药产业的传承和发展。

（二）劣势

1. 中医药产业化市场份额较少

研究表明，中医药的消费者年龄大多在40～50岁，并且18～25岁这一年龄阶段购买中医药服务的人的比例最低。中医药的消费者逐渐减少，最主要的原因是信任中医的老年人越来越少，年轻人又更加相信现代西医。我国的中医药产业在资源整合、技术创新、品牌建设推广、产品研发和市场营销等方面都有很大的缺陷，相关人才较为缺乏且流失严重，使我国的中医药产业很难得到很好的发展。现代社会人们更愿意信任西医，中医药在大众的追捧方向下失去自我，过度追求中西医结合，反而丧失了自身的优势，中西医的过度结合，是中医的西方化，不利于中医药的发展。受现代人生活节奏的影响，想要在短时间内看到治疗的效果，从而忽视对于疾病的防治和系统性的治疗；中医药有时也被经济收益所迷惑，忽视中医学的内在要求。在国际竞争日益激烈的背景下，中医药产业在国际社会一直处于劣势地位。相较于日本和韩国中医药产业的现代化发展模式，我国的中医药产业尚未找准发展方向，经费投入不足，并且监管缺乏，力度不足，仿制产品较多，严重制约了我国中医药产业的发展。中医药产业要想获得长久发展，势必要开拓国际市场，走现代化发展的道路。

由于我国中医养生项目处于起步期，监管缺少统一标准，中医药产业的从业者泥沙俱下，水平及道德素养参差不齐。我国的养生保健产品、康养旅游及养生服务、中医文化等的发展还处在摸索阶段，规模尚小，规模体系的完善还需要一定的实践积累以及各方的共同努力。

2. 中药材海外传播受限

中药材进行海外贸易时，首先要将中文翻译成各国的语言，要把药品的名称、服药的时间以及药品的性状进行翻译，这些是较为简单的翻译，可以通过直译完成，但是一些理论问题是很难翻译的，如中西医药理论体系的差异，以及对于药物质量的评价标准、疗效的评价方式都有很大的区别，并且中西方文化也有很大的不同，使得中医在国际上的认可度较低，阻碍了我国中药材的出口。中医翻译也面临着有些汉字难以翻译、翻译界的标准不规范以及文字难以转化等长久困扰我国翻译界的难题，这些也都在一定程度上阻碍了我国中医药文化在世界范围内的传播。同时，中药材也面临着国际消费市场上消费者的信任度低的难题，中医药对于疾病治疗的作用以及质量问题都在不同程度上受到质疑，并且中医药的存储成本也高于西医药。

3. 中医药专业人才匮乏

中医药产业的发展需要大量专业人才的支持。随着国家战略的深入推进和社会上需求的不断变化，中医药领域缺乏高端人才，优秀人才紧缺。中药材在种植上、中医药企业在发展上和中医药对于传染病的防治研究上，都需要一些专业知识储备丰厚，拥有大视野、创新意识和战略发展眼光的行业领军人才和复合型人才的支持。中医药文化在国际上的传播需要一些对中西方文化和中西医差异有深入了解的人才的帮助，并且拥有这些知识的人才还需具有语言翻译能力和人际交往能力，这种人才的出现能使我国中医药产业在国际市场上有突破性的发展。但是目前缺乏能对中医药材相关内容进行翻译的高端人才，因此，中医药的国际化进程被迫放缓。因此，加强中医英语复合型人才的培养，培养出可以翻译中医典籍和传播中医药文化的人才迫在眉睫。

三、中医药产业的发展要素

中医药产业的发展要素主要有以下几方面：需求侧（市场需求）、供给侧（市场供给）、自有资源、资本投入、新技术融入、专业人才的培养和相关的产业政策。

市场需求：随着经济的发展，国民收入水平不断提高，人民生活的条件也在逐步改善，对于健康的需求也变得水涨船高。人们开始重视治未病，对疾病的预防也开始重视，而中医在疾病预防方面经验丰富，有良好的发展前景。随着科技发展和社会进步，产生了产业融合需求，原本第一、第二、第三产业的概念也变得不同，中医药产业是集种植业、加工业和服务业于一体的产业，顺应了时代发展。

自有资源：中医药产业具有独特的卫生保障价值，社会经济发展潜力巨大，具有深厚的历史文化底蕴，有高新技术的支持，是环境友好型产业。独特的卫生保障价值，在疾病预防、康养保健、康复治疗等方面都能发挥作用。经济发展潜力巨大，中医药产业集第一、第二、第三产业为一体，进行无缝衔接，发展中医药产业要挖掘中医药的经济潜力，发挥科技优势。

资本投入：任何产业的发展都需要雄厚的资本做保障，中医药产业虽然有政府资金的大力支持，但仍需要进行资本投入。需要证券市场和债券市场对中医药产业的发展前景给予足够的信任，并且中医药产业要展现自身的市场前景，以获得投资者的注资意愿。政府要将中医药项目列入重点发展工程，从而使中医药企业能从银行获取长时间的低利息贷款。资本投入能使中医药产业在市场份额的抢占中更加高效，是中医药产业持久发展的保障。

新技术融入：中医著作中仍有许多尚未挖掘的宝藏，要利用现代科技对其进行挖掘利用，使传统的中医诊疗方法和新兴技术融合发展，更好地进行中医诊疗，可以将人工智能引入中医领域。

专业人才：使中医药产业获得突破性进步的中坚力量和决定因素是中医药产业人才，而中医药产业人才需要具备中药材种植、医疗设备使用、中药份额配置、药物销售、药物管理、中医药文化宣传等综合能力。中医药的发展迫切需要人才的支撑，政府要优先培养中医药专业人才，实施合理的培养措施。

产业政策：产业的发展需要法律法规和政府政策的保障，规范性的产业政策能形成竞争有序的市场氛围。

中医药产业发展的各要素之间相互联系，对中医药资源进行合理利用会使中医药产业的发展事半功倍，人民对中医药的需求也逐渐增加，中医药要加强市场供给，同时要根据市场需求，不断进行供给侧改革，市场的需求也会引入更多资本，从而促使供给进一步改革。我国高新科技的迅猛发展，也将带动中医药产业的进步发展，使中医药产业进一步融合，人才是产业发展的支撑，中医药人才在中医药产业完善发展的过程中有很大的作用，中医药产业的不断完善也会使中医药产业人才不断进步。

第三节 河北中医药产业发展的"他山之石"

《诗经》云："他山之石，可以攻玉。"广东省中医药发展的先进经验和产业理念值得河北省借鉴、学习和思考。

中医药产业是我国目前最富有独创性的文化产业，是在本土产生和发展的、具有产业优势、发展前景广阔的产业之一，势必会带动我国企业在国际市场占据有利地位。广东省是我国医药需求最大的省份，消费市场广阔。同时，广东省发展中医药的地区基础较好，尤其是广东省的特产南药。广东省在隋朝时期就开始研究南药，至今已有一千多年的历史，并且长盛不衰，在最近几年，更是取得了很大进展。

一、以南药资源为导向发展中医药产业

广东境内有约 2600 种中医治疗所用药物，生产了全国五分之一的中药材，盛产南药。广东中药产业发展基础好、优势明显，建设了 12 个专门的中药材生产园区，在 156 个村内联合村民进行南药种植，广东有 7 个南药种植示范村镇，10 个省级南药种植专业镇，93 个南药种植专业村。广东拥有全国中药工业规模十分之一的体量。

南药有巨大的医药价值，中药材每年能卖出 300 亿元，并且年增长率一直保持在 15% 左右，国内的中医配方颗粒约四分之一出自广东省；广东的中药材出口到朝鲜、美国、日本等 34 个国家及地区；广东省起草了近 50 个中医配方颗粒的配置标准。此外，广东省拥有全国最多的中药饮片创新研究基地，拥有我国最大的中药颗粒配方企业。

岭南医学从广东省起源，后成为我国中医学的重要组成部分，岭南主要在广

东省进行中草药的种植。中医药已经在广东省人民心中具有举足轻重的地位。广东中医药博物馆的落成，也打开了中医药文化宣传的窗口，有利于进一步宣传中医药文化知识，对中小学生进行中医药知识的普及，中药企业进行医药文化的宣传，同时进行南药文化构建。在南药文化基础上，开辟了南药生态旅游业，形成集加工业、制药工艺、茶艺、老年保健品、药膳、文化熏陶为一体的南药附加产业。通过各种渠道宣传南药文化，出版南药相关的历史故事、神话传说、重大事件和医疗常识、养生知识系列丛书，并进行影视作品改编，还利用互联网等媒体进行南药文化的宣传。

在我国历史上屡次出现的传染病事件中，中医药发挥出了巨大的作用。资料显示，清代岭南地区急性传染病大量流行，是岭南地区中医药临证获得机会较多、创造力增强的一个重要时期。岭南医家在防控烈性传染病、鼠疫、霍乱等疫情的实践中积累了宝贵的经验，并且不乏自己的新知与当地特点。在 2020 年新冠肺炎疫情的抗疫战争中，中医与西医相结合，在预防和治疗方面都起了巨大的作用，对于重症病例的救治起着关键性作用，充分显示了先进、安全、有效、经济、实用的特点，助力我国打赢抗疫战争。中医在新冠肺炎的临床治疗上显示出了明显优势，又一次得到了国家和人民的信任，也向世界人民展示了中国医药的实力。

中医的疗效需要在实践中证明。但在过去很长的时间里，中医一直是西医的附属，不能发挥自身的优势，事实上，中医在大多数疾病的诊治中都有所专长，尤其是呼吸系统和消化系统等疾病。有些综合医院在重症监护病房会使用中医介入的诊疗方法，对病人的身体进行综合调理，而不再只是"头痛医头、脚痛医脚"。医院都涉及疾病预防、疾病治疗和康复三个大方面，如果能真正发挥中医的优势，不但能预防疾病，对人体进行调理，而且在疾病治疗中也有很大的帮助。近些年来，人们对中医的重视度不断提高，使中医进一步造福百姓。广州市慈善医院设置了中医经典病房，探索中医诊治经验，对于重症和疑难杂症的治疗有很大的帮助，并且具有一定的示范性，带动了全国中医经典病房的成立。

广东省中医药在我国历史悠久，拥有广泛的社会基础，广东省的地理位置优越，气候条件适宜中药材的生长，且广东省中药材种类较多。近几年，广东省中医资源不断丰富，资源利用效率也得到了持续提升。广东省的中成药企业发展较早，占据了一定的消费市场，并且生产效益也在不断提高，广东省的中医药是我国发展中医药产业的物质基础。广东省中医药实现创新发展的根本在于自主创新能力的提高。建设现代化中医药强省，通过多种途径形成中医药发展的优势，形成企业的竞争力，中医药的高端化生产是广东省中医药"由大而强"的关键。

广东省中医药产业的发展速度一直居高不下，是我国中医药产业的支柱地区，近年来在销量、产量、品种多样性和生产效益方面也一直居我国各地区首位，是中医药的龙头省份。广东省也有巨大的中医药消费市场，对于药材和服务都有很大的需求。多年来，广东省中医药产业规模在全国一直居首位，广东省在全国中医药的销售中名列前茅，中医药产品销售数量和缴纳的税款都在全国排名前三。广东省通过整合资源，不断做大做强中医药产业，并通过中医药产业的发展带动广东省的经济增长。

在科学发展观指导下，广东省中医药产业发展严格按照《珠江三角洲地区改革发展规划纲要（2008—2020年）》《中药现代化发展纲要》提出的要求，并结合广东省发展中医药产业的优势条件，如以南药资源为中医药产业发展的导向，对各类资源进行优势重构，加之政府进行的政策指引和宏观调控，最终形成以佛山南药为发展导向，综合农业、商业、科教等领域的产业结构，用南药的资源优势带动整个广东省中医药产业的发展。建立专门的南药研究基地，为南药研究提供完善的平台，进行信息共享，对南药的质量严格监管，将"南药"打造成名牌，掌握南药发展的主动权；根据各地区特点，进行资源的合理布局，在全省范围内进行南药研究，充分发挥南药的学术研究价值，进一步提高中药材的科技含量和市场份额，进一步增强广东省的竞争优势。

二、传承创新高质量发展的佛山中医药产业

以佛山为例，佛山的中医药文化底蕴深厚，独具特色，始创于明、全盛于清，发展至今已有400多年的历史，素有"岭南中成药的发祥地""岭南药祖"

之誉，广东民间还散落着众多中医经典药方。在明清时期，中医药产业就成为广东佛山经济的主要支撑，佛山有悠久的中医药历史传承和良好的中医药文化氛围。与此同时，佛山当地民众对中医的认同度比较高。

佛山中医诊所都是门庭若市，老中医一号难求；民众自古便有养生保健的风尚，佛山人对于佛药的喜爱与青睐以及中药材在膳食中的广泛运用，为各医家及药商在佛山的立足及发展提供了广阔的空间和舞台，形成了一批中药龙头企业和拳头产品，基本形成了覆盖城乡的中医医疗预防保健服务体系。在依托传统的基础上，佛山还用先进的科技和产业基础进行发展保障，佛山发展中医药产业具有新型科技支持和雄厚的经济基础支撑。中国中药控股有限公司总部坐落于佛山，同时广东省最大的单体药厂广东一方制药有限公司也位于佛山，一方制药中药配方颗粒在国内市场的占有率近30%。目前，佛山已经形成完整的中医药产业链，在山东烟台、陕西西安等多个地区建立了中药材种植基地，并在生产的源头就严格控制质量。国务院在《关于促进中医药传承创新发展的意见》中指出，要加快中医药的研发进程，使其不断和高新科技相融合，对中医药的发展加大资金投入，建立中医药产业的现代新型网络。

中药材作为入口的药品，必须进行标准化的生产。我国严格把控药品的质量，一直致力于生产安全有效的药物，但是由于中医药的特殊性，不能用现代的标准来衡量[1]，这也形成了中药材在生产过程中缺乏标准、难以进行严格监管的局面，使中药材的安全有效性不能得到很好的保障，进而阻碍了中医药产业在我国的进一步发展。标准化的缺失是一把双刃剑，有利也有弊，广东佛山就将这一劣势转化成了优势。佛山用现代的技术手段为中医药企业制定了统一的生产规范，并在此基础上进行产品的研发。

一方制药在中药配方颗粒领域进行了大胆创新。一方制药一直积极参与中医药配方科学标准的相关研究工作，并建立了专属图谱。中药创新的另一方面是便于服用，中药的熬制通常需要大量的时间，由于现代社会生活节奏加快，人们在选择中药时往往由于煎煮难而放弃。因此，中药产业的发展应着力开发中成

---

[1] 杜艳艳，贾谦. 我国中医药产业的发展战略研究[J]. 中国药业，2006（19）：1-2.

药、中药配方颗粒等便于携带、易于服用的中医药产品，或者提供代煎中药等服务。佛山的冯了性药材饮片有限公司致力于打造便捷的服务，提供了为患者代为熬制、用物流服务进行中药配送、制作膏方等多种利民服务，在医院配齐药物后进行免费配送。把现代的科学技术融入中医药的发展，能促进中医药的可持续发展，是中医药在现代发展必须经历的一个过程，虽然中医已经具有完备的理论体系，但是在实际的应用中很难给出一个具体的数字和标准。比如说号脉，是只能存在于中医脑海里的数据类型。广东省中医院和佛山季华实验室共同进行的中医项目实验中，研制出了一款可以利用电脑进行人体脉络健康辨识的软件，通过现代技术，进行甲襞微循环的辨别，再通过大视场高精度光学显微技术使大众得知，使中医诊疗开始具有科技性和可视性。大数据将原本只有中医学家掌握的能力由隐性能力转变为明显的知识，中医不再只存在于人们的概念中。

人们对于健康问题的重视度越来越高，我国人口老龄化的情况也越发明显，未来康养保健、养老服务等健康服务产业也将进一步发展，并且在身体疗养和预防疾病等方面，中医药具有不可取代的优势。中医健康产业将出现蓝海市场，并且一些地区，如广东佛山，具有浓厚的中医药氛围，当地民众长期受到中医药的文化熏陶，这些地区的人对于中医的接受度也较高，在治疗疾病时，他们会优先选择中医方式，熬制汤药和预防疾病的中医传统理论在当代也得到了继承，健康的生活方式逐渐体现在群众的饮食上。

中医药在当代的继承与发展需要社会认可度的提高，宣传教育对于中医药的发展极为重要。广东省多所学校开展了"中医药学进校园"活动，使青少年对我国优秀传统文化的认知度提高，进而认可认同，同时让他们初步了解中医诊治方式，学习简单的应对疾病的方法。此外，在电视等媒介渠道开设中医讲堂节目和中医健康节目，向大众宣传中医药知识，让中医融入百姓的生活中。同时，要培育高素质的中医药人才，建立高水平的中医药人才队伍，政府通过资金和政策等方面的扶持加强中医药人才的教育与培训、建立较高水平的中医药科学研究平台、积极引进高水平中医药科学家和创新型人才，使中医药产业向高水平方向发展。大力推广师门教育，设立一套行之有效的激励机制，根据教育规律、凭借现代教育理念来培育高水平人才。积极打造校企合作模式，促进中医药专业的招生。2019 年，佛山科学技术学院和中国中药企业共同开设了订单班，为我国中医药发展输送专业人才，促使中医药不断创新。

中医药的传承与发展既需要"全才"也需要"偏才"，中医相关人才更重视"基础深厚，传承优良"，许多有名的中医都是从少年时代就接受了中医药传统文化的熏陶，长久生活在中医药学的文化氛围中，他们对中医药著作有着发自内心的痴迷，能专注于中医药学的研究，从中得到古人智慧的传承，并且也通过拜师等方式使中医学得以继承和创新发展。近年来，一些中医院通过"杏林寻宝"等方式，找回了一些没有记录在册的特色的中医诊疗方法，并且得到了一些民间中医人才。佛山市极其重视这些具有偏才的中医人才，并且通过一些政策激励他们提供个性化的中医药产品及服务。广东佛山具有悠久的中医药传承，有许多中医名家。中医诊疗成本较低，一根银针和一些大自然生长的中药材就能消除病人的病痛，对于价格高昂的医疗耗资需求较少，药物的价格也较低，大多民众都能负担得起。因此，中医是最为环保和实用的诊疗方式，支持中医发展，于国于民都有巨大的利处。

三、中医药科技产业园引领中医药创新发展

2011 年 4 月，广州和澳门合作共建的中医药科技产业园正式落地横琴，产业园区的管理由澳门地区派出的人员和横琴地区派出的人员共同进行，该产业园区以促进澳门经济多样化发展、推广中医药文化为发展理念，同时也为澳门培养了中医药人才，扶持了澳门中医药企业的成长与发展。2018 年 10 月 22 日，习近平到产业园调研时对中医药发展及园区建设做了重要指示：要将中医药文化这一中华民族的瑰宝推广到世界范围内，推动产业、研究、教育一体化进程，推进中医药产业的世界化进程。2019 年 2 月，中共中央、国务院出台的《粤港澳大湾区发展规划纲要》将中医药科技产业园作为大湾区创新发展的重点。在多方的大力支持下，中医药科技产业园成为推动澳门经济适度多元发展以及融入国家发展大局的重要载体之一。

中医药科技产业园占地 50 万平方米，总开发面积约 140 万平方米，产业园充分发挥国际窗口的重要作用，以功能平台建设带动产业发展，以中医药文化传

承推广带动大健康产业发展。结合产业园的地域、优惠政策、国际窗口、技术服务等优势，着力打造产品质量控制平台，为园区的产品研发、检测服务及中试生产等产品孵化提供技术支撑，在产业园区形成"大帮小"的集群合作发展模式；建立康养与中医药文化宣讲基地，进行疾病预防和身体护理；进行医疗产业的集群发展，促使各个健康行业进行交流与合作；同时召开一些交流交易会，进行新型医学技术的展示、中医药出口贸易。

产业园区汇聚了院士、国医大师、中国药品审评专家、欧盟药典委员会委员等在内的国内外知名权威专家，同时还吸引了来自澳门大学、北京大学等高校的科研团队，引进了广东省药品监督管理局、中医药政策与技术研究中心等相关政府机构，为推进产业园区科研技术服务和产业信息化服务体系建设创造了有利条件，并为包括澳门企业在内的国内外企业提供了政策、技术、市场等方面的优质科研服务。

目前，产业园已初步构建了连接中国内地和欧盟的三个以国际认证国家标准平台为服务核心的综合公共服务平台，形成具有国际先进技术水平的配套专业化、高质量的产业公共服务。该平台引进了美国、德国、意大利等国的国际一流、国内领先的生产设备，是目前国内在中药产品提取、小试、中试等方面设施最齐全的专业化公共服务平台。产业园的GMP（优良制造标准）中试生产平台可为研发企业提供符合国家GMP标准和欧盟GMP认证标准的临床样品生产条件，可为诸多规模较小的企业已上市产品小批量、多批次生产提供条件。产业园拥有完整的科研服务体系，形成了大型知名药企、CRO（合同研究组织）研发服务机构及高校创新驱动资源汇集的科技创新研发集群；同时，建有"国家级科技企业孵化器"，为企业提供功能齐全的专业孵化平台，促进科技成果在园区的落地、孵化和转化，共同推动中医药产学研和成果产业化发展。

产业园在2015年6月正式设立"国际交流合作中心"，通过发挥澳门中葡平台的作用，以葡语系国家为切入点，开展国际注册、进出口贸易、人才培训等多种业务，结合"以医带药"的国际化推广模式，以点带面，不断拓展与葡语国家周边不同国家和地区的合作关系，搭建连接东盟、非洲、欧盟的商贸对接模式和市场网络。产业园先后于2017年9月由国家中医药管理局授予"中医药产品海外注册公共服务平台（横琴）",于2019年12月获商务部和国家中医药管理局联合授予国家首批"国家中医药服务出口基地"。至今,产业园已完成包括澳门在内的多家企业共10余款产品在莫桑比克的注册,欧盟方面,一款欧盟药典传统草药注册成功,成为国内首个同时在德国、奥地利、比利时、卢森堡等欧盟多国获批上市的中药品种。在大健康概念的发展模式下,通过以健康养生医疗保健、中医药产业文化艺术展示、健康休闲旅游服务为主的瑞莲庄（横琴）度假主题酒店、中医药科技创意博物馆等示范性产业工程建设重点项目的顺利开展,推动了中医药文化和技术的全国乃至世界推广和传播,促进了产学研创新技术和健康产品的高效转化应用,形成"健康产业与文化推广集群"。目前,在产业园的牵线搭桥、协调推动下,以岭药业的连花清瘟胶囊和澳门张权破痛油中药厂的张权破痛油已走进非洲莫桑比克等国际市场。

四、取"他山之石"垫河北中医药产业发展之路

（一）把准方向、善用人才

随着经济的发展,国民收入水平不断提高,人民群众对健康的重视度也越来越高,加快建设中医健康产业将成为提升国民经济发展水平的现实之路。中医药学是综合性的学科,需要相关从业人员了解制药步骤、药材分类和农业种植等内容。同时,中医药产业的相关从业人员还要不断在实践中学习,根据不同的实践需求完善自身知识结构。我国中医药产业发展主要需要以下三类人才：第一类是各高校培养的精通中西医的人才。第二类是科技复合型人才,能用现代手段来发展中医药,从中医药的理念出发,用现代科技对中医药进行解释。第三类是能够进行中医药应用的人才。同时,对于家里世代行医并且愿意投身于中医研究的专门人才,国家要为他们提供良好的发展环境,把他们作为我国中医药发展的重要一环。政府带头组建优秀人才队伍,引入创新能力强的团队,不断出台有利于中医药人才培养的政策,支持中医药企业的科技创新,为中医药科技创新发展打造平台,推动中医药产业的高水平发展。在中医教育中,引入我国传统的师承文化,建立合理的科技创新激励机制,形成符合中医药人才培养规律、能更好地进

行人才培养的教育体系。

（二）创新驱动、科技引领

中医药是我国原创医疗技术资源，也是我国发展潜力较大的领域。要想使中医药在当代得到深入发展，就要深入挖掘中医药文化中的内容，用中医药文化的传承，推动其在当代的创新发展，从而使其代表我国文化走向世界。在2020年初的新冠肺炎疫情阻击战中，中医具有显著的优势，作用也被大众所了解，中医药在其中的应用是打赢新冠肺炎疫情阻击战的突破点。调查发现，在对新冠肺炎患者进行治疗时，患者普遍愿意接受中医药，对中医药的需求意愿甚至超过了西医药。在临床调查时发现，超80%的重症患者希望中医药能介入治疗，超90%的轻症患者进行了中医药的治疗，隔离中的人也希望用中医药来"治未病"。中医药的地位迅速提高，我国的中医药企业要抓住这次机会，探索如何进一步扩大中医药的影响力，进一步开辟中医药的发展道路。

创新是推动中医药行业发展的动力，抓创新就是抓发展，谋创新就是谋未来。虽然我国中药企业很早就意识到了创新的重要性，但是总体投入还是明显偏低。调查了解到，我国对中药全行业研发投入的规模只有不到2%，百强企业的研发投入也只有4.2%，投入超过10%的企业全国仅有12家，全行业的创新投入远远不如一家大型跨国药企。创新需要开放的政策和持续的科技研发的投入。创新是企业的活力之源，只有加大创新投入，不断增强其竞争优势，最终才能获得企业财富。

时代担当，要打好提升创新能力的坚实基础。同时，质量也是一个企业的核心，是产品、服务、行业的灵魂。加强质量管控，是实现行业由大到强转变的基础，也是推动中医药产业向新型市场经济发展的一个必答题。全行业都必须对中药质量的重要性保持清醒的认识。积极搭建中医药产业创新交流学术平台，围绕当前中医药产业发展的环境与政策，重点针对中医药标准化建设、质量监督管控、产品的研发和培育等方面积极地交流和探索。对中医药行业中可能遇到的质量升级、安全评价、临床痛点、产业变革等问题做出回答，并对中医药产业发展面临的风险进行评估。

中医药未来的发展方向仍是朝着资源节约型发展，中医药材很难获得，甚至一些药材目前还不能进行人工种植，药材逐渐减少，但是人们对于中医的依赖程度在逐渐加深。企业需要通过科技创新等手段，来提高药材的利用效率，通过创新提取手段等方式，使中药材在提取过程中尽可能地减少浪费，使中医药产业得到可持续发展。因此，中医药产业要通过科技的融入适应现代发展。

（三）系统谋划、整体推进

横琴粤澳中医药科技产业园中医药海外研发引进技术推广的成功运营模式，可以简单地将其概括为"以点带面"和"以医带药"。

"以点带面"就是充分利用澳门特别行政区的葡语文化特色，与葡语系国家和地区开展长期合作，将一些中医药产品先推广到全球的葡语系国家和地区，然后通过葡语系国家和地区"以点带面"来对外辐射其他周边国家和地区。而中医药科技产业园"以医带药"的成功运营模式被普遍认为是可以复制的、成熟的中医药国际化战略推广模式。鉴于澳门特别行政区政府和葡语系国家与地区政府间长期友好合作的基础，产业园带领中医药专家团队、企业团队走出国门，通过与当地政府卫生部门和公立医疗机构的密切交流合作，将中医药临床技能培训和中医药文化推广活动开展到了遥远的欧盟、东盟地区，将我国的中医药产品带到了非洲的莫桑比克、几内亚比绍、安哥拉等国家和地区。产业园借助我国外交政策的大力支持，与莫桑比克卫生部等部门友好合作，对莫桑比克公立医院的医生进行中医药技能和知识培训，让他们深切体会并感受到中医药的特色优势和独特疗效，然后通过医生的推广，当地公立医疗机构对中医药产品大量使用，将中医药产品辐射推广到莫桑比克周边的非洲国家和地区。在2016—2018三年的时间里，我国产业园区和莫桑比克的政府部门进行合作，在莫桑比克共举办了8场关于中医的诊疗分享培训会，为莫桑比克培养了200多名中医医生。中医药的临床技术、理疗、药物在非洲的推广和应用，未来将会形成一个巨大的市场，而且中医药推广和使用对降低非洲地区人民的医疗费用支出和提高当地的医疗健康水平也具有积极的作用。产业园会帮助企业尽快打开市场，让企业产品在国外市场落地生根。产业集群，终会让中医药大放异彩。

第四节 河北中医药产业的发展策略

党的十八大以来，习近平总书记对中医药文化等中华民族优秀传统文化的发展做出重要指示，他强调，要顺应传统文化的发展规律，并进行批判性继承，推动优秀传统文化和现代化进程相结合，中医学要和西医相结合，实现中医药文化在当代的高质量发展，要激励中医药企业走出国门。2019年10月，中共中央、国务院颁布《中共中央国务院关于促进中医药传承创新发展的意见》，从国家层面确认了中医药的地位，并对中医药在我国的进一步发展提出了意见。在2020年的新冠肺炎疫情阻击战中，中医药做出了重要贡献，也在世界范围内展示了我国中医药的作用，提高了中医药学的地位，加深了人们的认识。在抗击疫情中，河北省采用中西医结合的诊疗方式，取得了卓越的成绩。

河北省委、省政府高度重视中医药工作。为进一步推进中医药强省建设的进程，河北省政府联合河北省党委前后出台了多个关于中医药发展的法律及指导意见文件。以习近平总书记关于发展中医药的重要论述为指导，牢固树立新发展理念，将发展中医药产业作为调整农业结构、产业结构、经济结构和推动健康河北建设的重要抓手，加快中医药全产业晋档升级。河北省卫生健康委、河北省教育厅、河北省文化和旅游厅联合印发《河北省中医药文化传承发展"扁鹊计划"》，以期深入挖掘河北省的中医药传统文化，实施传承保护、传播推广、产业提升、人才培养等五大行动，以扁鹊中医体系为核心，加之燕赵大地各医学流派的融入，形成了集中医药文化继承创新、开发保护及科学研究于一体的河北省中医药文化体系。

一、重视中医药资源的持续开发利用，提高对中医药产业的认知度

自党的十八大以来，党和政府都认为应将中医药摆在优先发展的地位，中医药产业是我国独有的卫生健康资源，具有广阔的发展前景，能产生巨大的经济效益，中医药在某些方面替代了西医药，由于西药是化学生产的，生产过程难免产

生污染，所以中医药的发展对于环境保护也有一定的意义。总而言之，中医药的发展对我国社会进步具有重要意义。在新的时期，对中医药也提出了新的发展要求。习近平总书记对于中医药产业的发展给予了高度重视，他指出，中医药文化中蕴含的哲学知识和健康养生知识，以及在实践中获得的经验，是我国祖先留下来的瑰宝，也是中华民族文明的宝藏，中医学是我国重点发展的领域，需要各方共同配合。李克强总理也多次指出政府会积极配合中医药产业的研发工作，支持我国中医药产业事业发展，同时指出，我国的传统中医药是我国独有的健康卫生资源，对中医药的开发能带来巨额的经济利益，中医药具有本土优势，并且有雄厚的文化基础做支撑。这些表述提高了中医药的社会认可度，使人们对中医药的信任感增加，也表明了政府对于中医药发展的立场和态度，要加大对中医药文化的宣传力度，让更多的人接受中医药诊疗。

传承千年的中医药，具有独特的文化属性。"天地合一，万物一体"的中医药学理论与环境保护的理念相同，如何挖掘和利用中医药资源的价值显得尤为重要。中医药是重要的生态资源，发展中药材标准化种植，对于保护中药资源及促进其产业发展具有十分重要的意义。同时，中药也是一种潜在的经济资源。要进一步加强对中药现有资源，尤其是濒危中药资源的研究、合理开发和利用，使其产生应有的生态经济效益。中医药的绿色可持续发展理念在我国向"绿水青山"社会转化的过程中尤为重要。对中医药资源的适度开发利用可以改善我国的环境，对生物多样性的保护也有一定的作用；合规生产的中药材进入世界市场，能使全球对我国药材的认可度提高；发展中医药产业可促进绿色发展、生态保护。应加大对中医药学领域研究的资金投入，增强创新能力，各高校和中医药研发机构提高科技创新水平，扩大中成药制造规模，加速中医药的高质量发展进程，不断进行技术创新，使中医药产业朝着现代化方向发展。

中医药资源的开发和综合利用是随着人们对健康的重视而逐渐兴起的，能促进社会绿色可持续发展，中医药资源的开发和利用程度也会直接影响中医药进入市场的进度。我国政府对中医药产业的发展进行了大方向指引，并在政策上给予了一定的倾斜，鼓励企业进行中药材的种植，同时，用法律保护中药材的生长，使中医药产业能够长久发展。

产品开发的"多方面"除了体现在天然植物和老年保健品的开发方面外,还体现在天然染色材料、动物饲料、面粉、农业化肥、酒精、护肤品、饮品以及蔬菜水果等方面。从中医药发展的整体角度来讲,药品研发是中医药资源开发的关键环节,中医的其他功能都是药品研发的扩展应用,也属于中医药资源开发利用的环节。

中医药资源并非必须应用在特定的领域,这也是对中医药资源进行整体开发利用的意义所在,综合开发利用能提高中医药资源的利用效率。多方面也指中医药资源的开发方式和科技手段,是涉及多方面的综合性技术,包含农业学、生物制药学、化学、食品安全学、经济学、医学、法律学和营销学各类学科。

"多层次"是指在进行中医药产品研发和现实应用的过程中,不管是中药材的种植过程,还是产品设计加工、销售,在所有环节中都有侧重点,一般将其分为三个等级,在中药材种植生产中的侧重为初步开发,中药产品的销售和保健服务为二级开发,对天然的化学药物进行的研究为三级开发。二级开发和三级开发为中药产品的应用开发,初级开发为原料的开发。

二、建设中医药现代化产业体系,创造良好的中医药产业发展环境

要想使我国的中医药学在国际上处于优势地位,势必要严格规范中医药的生产标准,生产标准的高低,对于中医药在国际市场上的竞争力具有直接影响。建立中药材及其加工产品的标准体系,首先要在生产环境方面严格把控中医药材的质量,培育优良的中医药材品种,加大对优良中医药材的生产产业的资金扶持力度,不可在中医药材的生长过程中过度使用农药。深入贯彻可持续发展中的绿色发展理念,使中医药产业中的企业不断进行制度改革,加大对科技研究的投入,不断进行生产改良、管理创新,此外,在改革创新的过程中不能使中医药产业丧失原有的传统文化。

在我国现代化中医药消费体系下,完善中医药健康消费机制,使中医药在维护广大人民群众的身体健康中发挥重要作用,对社会的健康运转做出贡献。在维

系传统的消费结构的基础上，不断拓展中高端的消费市场，发掘潜在的中医药消费者，使中医药产业的消费结构更加完善；贯彻落实国家对中医药产业的改革方案，不断增加对医疗保险等服务的资金投入，同时对大病救助系统进行改革完善；把中医药服务及中医药产品中符合我国医疗保障条件的产品纳入基本的医疗保障系统。扩大融资渠道，使中医药企业不断集聚，发挥集群优势。加强产权保护，鼓励中医药行业投融资拓展和改革创新，保护中医药学的知识产权，激励其不断创新研发，对知识产权保护体系进一步完善，以创新为基础发展中医药产业，同时，发挥市场这只"无形的手"对中医药产业的调节作用，进行适应市场规律的改革，合理配置劳动力、资金和土地资源等生产要素，引导中医药产业高质量发展，不断提升产出水平，提高经济效益，全力推进现代中医药产权制度和要素市场化改革。各个地区根据各自不同的地理优势，布局中医药产业。通过龙头企业引领、链式集群优势和雁阵排列方式等手段，延伸中医药产业的产业链，进行全方位的招商引资；依托中医药产业园区打造生命力强的、有竞争优势的高层次中医药产业。

对中医药资源配置的合理规划是中医药服务的第一步，也是最为重要的一步，在综合医院以及妇幼保健院开设中医门诊，并在有条件的地区设立中医专门医院，在乡镇卫生院和社区医院配置专业的中医从业人员，使中医遍布各类医院，使更多人了解中医药。充分发挥中医对于疾病预防的作用，与养老院等康养机构合作，开通老年人的医疗护理、身体保健以及日常的疾病预防等功能，提供健康的养老健康保障服务，并开设专门的健康问题咨询机构和中医康复等康养服务。目前我国已经进入老龄化阶段，老年人更加注重身体健康，并且对中医的信任度较年轻人要高，具有消费能力的老年人成为中医医疗行业的主要服务对象。中医的一大特点就是对于疾病的预防，用预防代替疾病治疗，实现"治疗康养一体化"。

三、加强培养创新人才，推动中医药文化实现跨越式发展

随着现代社会的发展，人口老龄化逐渐加剧，各国医疗行业都面临巨大挑

战。相较之下，我国的中医药行业在促进人类社会长久健康发展，保障人民生命健康方面有很大的进步空间。在社会问题的解决方面，要使中医和西医二者相互融合，发挥各自优势。中医学是一个既要解决自然科学问题又要解决社会发展问题的学科。保障人类的生命健康是中医药学解决的自然科学问题，这个问题贯穿了中华民族的发展史，形成于我国古代，古时候的自然科学并不发达，中医学受其影响，也有不完善的方面，并且在理论体系的建构与指导思想的确立，甚至在治疗疾病方面，又融入了很多文学内容。在现代社会，中医药研究不能完全接受传统中医文学，要批判性继承，用现代的眼光去进行取舍。

同时也要注重中医药的继承，研究任何学科，都需要了解其发展过程，总结分析前人的中医药工作，能获得更多的经验教训，有利于我们更好地发展现代中医学。对古人使用中医药经验的继承，有利于我们把握中医药的发展史，从而更好地指导中医药未来的发展方向，促进中医药学科的发展。值得注意的是，在继承的基础上也要注重创新。

国内外对于中医药产业的重视度都在提高，而中医药产业人才匮乏，必须用创新的眼光去解决现实的问题。对中医药文化教育现状进行掌握，革新中医药学高等院校的教育方式。改变现有的本科、硕士研究生和博士研究生的教育方向，不断提高教育水准。同时，在"一带一路"沿线国家投资开办中医药教育院校，各国共同发力，培养中医药人才，并通过这种方式，来加强中医药人才的对外交流，以人才交流带动产业交流。中医药学特殊的历史背景、学科性质和较强的专业性，使中医药学的专门人才的选择及培养和其他医学类人才的选择及培养有很大的不同。结合临床经验、科学研究、教育教学和研究转化，培养复合型中医学人才，加速推进中医药学的产业人才发展战略，形成中西医共同发展进步，科学理论和实践经验相结合，中医用语和现代医学用语相结合，医学和其他学科相结合，传统理论与现代科学相结合，商业和现代组织管理相结合的局面。

鼓励大众创新创业，对中医药人才进行专业化培养，培养具有国际视野的中医药企业家、具有较强的创新意识的人才和全身心投入中医药研究的科研人员。国家的"万人计划"可以适当地向中医药行业倾斜，使中医药产业拥有更多的有创业想法的人才。对想要在中医药行业创业的人才给予资金与政策上的支持，吸引更多的有能力的人进入中医药行业领域。构筑以实体为核心，产业和教育相融合，学校企业联合办学的专业化人才培养方式，培养一批具有专业中医康养保健知识、康复治疗能力和养老健康知识的职业人才，使更多的优秀人才进入中医药领域。坚持对中医药理论的批判性继承，对于符合现代要求的中医理论，要进行创新发展，对于不符合现代要求的中医理论，要尽快舍弃。同时，要深入发掘藏在古籍里的中医药理论，使其在现代临床上得以应用，收集分散在民间的中医药养生知识，使其与现代医学理论融合发展，转变为中医药从业者的知识能力和服务能力，产生社会效益。完善中医药行业配套的基础设施，开设专门的中医药文化宣传场地，对中医药在维护人体健康方面发挥的作用进行宣传，中医医院、进行中医药生产的企业以及政府部门都要进行中医的宣传，根据受众的不同，选择不同的宣传内容和宣传方式，使中医的健康理念深入人心，增强人民群众对于中医药的信任，让家家户户对中医都有深刻的了解，使中医走入国际社会，让人们切实感受到中医的疗效，形成中医药产业的受众基础，增加中医药产业的社会需求，使中医药文化及产业得到全社会的认可。

四、加快中医药产业的国际化进程，实现中医药产业全方位对外开放

继承与弘扬中医药产业文化，能提高我国的国际影响力，对实现中华民族伟大复兴具有积极作用。中医药文化扎根于我国历代文学和传统文化中，与现代医学具有较大的差异，再加上中医药在我国的起源较早，以古代汉语为表达基础，使得中医药在走出国门时面临难以被理解的问题。面对各式各样的深奥的专业用语，国际友人的理解难度更大。听不明白、说不清楚，已成为我国中医药对外开放的一个难题。中医药的大多理论基础是我国的传统中医文化，道家、佛教和儒教的一些理论说法在传统的中医药文化中都有所体现，而国外的人对于中国道教、佛教、儒教的传统理论更是难以理解。由于生活的语境和环境不同，再加上汉语是世界上最难学的语言，国际友人对于中文的理解尚有难度，更不用说理解更加晦涩难懂的古代汉语，若是只使中医药在国际社会上得到应用，不推广中医药赖以生存的中国传统文化，那么中医药永远不可能真正地走出去。

现代医学是世界医学发展的大方向，现代医学和世界各国人民的生活联系紧密，于是人们也希望中医药学能向现代医学靠拢，用科学的理论来源解释自身的诊疗，如果不能解释其来源，就将其归为不值得信任的医学，从而不再对其充分信任。中医植根于中华民族几千年的文明史中，源于中华民族祖先的亲身实践，中医的理论不同于现代理论，但二者可以相互促进，共同发展。中医理论与技术的传播也要依靠中华民族文化的传播，中医有坚实的中华文化支撑，西医有西方文化的支持，二者受到的文化熏陶不同，体系差别较大，如果不能处理好二者的关系，将彼此置于对立面，会使二者都不能很好地发挥作用，应该让中医和西医相互融合，合作共赢。中医药既要保留原有的中华文化，又要吸收西医的西方文化，将二者融为一体，使其优势互补。中医药的发展需要政府、民众和学者三方的共同努力。中医药要想构建国际知名品牌，需要辨别传统文化和现代文化、民族文化与世界文化的关系，从而进行东西方医药的高效互动，实现中医药文化的传播。要使中医药文化与其他文化进行交流，实现多领域发展，为世界人民创造更加科学的中医药养生环境，使中医药品牌成为代表中国的品牌。因此，要大力推进中医药国际外交，通过外交的手段使世界人民了解中医药，熟悉中国的中医药文化，最终使中医药文化带动中国文化的传播。

中医药向国外输出也能促进我国中医药产业的升级重构，对现有的资源进行优化配置，提高中医药产业经济层次，对外传播中国医药文化，提高我国的国际地位和行业影响力。中医药行业要抓住"一带一路"建设的机遇，学习和了解国际贸易行业。我国要重视中医药产业的价值，在对外交流时要重视对中医药文化的宣传，将其作为我国重点产业培养发展，除此之外，国家还需协助中医药行业进行商业化转型，使其更适应当今时代和国际贸易要求。中医药相关负责人也可借助互联网等平台宣传我国优秀的中医药文化，促使其被更多人了解和认可，从而推动中医药行业在国际贸易服务中占据更加有利的位置。

中医药行业要想在我国对外开放中占据优势地位，需要严格遵守中国共产党领导下的资源共享原则，积极响应我国的"一带一路"倡议，创新我国中医药产业的"对外开放"体制机制，以积极的态度走向世界医药领域，和其他国家的健康产品进行合作共建，对于在其他国家申请商标的中医药老字号品牌，我国要给予政策上的支持和帮助。中医药企业自身也要注重打造国际知名品牌，建立在世界范围内进行投资贸易、研发制造的网络，使国际上的中医地位不断提高，中医门诊数量不断增加。我国对于开拓国际市场的企业要加大扶持力度，鼓励相关人才进入国际领域，进而提高我国中医药在国际社会的地位；要使中医药的监管符合国际化标准，使我国对出口药品的监管和国际同步，政府要用相关的法律法规来促进中医药的发展，使中医药产业规范化生产，进而获得国际社会的认可。

第十章 河北中医药强省建设实践：中医药文化传承与发展

党的十八大以来，以习近平同志为核心的党中央高度重视传承和发展中医药文化，围绕中医药文化的历史方位、基本内涵和时代价值展开了一系列重要论述。中医药文化是中华民族独特的精神标识，凝聚着深邃的哲学智慧以及几千年来积淀下来的健康养生理念和实践经验，内蕴在中华民族文化风貌、生活方式和思维语言之中。新时代繁荣发展中医药文化，实现从理论到实践、从现实到未来的全面把握，构建燕赵中医药守正创新发展格局正当其时。扎根燕赵大地深入挖掘中医药文化内涵，拓展中医药文化价值功能，延续中医药文化的精神生命，推进燕赵中医药文化的创造性转化、创新性发展，使中医药文化高度关照大众生活世界，促进中医药文化的民族性传承与世界性传播，更好地向中国乃至世界讲好中医药故事，将大大增强中华文化的影响力与话语权。

第一节 中医药强省建设的核心：全民精神建构

一、培育中医药文化核心价值观

（一）中医药文化核心价值观的界定

科学界定中医药文化核心价值观是推进中医药文化全民精神建构的基本前提。"文化的核心内容是价值观念"[1]，中医药文化核心价值观关乎精神、道德、价

---

[1] 王南湜，侯振武. 文化自觉、文化自信、文化自强何以可能［J］. 毛泽东邓小平理论研究，2011（8）：13-17.

值理念和生活样式等多重维度,在中国传统文化的母体中孕育而来,适应并服务于社会主义核心价值观,与中华民族优良传统和人类社会先进价值观念相契合,是在理论、方法,抑或价值观念层面上对中华优秀传统文化的凝练概括。中医药文化核心价值观主要是指人们在长期生产生活实践中所形成的对中医药文化主体认识的根本立场、基本观点和方法态度,是中医药文化理论乃至整个中医药行业的价值目标、核心理念和行为规范。中医药文化核心价值观与中医药文化价值观紧密相连亦有区别,中医药文化价值观是核心价值观的基础和源泉,中医药文化核心价值观是一般价值观的主导理念,中医药文化核心价值观的形成就是对一般价值观进行凝练、概括的过程,中医药文化核心价值观内在规定着中医药文化的发展走向,深刻彰显着自身的民族属性与国家特色,挖掘中医药文化育人优势是弘扬社会主义核心价值观的重要途径,培育中医药文化核心价值观,使之融入中医药发展领域乃至思想文化领域,增强人们对中医药文化的情感认同,以此加快中医药文化的全民精神建构。

中医药文化核心价值观是中医药文化价值观的高度凝练。张其成先生将中医药文化的核心价值概括为"仁、和、精、诚"❶四字,以"和"的核心价值理念引领、贯穿于学医、研医、行医过程之始终,培育医者仁心之精神品格、医术精湛之职业技艺和至诚赴救之医德规范。中医药文化核心价值观具有鲜明的教化功能,中华优秀传统文化中的人本、和谐和仁爱等理念在中医药文化思想体系发展抑或临床实践中都得以充分彰显。传统中医药文化建立在以小农经济为经济基础的社会条件下,由此也造就了人们较为封闭保守的社会心理和行为状态。中医药文化发展并非一蹴而就,在近代历史上经历了思想的碰撞与革新、文化的激荡与嬗变后,依然保持着与时俱进的优秀思想品格。中医药在面临重大发展机遇之际,依然会受到以还原论为价值判断标准的西方医学唯科学主义的强烈冲击,从客观上侵袭了中医药发展的生态秩序。当全社会致力于形成对中医药文化核心价值观的价值共识,实现中医药文化的全民精神建构时,才能促进中医药事业的繁

---

❶ 张其成.中医药文化核心价值"仁、和、精、诚"四字的内涵[J].中医杂志,2018,59(22):1895–1900.

荣发展，传承创新中医药文化，满足时代的发展需求，将中医药文化置于个体所存在的生活世界与意义世界的场域之中，使中医药文化的历史积淀与人们精神家园的建构始终紧密相连。

中医药文化核心价值观与社会主义核心价值观具有天然的同向性。以社会主义核心价值观为内核的中国特色社会主义文化根植于中华民族文化的沃土之中，是中国共产党坚持以马克思主义为根本指导思想，带领中国人民创造的中华民族原创成果，是中华文明发展的新形态。社会主义核心价值观是在中国特色社会主义社会的现实基础上生发、建构的对社会主义社会本质的价值意识，与中医药文化有共同的历史渊源和社会存在基础。文化本质上是一种人民群众创造历史的成果，任何一种文化形态都不是凭空产生的，中医药文化作为中华优秀传统文化不可或缺的重要组成部分，它的形成有其深刻的理论渊源和广泛的实践基础，它将中国传统文化的哲学智慧与中医医家长期实践所总结积累的经验相融合，逐渐形成了中华民族独特的中医药文化价值观，它涵盖了中医药的文化根基、原创思维、临床治疗、健康养生、保健康复、技术资源和方药资源等主体内容，其所承载的内涵远远超出了医疗卫生的限定范畴，乃至延伸至中医药文化建设的意识形态层面。中医药文化有悠久的民族历史传统，是我国劳动人民在感悟生命、攻克疾病等方面经过长期反复实践所进行的经验总结，扎根中华大地孕育而生的原创医学体系，是中华民族优秀文化的创造性展示，为世界医学的发展提供了经验借鉴。由此可知，只有保持民族文化的根本属性才能使中医药永保生机活力。

促进中医药文化的全民精神建构，事关中医药文化的永续发展这一关键问题，应通过提升中医药文化的创造力，培育符合中医药发展规律、顺应社会乃至世界发展趋势的中医药文化价值观。中医药文化是中华民族独特的思维模式、道德规范、精神品质的具体彰显，对中医药文化价值观的研究要以中医药学为背景，立足当前经济社会发展实际来探讨全民健康的现实问题。中医药文化的全民精神建构，从宏观层面而言，它始终与民族发展联系在一起，在回击历史虚无主义等错误思潮方面彰显出强大的精神引领力，进而增强中华民族的文化自觉与自信；从微观层面而言，以中医药文化的先进理念培育和塑造现实个体的精神生活世界，使当代人过上一种中医药养生理念与现代健康理念相融合的幸福生活。漫长的社会发展历史表明，人类始终以创造和传承文化为延续、实现其自身价值的目标，不断进行生存状态的调整与选择，而一个国家或地区的繁荣发展离不开本民族文化的引领与启迪，失去民族文化引领来谈发展与进步，终究会迎来"镜中花、水中月"的虚幻景象。

（二）中医药文化的自觉与自信

中医药文化的自觉与自信是在文化自觉基础上生发出中医药文化自信的主体建构过程。按照费孝通先生的观点，文化自觉是"生活在一定文化中的人对其文化有'自知之明'"❶，从中医药文化演进历史场域观照中医药文化的现代转型，中医药文化自信是文化自觉发展到高级阶段主体在思想意识形态层面上给予中医药文化的理性认同和价值肯定。中医药文化植根于中华优秀传统文化，始终致力于护佑人类健康。"西学东渐"成为明末直至近代的主流趋势，我国先后经历了洋务运动、新文化运动等文化运动思潮，中国知识分子从主张对物质器物、制度层面的学习上升到思想、理论层面的学习，为西医传入提供了有利的社会文化环境，传教士和西医译著典籍的大量传入，使中医药文化与中华传统文化一度经历了被边缘化甚至由此陷入"废止中医"的生存困境，但中医药未因此被掩埋在历史的尘埃里，而是自觉通过中西医结合充分借鉴西医的先进理念延续自身生命。新中国成立之初，周恩来纠正了长期以来将中医药作为"现代化科学化之障碍"的错误倾向，明确了中医药在中国乃至世界医学体系中的突出地位，主张"团结和改造中医"❷，组织成立中医研究院，使中医药这一国之精粹得以保存下来。马克思的唯物辩证法为发展中医药文化提供了科学的方法论指导，中医药文化始终保持着继承传统精髓的优良品格，应正确处理中医药文化继承与发展之间的关系，坚持推陈出新、批判扬弃的价值立场，中医药文化作为中华

---

❶ 费孝通.反思·对话·文化自觉［J］.北京大学学报（哲学社会科学版），1997（3）.

❷ 宿凌.周恩来："发扬祖国医药遗产，为社会主义建设服务"［J］.党的文献，2018（2）：2.

文化独特的精神内核，只有与时俱进地以开放的心态进行全民精神构建，才能与人民群众的思想相适应并引导和推动社会发展，以此为我国新时代文化事业的发展注入生机。

坚定中医药文化自信，关键在于培育和践行中医药文化核心价值观。重塑公众对中医药文化的自信是建设中医药强省的客观前提，而这最终将具体落实在人们的体验感知上，同时越来越多的人自愿、自觉地认同中医药文化，选择中医药倡导的生活方式，主动选择中医药治疗和文化服务等。经济全球化时代，国家间的异质文化不断相互碰撞、交融，基于这一客观实际，中医药强省在进行全民精神建构时充满挑战。我们正处在一个人人都可成为"发声"主体的现代传播空间中，中医药文化全民精神建构不能仅停留在国内社会公众范围内的传播，还要不断延伸到世界各个角落，这是当前中医药文化精神建构在网络信息场域实现媒介传播与精神塑造的重要关注点，❶通过大众媒介平台来展示中医药文化的价值理念，并以共享传播的方式将中医药文化核心价值观融入人们的观念之中，能够在网络舆论场中得到及时、真实的信息反馈。

新时代中医药文化事业呈现出良好的发展态势，同时正面临着前所未有的战略机遇。进入新时代，人们对健康的渴求更为强烈，其医疗保健意识的增强对中医药提出了更高的发展要求，中医药自身具有原料天然、疗效稳定等优势，加之其简便验廉的客观属性，在我国医药市场上高速发展的同时，也越来越受到其他国家消费者的欢迎。中医养生保健理念和世界其他国家与地区的健康管理理论不谋而合，为中医药的西传找到了新的突破口。随着中医药文化国际交流的逐步推进，据官方数据统计，目前中医药已远销海内外，遍布世界上近200个国家与地区，中医药文化交流也日益成为国际组织间合作发展的新领域。要把握中医药文化发展的机遇和时机，充分挖掘中医药文化的深刻内涵，激发中医药文化自信。中医药文化"双创"要顺应时代潮流，为新时代我国社会的发展增添力量，推动中医药文化内容与形式的创新发展。

---

❶ 吴璇，曹劲松. 新时代文化精神的主体建构[J]. 南京社会科学，2021（3）：164–172.

二、中医药文化教育融入国民教育体系

（一）中医药文化融入思政课堂教学

中医药文化是我国重要的文化软实力，应坚持辩证唯物主义和历史唯物主义科学的世界观和方法论，建立"大思政"❶系统，挖掘中医药文化与思政课的耦合点，推进中医药文化创造性地转化为思政课优质的内容资源。思政课所涉及的内容范围广泛，体现出以整体观念、象数思维等为核心的原创思维方式，以中华文化儒家思想为文化底色的亲切人文关怀等，中医药文化与高校马克思主义理论教育内容具有内在统一性。几千年来中华民族所孕育的中医药文化蕴含很多哲学思想、道德规范和价值观念等，为高校思想政治理论课提供了丰富的资源和精神文化基础，应充分运用中医药文化要素，形象、贴切地阐发思想政治理论课的基本原理和方法论，特别是明确中医药文化在新时代的发展定位，以守正为根本前提，以创新为活力源泉，进一步彰显高校思政课的中医药文化基础和价值意蕴。

将中医药文化教育融入我国国民教育体系需要建构科学合理的中医药文化课程内容体系，发挥中医药文化教育在提升国民教育水平方面的独特作用。国家高度重视将中医药文化教育融入课堂教学与校园文化建设中去，无论是在国民教育阶段还是高等教育阶段，中医药文化课程内容体系的构建都十分必要，应明确中医药文化课程内容体系的发展方向，传承创新中华传统文化，培育学生健康的生活方式，中医药文化教育课程目标的设置要符合新时代的客观要求，根据学生成长的规律特点，坚持德育任务与教学任务的逻辑统一。中医药文化内容与语文、历史、体育等中小学基础课程联系较为密切，内容体系的构建主要包括两方面：一方面，加强针对中小学的中医药文化教材的开发；另一方面，促进中医药文化融入各学科的教材开发，通过选取和挖掘中医药文化的丰富素材和故事，讲好以华佗、李时珍等为主要代表的医家故事，借助中医药典籍的经典内容向学生介绍中医药基本理论、诊疗手段、人文精神的独特魅力，注重展示中医所取得的重要

---

❶ 刘同舫.思想政治理论课教学亟须解决的五个问题［J］.思想理论教育导刊，2019（7）：88-93.

科技成果和护佑人类健康的历史贡献，使学生了解和掌握基本的养生保健知识，从而从观念上使学生形成良性循环的健康生活方式。

中医药文化融入思政课堂教学对思政课教师的知识结构和理论素养提出客观要求。学生是较为年轻化的社会群体，中医药文化进课堂要适时有效地完善教学体系，遵循教学客观规律。在课堂教学中，教师处于主导地位，学生处于主体地位，教师掌握话语权要坚持理论性与思想性的内在统一，注重自身中医药文化素养的提升，严格按照课程标准进行教学，自觉将中医药文化系统运用到课堂和实践教学中。在教学过程中注重总结经验，协调教学的环节和要素，根据教学的客观规律，创新教学方式，运用马克思主义的立场观点和方法深化对中医药文化基础理论的认知，同时借助中医药文化的内容资源来讲清楚、讲透彻思政课教学内容，将问题意识自觉地融入对现实热点问题的解决中，有助于在互动交流中提高学生对中医药文化的接受度和认可度，为形成中医药文化认同提供可能性空间。学校作为一个有目的、有计划地调动各方力量、协调有利因素创造良好育人环境的社会组织，涵盖教风、校风和学风等不同维度，学生在这一氛围中潜移默化地使情操得以陶冶、人格得以塑造、行为受到规范。教师可通过讲故事的方式，向学生介绍中医药的健康理念，以"治未病"理念培养学生的健康生活方式，同时注重与历史、语文等其他学科的有效衔接，使学生认识和尊重自然规律，掌握科学认识事物和处理问题的方法论，培养良好的品行素养。总体而言，当前中医药文化与思政课堂教学未达到深度融入的应然状态，其中涉及学生的思想现状、师资队伍建设和教学改革等多方面的问题。因此，要进一步挖掘中医药文化的思政课资源要素，完善与提升师资队伍的知识结构和理论素养，按照思政课教学客观规律，加强中医药文化与思政课堂教学内容的有效衔接，充分发挥中医药文化进校园、见教材的独特育人优势。

（二）营造良好的中医药文化育人氛围

中医药文化熔铸于社会主义意识形态之中，营造良好的中医药文化育人氛围是保持中医药文化持久生命力和强化主流意识形态话语权的主要手段。中医药文化是中华民族历经实践探索形成的先进文化形态，其所蕴含的文化感染力，将进发出强大的精神教育力量。政治与文化同属上层建筑的范畴，在全社会开展中医药文化全民精神建构，要始终坚持以马克思主义意识形态为根本指导思想。中医药文化的全民精神建构就其本身来讲是一种具有意识形态属性的思想教育活动，而影响全民中医药文化教育的突出因素就是经济社会环境对人的影响。马克思曾经说："'思想'一旦离开'利益'，就一定会使思想出丑。"❶马克思从历史唯物主义的基本观点出发，深刻阐释了物质利益与人的思想意识的直接关系，指出处在不同利益关系之中人的思想观念趋向对现实利益的追求。随着市场经济的繁荣发展，自由主义、拜金主义等观念充斥在人们的头脑之中，试图侵袭我国主流意识形态的价值信仰，呈现出工具理性有余、价值理性不足的倾向。因此，应弘扬中医药经典文化，使社会大众耳濡目染、潜移默化地接受中医药文化教育。坚持全民精神建构的政治性与思想性的客观统一，中医药文化的全民精神建构离不开我国经济社会健康的发展环境，挖掘中医药文化所蕴含的道德观和伦理观，以此提升人们的道德修养，为人们的思想观念引领提供新的借鉴和思路，以此在全社会建立和谐的利益关系，为中医药文化的全民精神建构提供良好、稳定的经济发展环境。

挖掘中医药院校深厚文化底蕴的思政基因，发挥中医药院校在传承发展中医药文化过程中的主体导向作用，提升中医药院校学生的文化认同感。物质、制度和精神文化共同构成了校园文化这一整体，其中精神文化是学校教育核心价值观念的重要体现。良好校园文化氛围的营造有利于从认知、情感和行为三个方面来塑造学生的精神世界。校园景观建筑是校园物质文化的重要组成部分，学生在校园建筑物质空间内来感受和感知精神文化意蕴。著名建筑家伊利尔·沙里宁说："让我看看你的城市，我就能说出这个城市的居民在文化上追求的是什么。"❷中医药院校是中医药文化守正创新的重要载体，应注重中医药文化人文景观建设，人的主动创造性使自身不仅可以充分利用环境，还可以能动地作用于环境。在校园

---

❶ 中共中央马克思恩格斯列宁斯大林著作编译局.马克思恩格斯文集：第一卷［M］.北京：人民出版社，2009.
❷ 孙湘明.城市品牌形象系统研究［M］.北京：人民出版社，2012.

人文景观建设过程中，要注重将中华优秀传统文化与中医药文化相结合，对校园文化建设进行战略布局，在设计理念上充分体现出中医药文化的独特资源，如陈列名人医家塑像、校园建筑命名等，在校园景观的装饰上增添中医药文化元素，彰显出中医药文化丰富的精神内涵，创造好学修德的校园环境。中医药院校的教育主体应充分协调并整合各种因素，选取合适的教育方式，将环境中的影响因素由消极向积极转变，使在中医药文化教育过程中实现环境对人的潜移默化的影响，增强以文化人的教育效果。在优化中医药文化发展环境时要注重弘扬家风和家园文化，创造言教与身教相融合的家风环境；同时，也应把握时机充分整合和调动各种益于中医药文化全民精神建构的有利因素。党的十九大提出了新时代文化建设的基本方略，深刻地阐述了文化建设在社会主义事业中的明确定位、奋斗目标和发展着力点。应坚持以中医药文化为依托载体，组织人民群众积极开展以中医药文化科普传播为主题的文艺表演、知识竞赛等活动，弘扬优秀中医药文化，不断丰富人民群众的业余文化生活，形成推动全社会开展中医药文化教育的"合力效应"。

三、中医药文化回归大众生活世界

（一）中医药高度生活化关照个体

人的生存、需要与发展始终是同所处的时代环境和现实社会状况紧密联系的。人的精神建构必然要按照精神建构的"基础性和制约性条件的现实逻辑"❶，将中医药文化融入人们的日常生活与社会大众生产生活之中。推动中医药现代化是当前中医药谋求发展，坚持"走出去"战略的必然逻辑和发展趋势，但现代化趋势的愈加凸显，也在一定程度上使中医药文化与人们的日常生活世界产生了疏离和边界。结合我国中医药文化的历史演进历程来分析，长期以来中国人的道德品质、价值观念、思维模式和话语体系的形成无不是与中医药文化的发展演进相伴而生，中医药文化也成为制约和推动中华文化发展的重要影响因素，人们的思

---

❶ 韩庆祥，王海滨．当代中国发展的现实逻辑与人的精神世界重建［J］．求索，2019（1）：4-10.

想意识和行为规范一定程度上是中医药文化的客观反映和外在表征，客观上引领和塑造着人们的生活世界。按照马克思的历史唯物主义基本原理来分析，他在1847年的《哲学的贫困》中科学阐释了人和社会历史之间的辩证关系，具体言之，人是社会历史发展的主体，同时人自身的需求和能力也受社会所制约，即人的社会需要具有鲜明的社会历史性。党的十九大宣布我国进入新时代，社会主要矛盾的转化在人们的思想意识层面已有相应的呈现和反映，人们对于美好生活的向往主要涉及物质生活和精神生活两大维度。物质生活对社会个体而言是前提，包括健康、医疗、就业等民生领域，精神生活相对物质生活而言是更高层次的追求与体验，中医药事业的现代化发展将会为满足人们的健康需要提供充分的医疗保障，不断推进中医药文化回归大众生活世界，从而实现中医药文化的全民精神建构。

中医药文化早已超出作为传统医学本身内涵与范畴的边界，是新时代引领人们生存发展的先进文化理念。中医药文化植根于中国传统文化，"象数思维""天人合一"整体观的原创思维、"辨证施治""望闻问切"的诊疗方法、"以人为本""大医精诚"的医者担当以及"未雨绸缪""未病先防""既病防变""瘥后防复"的养生理念等展现了中医药文化鲜明的中国哲学和传统文化属性。中医药先进的文化理念，可以引导人们形成健康的生活方式，塑造人们良好的生活品格，推动中医药文化进入人们的头脑和观念之中，并使人将自身的情感融入中医药文化的建设之中。扩大中医药文化的影响力和感召力，打造中医药文化宣传主阵地和中医药文化科普地，发展中医药药材基地、中医药旅游项目和中医药康养项目等中医药文化产业，形成具有影响力的中医药文化品牌。加强中医药文化对公众的宣传，邀请国医大师和中医专家开展定期讲座，加强人们对中医药的信任和关注。建设具有明显中医药建筑特色的就医环境，成立中医药文化宣讲团队，开展下基层普及中医药文化基本知识的系列活动，形成全社会积极关注、主动参与、共享共建的良好中医药社会文化氛围，让人们感受到中医药文化的魅力。

中国传统健康思想中的中医药"治未病"理念源远流长。习近平总书记高度重视人民对于健康的现实诉求，将建设"健康中国"提升到国家战略发展层面。

从马克思的历史唯物主义观来看，中医养生观是一种强调全面、整体的健康观。李约瑟曾言："在世界文化当中，唯独中国人的养生学是其他民族所没有的。"塑造大众健康生活方式，在未病摄生、辨证施治与愈后防复等各阶段的临床实践中始终贯穿着"治未病"这一核心逻辑，正如明代袁班在《证治心传·证治总纲》中谈到的"欲求最上之道，莫妙于治其未病"。"最上之道"乃为未雨绸缪"治未病"。这一理念"遵循人人都自带的免疫力和自愈机制，对人体免疫系统进行调节、修复与激发"[1]。康复治疗作为中医的传统特色，蕴含丰富的治未病理念，将"防"与"治"相结合，以"防治并重"综合性治疗为基本原则，牢牢掌握应对疾病的主动权。此外，针对亚健康与具体病种的治疗辅以针灸、推拿等中医外治疗法，推动膳食营养处方、情志疗法、传统功法等参与预防保健，更好地为人们提供专业化的中医传统特色疗法服务。中医药几千年的发展史表明，如今在现代医学领域占引领地位的系统科学、预防医学等科学理念，实则中医早在几千年前便阐发了与之相应的整体观念、辨证施治、养生保健等理念，由此可知，中医药的理论传统与临床实践并不落后，它始终在动态中谋求发展，在稳定中追求创新。

科学运用中医药文化的文化传承性与人格塑造性，促进中医药文化核心价值观的生活化。中医药文化核心价值观是中医药文化随着时代的发展而形成的共同价值认同，是历史尺度与价值尺度的内在统一，因此，要将其内化为人们的思想意识，从而更好地指导人们实践。中医药文化在实践基础上个体和社会环境间存在辩证关系。环境在影响和塑造着人，应积极营造有利于中医药文化发展的社会氛围，提高公众的社会素养。中医药文化继承了中华优秀传统文化的宝贵精华，是文化传承性的生动体现，其时代价值永不过时。中医药文化汲取儒释道家的精神养料，这些品质可以为个体成长成才以及健康生活方式的养成提供驱动力。中医药文化的精神建构强调知行合，具有鲜明的历史继承性，中医药文化的精神建构首先要研究和深化中医药文化的理论基础。对中医药历史脉络进行梳理才能

---

[1] 程林顺，杨静，王艳桥.中医药文化在中华传统文化中的哲学意蕴及价值拓展［J］.中国卫生事业管理，2018，35（9）：717-720.

更好地将中医药文化发展的历史史实、史论等融会贯通，更好地融入人们的内在精神世界。开展全民中医药文化教育不仅要增强理论对社会公众的育人效果，更关键的是用实践巩固社会公众的行为，积极开展好社会实践活动，让思想内化为自觉的行动，正如王阳明在《传习录》所言："知者行之始，行者知之成。"深入实践活动，努力达到理论与实践相统一的理想效果，建立完善的中医药文化实践活动的长效机制，充分认识到开展社会实践活动有利于掌握理论知识，使公众在中医药文化的熏陶下养成健康的生活习惯。

（二）树立个体健康责任观

个体是自身健康的第一责任人，政治伦理内在规定着个体所需履行的道德义务。健康是人类过上有价值意义生活的首要前提，只有由个体健康向全面健康转变才能进一步形成国家的发展红利。20世纪60年代医学人类学这一专业术语逐渐被人们所接受和推崇，医学的人类学基础是以研究自觉、负责任的生命个体为主要关注点，但它所涉及的场域不仅局限于生命个体本身，而是从医学所处的社会文化视域来试图阐释和回答如何减少疾病所施加在个体身上的伤痛。医学向来保持着对疾病预防、控制和治疗的自觉担当，但有一点我们可以断定，个体疾病的形成并非一蹴而就，是由单一的一种主导力量所控制形成，而这种力量的形成是多种复杂因素合力促成的现实结果，其中也包括除自身生理因素的社会现实因素、家庭因素等方面的影响，因此实现全民健康不是医界单方面的努力所能达到的，这在更深层次凸显出健康责任归属是否得当和到位的问题。

第一，从社会文化治理角度提升个体对健康管理的社会认知。中医药始终保持着对个体生命的呵护和关怀，在发挥对全生命周期的健康引领作用中积累了丰富有效的防控治疗经验，以此来延缓、减少疾病的发生。提倡科学、理性的健康生活方式，培育个体、家庭乃至整个社会的对于自我健康管理的责任观，加深人们对影响健康的主要因素的认识，使人们走出长期所陷入的健康认知误区，将中医药养生、治未病理念融入人民群众日常健康养生的生活习惯中，使人们自觉理性地接受合适的中医药服务和指导,从而实现身与心的协调发展。马克思健康思想的逻辑之基在于保障工人的健康权利,促进人的自由全面发展。马克思一生饱受疾病困扰,却始终在同资产阶级的斗争中寻求实现人类自由解放的发展道路。马克思主义健康观的形成建立在剩余价值理论基础上,从历史唯物主义观原理出发,深刻地强调了健康在劳动力要素中的决定作用,抨击了在资本主义生产状况下,资本家以追求资本增值为根本目的,对工人生命健康的损害。此外,他所谈到的健康思想,不仅是指人自身生命体生理层面的健康观,还涉及对于超越生命体本身的社会心理和道德层面的健康观,对于健康思想的相关论述主要集中在《巴黎手稿》《共产党宣言》及《资本论》等经典著作中。

第二,展现对人的关照,提升公民中医药健康素养。健康是人生存发展的首要前提,只有当人民群众的健康需要得以满足,才能助力经济社会和国家的繁荣发展。工业化崛起、人口老龄化快速发展等,使当前人们的生产生活方式和疾病谱系已发生深刻变化,人们对健康的关注度日益提升。临床试验表明,生命初期采取健康干预措施,能有效抑制后期疾病的发生发展,疾病预防、增进健康是解决人民就医难的治本之策,也是推进"健康中国"战略的重要支撑。医学向来保持着不同寻常的崇高性与专业性,中医药也要以社会化力量助力人类健康,加强健康教育旨在倡导健康新理念融入人们日常生活的全过程。在生命持续的累积过程中,由"疾病治疗"转向"疾病预防"是当代医学的美好愿景。传统中医理论蕴含着丰富的养生保健思想,如何充分焕发传统中医疗法的活力,将"慢疗程"与当前人们快节奏的生活方式相匹配是中医药亟待解决的问题。因此,应积极开展与现代医学领域的交流协作,构建"中西并重"协调发展的服务体系,在遵循守正创新的发展规律下加快中医药现代化进程,并快速融入国际医药体系,为"健康中国"战略的实施及促进世界人民健康贡献中医药力量。

第二节 燕赵中医药文化的创造性转化、创新性发展

一、燕赵中医药文化创造性转化、创新性发展概述

（一）燕赵中医药文化创造性转化、创新性发展的科学内涵

习近平总书记在党的十九大报告中明确指出，要"推动中华优秀传统文化创造性转化、创新性发展"（以下简称"双创"），科学回答了当代中国文化建设"从哪里来、到哪里去，传承什么、怎样传承、谁来传承"等重大问题[1]。文化"双创"是新时代对毛泽东同志提出的"双百"方针和邓小平同志提出的"二为"方向的深化和发展，三者是彼此紧密联系的逻辑共同体，是党在不同历史时期所制定的文化建设方略，共同构成了马克思主义文化传承观的基本内容，是推进文化建设所取得的标志性成果。燕赵中医药文化从属于中医药文化，是中华优秀传统文化的重要组成部分。燕赵大地是古代燕国和赵国的属地，这里名医辈出，学术流派丰富，在中医药发展史上影响深远。推进燕赵中医药文化"双创"事关中医药文化的代际传承与延续，以及传统到现代的转化超越。推进燕赵中医药文化"双创"就是要立足燕赵大地，符合中医药文化发展的时代要求和发展规律，系统挖掘燕赵中医药文化资源，将中医药文化的资源形态转化为价值形态，多维度、全方位诠释好燕赵中医药文化。

中医药文化"双创"以辩证唯物主义与历史唯物主义为方法论。燕赵中医药文化"双创"，就是将转化与发展作为驱动力，将创造性和创新性作为其鲜明的实践特性，依托燕赵中医药文化资源，将燕赵中医药文化中消极、陈旧的内容和呈现形式进行剔除和改造，对燕赵中医药文化的内涵不断"加以补充、拓展、完

---

[1] 李军."两创"：建设社会主义文化强国的重要方针[J].南方企业家，2017（10）：52-55.

善"[1]，赋予燕赵中医药文化以适应时代发展和人们现代健康理念的新内涵。燕赵中医药文化"双创"要选取人们喜闻乐见、可适应和理解的思维和话语形式，提升燕赵中医药文化的影响力，将燕赵中医药丰富的文化资源置于中华优秀传统文化的框架内回答如何对待本国历史文化、如何传承发展本民族文化的时代之问。具体而言，创造性转化是一种对传承发展燕赵中医药文化形态在内容与形式处理上的指导理念和方法路径，它更多地面对过去，与之相反的是，创新性发展是面向未来，着眼于世界，旨在探索如何将以我国中医药文化为代表的中华文化融入具有多样性的世界文化谱系，在世界多元文明的互动中彰显出中华文明的独特价值。

正是各具地域特色的中医药文化共同构成了灿烂丰富的中医药文化宝库，燕赵中医药文化"双创"是对中医药思想文化资源进行充分改造和更新建构的发展过程。燕赵大地是地理概念，燕赵中医药文化从某种程度而言，不仅是一套完整的知识系统和理论体系，还是一个关于道德信仰的价值体系。进入新时代，推进燕赵中医药文化的创造性转化和创新性发展，进一步焕发出燕赵中医药事业的生机与活力，要求我们先要厘清何为创造性转化、创新性发展以及如何处理创造性转化、创新性发展之间的关系等基本问题。燕赵中医药文化"双创"要从燕赵中医药文化的基本内涵、主体内容、表现样式等维度全面推进，依据当前我国所处的时代背景和社会发展趋势，赋予燕赵中医药文化更深层次的价值意蕴，不断丰富其内涵和外延，挖掘、保护和传承好燕赵中医药文化资源，有益于促进燕赵中医药文化自身的超越及转型，以此来提升燕赵中医药文化的影响力和创造力，从而增强全社会对中医药的文化自觉与自信，这对我国建设社会主义文化强国具有重要意义。

（二）燕赵中医药文化创造性转化、创新性发展的价值阐释

明晰燕赵中医药的基本属性和价值维度，挖掘燕赵中医药文化的时代价值和

---

[1] 中共中央宣传部. 习近平新时代中国特色社会主义思想学习纲要［M］. 北京：学习出版社，2019.

世界意义。燕赵中医药具有鲜明的哲学、科学、民族和时代属性。

第一，燕赵中医药的哲学属性所涉及内容丰富，既包括燕赵中医药文化中的道德和社会哲学，也有关于燕赵医学诊断治疗和现代科技同人类健康关系的哲学审视。例如，在经典医籍《医林改错》中燕赵医家王清任论述了气与血的辩证关系，他进一步强调了气与血对维持个体生命健康的关键作用，遂主张用"补气""逐瘀"的方法来达到"活血"的目的，从而帮助人体恢复健康的身体状态。

第二，燕赵中医药科学属性的理性回归。燕赵中医药是人文的，也是科学的，中医药学是以临床实践为基础发展的医学理论与技术方法的医学科学。中国工程院院士黄璐琦阐释的人类发展和应用心理学家基思·斯坦诺维奇对于科学定义的基本特征与中医药属性高度契合。其一，中医药以临床诊疗为出发点，以"天人合一"、整体观等哲学思想揭示出自然界与人类之间的紧密联系，得出"中医药是系统的、结构化的实证主义科学"❶的结论。其二，中医药长期所形成的系统理论体系和方法论护佑了几千年来人类的健康，通过丝绸之路等经济贸易活动将中医药传播至周边沿线国家，是被历史和现实生活实践证明的有效医学手段。

第二，燕赵中医药的民族主体性具有悠久的民族文化传统和丰富的表现形式。燕赵中医药文化是中华民族在我国历史与现实的社会历史条件下所形成的凝结着中华优秀传统文化独特智慧的实践产物，即面对外来文化主体所进行选择的姿态，丢弃不加辨别照单全收的"拿来主义"。燕赵中医药文化彰显着中华民族灿烂悠久的历史所积淀形成的语言习惯、价值理念、道德规范和人文艺术等内在品格，发挥其独特的意识形态功能，实现对个体理想信念的引导和教化。在谈到燕赵中医药文化的民族属性时，显然这一属性的形成是由中华传统文化要素所天然赋予的，但这也使中医药文化长期陷入"伪科学"的泥潭之中。

第四，燕赵中医药文化的时代属性顺应社会发展趋势，以开放包容的姿态吸收借鉴人类优秀文化成果。燕赵中医药文化的本质是文化，文化是特定时期对社会政治经济现实状况的客观反映，并随着时代的演变而被赋予新的时代内容。美

---

❶ 荣念赫，赵宇平，荣培晶，等.不忘本来、吸收外来、面向未来：试论中医药走向世界[J].科学通报，2019，64（26）：2672-2676.

国著名人类学家弗朗兹·博亚兹说:"人类的历史证明,一个社会集团,其文化的进步往往取决于它是否有机会汲取临近社会群体的经验。"[1]正如他所言,民族间的信息文化交流是一个民族保持自身获取其他民族的文化成就,以及同世界其他民族共同发展所采取的不可或缺的手段。因此,我们要更多地去关注中医药文化中的人以及人所处的中医药文化环境,依据中医药文化发展的现实需要,推进燕赵中医药文化创新,以此更好地塑造人的道德品质,引领人们正确地认识世界和改造世界,这也是新时代背景下加快河北中医药强省建设,推动燕赵中医药文化发展的战略需要。

首先,激发燕赵中医药文化的创造力。燕赵中医药文化本质上作为一种文化形态而存在,随着人类历史的演进而不断丰富发展,内在规定了燕赵中医药文化与时俱进的理论品质。燕赵中医药文化的创造力与燕赵中医药的主体性是呈正相关的,即文化的创造力越强,主体性越得以彰显,反之亦然。推进燕赵中医药文化"双创"要通过创造和创新两种手段来进行,当然,这里所谈到的创新是辨证的,并不是一味否定,抑或全盘接受,而是指创新要建立在遵循燕赵中医药文化发展规律的基础上,守正为创新的前提,从燕赵中医药文化中发掘有关民族精神、时代精神乃至中国之治的智慧经验。因此,要正确处理燕赵中医药文化守正与创新的关系,守正面对的是过去燕赵中医药文化已形成而客观存在的,创新强调的是谋求其未来的发展。燕赵中医药文化将如何在遵循市场规律的前提下满足人民群众的精神文化需求,致力于发展以燕赵中医药文化为核心的文化事业和文化产业,使燕赵中医药文化与时代同步发展,在市场环境中坚持将社会效益放在首位以及社会效益与经济效益的统一,显然当前中医药文化创造能力亟待提升,燕赵中医药文化"双创"的顺利进行需要和谐的社会运行秩序。

其次,培育正确的历史文化观,抵制民族文化虚无主义思潮,为燕赵中医药文化注入更多原创文化基因。历史的延续感是我国以科学的态度对待燕赵中医药

---

[1] 斯塔夫里阿诺斯.全球通史:1500年以前的世界[M].吴象婴,梁赤民,译.上海:上海社会科学院出版社,1992.

文化的重要源泉。燕赵中医药文化的创造性转化和创新性发展面临着来自多方的挑战，受历史虚无主义、功利主义等社会思潮影响，人们对燕赵中医药文化的认同感普遍淡化，在其核心理念和思维模式上，一些人试图在西方医学的范畴和价值尺度场域内评判中医药文化。燕赵中医药文化"双创"的发生逻辑应回到中医药文化本身，培育中医药文化在理论与实践上的行动自觉。新时代，推进燕赵中医药基础理论的创新，应借鉴包括西方医学在内的一切人类的优秀文明成果，同时注重提升燕赵中医药文化的主体性，正如陈曙光教授在论述中国道路与中国话语的现代性建构问题上提出"要回到中国本身"[1]注入中国原创性内涵的重要论断，要在中医药现代性语境下为中医药"走出去"进行更深层次的精神架构。中医药文化作为中华民族在人类社会发展中经过长期医学实践继承和创造的优秀成果，是从属于中华优秀传统文化的重要内容，具有展现医者仁德的职业理想和探索人的生命价值与终极关怀的人文价值功能。它在历经社会历史环境的变迁后，特别是在人工智能和信息媒介等现代技术高度革新的时代，逐渐影响和改变着人们社会交往和社会管理的组织形式，在道德规范、文艺创作、学术研究等方面发挥着积极正面的导向作用。

二、发扬燕赵中医药文化的优良传统

（一）坚守燕赵中医药文化根基

坚守燕赵中医药文化根基，打造以扁鹊文化为核心的燕赵中医药文化体系。燕赵中医药文化作为独特的知识传统，根植于中华民族宏观的文化整体，是在燕赵大地上充分汲取文化母体滋养所积淀的"精神财富和物质形态"[2]。在张其成先生看来，传统文化由"一源三流两支五经"构成，《易经》是中医临床思维的源泉，所谓"医易同源"则为最佳佐证。儒、释、道"三流"身为传统文化的主体架构秉承"易"之精神，中医药作为两大分支的重要支点，其核心要义与系统思维极大地展现了中华传统文化优良的精神禀赋，正是"在中华文明范式的框架

---

[1] 陈曙光. 现代性建构的中国道路与中国话语[J]. 哲学研究，2019（11）：22-28.
[2] 方碧陶. 中医以阴阳中和为魂[N]. 中国中医药报，2017-09-21（2）.

内才能获得合理的阐释和精到的理解"❶。被誉为"中国扁鹊文化之乡"的河北内丘县是中医鼻祖扁鹊生前的行医圣地和文化发祥地,是上古中医学派思想形成之地。因此,燕赵中医药如若要生发创新性就必须在当下以文化自信为基础的中医药文化传统中汲取有益元素,正如老子在《道德经》中所提出的"合抱之木,生于毫末,九层之台,起于累土",创新的前提是固本,这不仅源于对中医药临床疗效了然于胸的熟知,还源自中华优秀传统文化血脉的滋养。

中医原创思维是引领燕赵中医药文化发展的根本动力。国医大师王琦将中医原创思维概括为"取象运数,形神一体,气为一元"❷。《周易》以象、数为基本向度以观自然、社会、人生的"所当然的问题"与"天人合一"的整体观相契合。"象"有"有形的物象"与"无形的意象"之分,"有形的物象"可通过科学检验加以确证,而"无形的意象"为无形且是感官对客观存在所获得的有意义的印象,即在人脑中的直接反应❸。在中医理论思维中形神是一对哲学基本范畴,形神共同构成了人的自然生命体,二者不可分离,在古代哲学思想体系中,气乃世界万物之本源。中医药文化理论以整体观念以及脏腑经络生理和病理为基础,运用"望闻问切""辨证施治"的临床诊断方法,通过对个体生命系统规律的关联性与患者主体的体验感知的关注,来透视疾病的发生及施治,是在遵循整体思维的指导下把握事物间的联系与发展的辩证关系。

(二)挖掘燕赵中医药地域文化资源

实施中医药"燕赵品牌"文化发展战略。任何一个国家或地区推动文化发展都需要进行顶层设计,燕赵大地是中医药文化的重要发祥地之一,推动燕赵中医药文化"双创",要通过顶层设计来实现对燕赵中医药文化发展的引领布局,探索出符合本地区实际的中医药文化发展模式。深入挖掘燕赵中医药文化的深刻内涵。中医药文化是由不同独具地域特色的中医药文化元素所积累形成的宝贵文化资源,燕赵大地出现了众多名人医家,主要有中医鼻祖扁鹊、寒凉派创始人刘完

---

❶ 吴文新.在发挥中医药独特优势中增强民族文化自信[N].中国中医药报,2020-04-17(3).

❷ 王琦.中医原创思维模式的提出与论证[J].中医杂志,2012,53(6):458-460.

❸ 张其成.易经是中医思维的源头[N].中国中医药报,2013-06-17(2).

素、创立脏腑辨证说的易水学派创始人张元素、擅用健脾升阳法的补土派代表李杲以及有独重气血的王清任、衷中参西的张锡纯等❶，应深入研究历代名医医家的学术思想、临床治疗经验和用药方法，继承中医传统技艺，深入开展中医药医学典籍研究，全面把握燕赵中医药文化的科学内涵，梳理出燕赵中医药文化在河北省各地区历史演进的基本脉络，促进燕赵中医药文化历史内涵、时代内涵和价值内涵的深度统一。

燕赵中医药文化蕴含着鲜明的地方风俗传统，应加强中医药文化资源的系统挖掘与传承传播研究，自觉进行文化自身的超越和创造。博物馆一直承担着特定地域文化传播、传承的独特社会功能，博物馆的建设事关国家、社会和个体的现实发展需求。加强燕赵中医药博物馆、医院院史馆和中医药院校校史馆建设，应从不同维度来向民众展示燕赵大地上深厚悠久的中医药文化历史。在推进传承和保护中医药文化资源的过程中，致力于建成一座具有深厚燕赵文化底蕴的大型中医药博物馆。借助现代科技手段，将燕赵中医药文化以更加生动的方式展示出来，一些实践基地本身具备现代化的技术条件，可以用精选的珍贵文物、照片，借助现代科技向人们展示燕赵中医药文化的起源及演变过程，将几千年的发展史浓缩在展示线上，还原历史场景，通过亲临中医药基地的现场实践教学带来强烈的视听效果和心灵震撼。建立完善的中医药文化实践活动长效机制，为中医药文化的保护和发展提供坚实的制度保障，不断深化对中医药文化内涵及中医药文化基础理论的理解，更好地发挥中医药文化的育人功能。

三、拓展燕赵中医药文化的价值功能

（一）燕赵中医药文化产业跨界融合

第一，转化中医药文化资源优势，促进中医药文化产业的跨界融合。燕赵中医药文化产业的跨界融合是燕赵中医药文化主体在中医药现代化进程中为获取持续健康发展的理性选择。中医药文化产业的跨界融合是当前中医药事业内容与形式创新的发展方式，具有明确的前提基础和广阔的延伸空间，加之自身与其他产

---

❶ 吴寅颖.让中医药文化之花绽放燕赵大地[N].河北日报，2017-11-30（12）.

业的关联性、互通性和渗透性，燕赵中医药文化"双创"为促进管理创新、技术革新和产业融合带来了良好的发展契机，并由此衍生出更加丰富多元的新业态。燕赵大地中医药文化资源丰富，通过挖掘和整合燕赵中医药文化资源，拓展中医药文化的价值功能，建设中医药与健康融合的现代产业体系，打造融中医药康养、文化、旅游、药材生产与种植等为一体的创意发展格局，推动燕赵中医药文化产业跨界融合符合现代产业的现实发展要求。当前，基于网络信息媒介的多元化发展以及现代产业间的界限变得逐渐模糊，加强燕赵中医药资源与大健康产业融合发展，激发中医药与健康产业融合发展新动能，加快健全中医药与健康产业融合的法规体系成为促进产业融合的主要途径。而产业融合的典型模范则非"扁鹊小镇"莫属，但它又是怎样做到的呢？最重要的一点就是坚持创新，这个创新可谓贯穿了建设"扁鹊小镇"的始终，主要体现在以数字化转型为核心驱动、以实施创意工程为抓手、以打造私域为手段以及以食疗供应链理解为导向，除此之外，加上资金与人才的支持才造就了如此高品质的"扁鹊小镇"，且燕赵中医药文化始终是动态发展的，随着时代主题和客观条件的变化而不断深化。因此，燕赵中医药文化要及时调整和更新自身内容，去除落后陈旧、不符合现今社会发展要求的内容，加强燕赵中医药文化＋产业建设，促进中医药文化与其他产业的跨界融合。

第二，构建中医药事业、产业、文化三位一体发展新格局。探索适应健康中国战略的中医药健康养老模式，发挥中医药对区域经济社会发展的驱动作用，推动中医药产业融合带动河北省经济的健康发展。燕赵中医药文化产业发展的稳步推进将进一步开拓河北省中医药文化市场。燕赵中医药文化是当前河北省文化产业繁荣发展新的增长点，应结合现代科技来进行产业发展，让中医药文化产业充分汲取优势资源，把握中医药文化的基本发展规律，将中医药文化资源转化为优质的精神文化产品，加速和互联网、现代技术等产业间的交叉融合，从而促进中医药衍生出更多新型业态，促进消费的升级完善。中医药文化产业如果想适应现代社会的发展需要，就要不断推进文化产业的升级与创新，通过创新将中医药文化产业的发展与人们的发展需求相结合。显然，就当前的发展情况而言，中医药文化产业的总体创新动力不足，缺乏引领性与前瞻性。因此，应不断促进中医药文化产业的创新发展，以文化事业引领燕赵中医药文化产业，发挥燕赵中医药文化产业的经济和文化功能。中医药文化产业具有双重属性，一是具有追求经济效益的市场属性，二是具有意识形态的价值属性。中医药文化产业要始终保持同其他产业的协作联系，提供更多符合时代需要、适应当前我国人民文化消费心理和消费习惯的高质量中医药文化产品与服务。

（二）优质燕赵中医药文化服务供给

高质量精神文化产品的生产与供给，是一国文化生产力的直接体现。燕赵中医药文化发展要同现代文明发展相契合、同经济社会发展相协调、与人们的现实需求同步。进入新时代，我国社会的主要矛盾已经发生了深刻变化，人们对美好生活的追求已不仅停留在物质需要的满足和对美好精神生活的向往上，人们对健康的追求愈加强烈，中医药几千年护佑人类健康，要通过发展文化产业来给人们提供更加优质的中医药文化产品和服务，以此不断地拓展人们的精神世界。中医药文化核心价值观与社会主义核心价值观内在契合，将燕赵中医药文化核心价值观融入我国新时代中医药公共文化服务中，培育和践行中医药文化核心价值观，加强中医药文化的宣传力度，从而在全社会范围内形成对中医药文化的强烈价值认同。首先，将中医药文化核心价值观融入中医药文化生产，强化燕赵中医药文化核心理念，始终以满足人民群众需求和创新为导向，随着人们精神需求的变化提升燕赵中医药文化生产主体的创造力。在中医药文化自觉与自信的基础上，创造出具有中医药文化属性的优秀精神文化产品，在进行中医药精神文化产品创作的过程中，要将现代技术、新型媒介和商业运营模式应用其中，从而打造更加系统、全面的中医药精神文化生产的运行体系，进一步增强中医药精神文化产品的思想引领能力和市场竞争力。其次，将中医药文化核心价值观融入社会公共文化服务中。在建设文化服务体系的过程中，要改变过去长期采用的单一、刻板的灌输方式，致力于构建"润物细无声"的文化服务体系，将中医药文化的元素运用到文化基础设施建设与和谐社会环境建设中去，将中医药文化核心价值观贯穿于文化生产与公共文化服务的过程之中。

打造一批省内乃至全国闻名的中医药文化宣传教育基地、中医药文化研究学术高地等，不断提升燕赵中医药文化的传播力与影响力。河北省是中医药文化资源大省，应注重对燕赵非物质文化遗产及民间传承项目的整理挖掘，积极申报中医药非物质文化遗产，促进中医药非物质文化遗产的保护与传承，普查当前燕赵中医药文化遗迹群，如内丘县扁鹊庙、安国市药王庙、保定市刘守真庙等，不断完善燕赵中医药文化遗产的管理体制机制，增强对文化遗产的保护观念。当前中医药文化宣传教育基地，如以全国重点文物保护单位——扁鹊庙为依托，集扁鹊中医文化、健康养生、休闲、旅游、中药材种植于一体的"扁鹊小镇"，是整合中医药文化资源的样板间、传播中医药文化的新平台、依托中医药非遗打造的康养旅游目的地，加强对"扁鹊小镇"的保护，不仅有利于鼓励地方结合本地区中医药资源特色，深入挖掘燕赵中医药文化底蕴，而且可以有效地满足后疫情时代群众对有内涵的文旅体验的需求，培养河北省民众的中医文化自信，从而促进燕赵中医药文化的进一步传播。推进燕赵中医药文化体制改革，提升中医药服务管理能力，加强对燕赵中医药文化资源的重要性认识，中医药文化生产者应立足中华传统文化，提升文化生产力，创造性地将燕赵中医药文化资源转化为受大众欢迎的高质量的精神文化产品，满足对人们美好精神生活需要的内容供给，推动中医药文化事业与文化产业的发展，生产出高质量的燕赵中医药文化产品，发挥燕赵中医药特色资源优势，将河北省中医药发展成对外开放的靓丽名片。

燕赵中医药文化生产主体担当使命，为社会大众生产供给更多高质量的中医药文化产品，以燕赵中医药文化涵养精神家园。中医药文化的全民精神构建表现在社会公众对中医药文化深层本质的把握上，中医药主要涉及物质与精神两个维度，以中医药文化全民精神建构的视角观之，它属于人们精神世界的重要范畴，但精神世界的活动始终与现实的物质生活交织在一起。新时代我国社会物质财富日益积累，让我们也不禁陷入如何从物质现代化走向精神现代化这一问题的追问中。燕赵中医药文化是中医药文明演进过程中所衍生的一种彰显民族特质和地域精神风貌的生命文化，是特定时期本区域思想风貌、道德传承和意识形态的总和。燕赵中医药文化自诞生之日起便随着时代的发展被赋予了丰富的文化内涵，"和谐共生"的思维方式、"以人为本"的医德品格等都是燕赵中医药文化的再生形态，对于深刻影响和塑造人们良好的心理习性和行为操守具有重要的引导作用。创新以扁鹊文化为核心的燕赵中医药文化内涵，做好历史文化遗产保护工作，历史文化遗产是传承、创新燕赵中医药文化的重要载体，应充分借鉴、运用和融合燕赵历代名医家各流派独具一格的文化符号和要素。通过生活化的叙事方式使人们走近中医药文化，提升自身的审美能力，将文艺审美实践贯穿燕赵中医药文化创作、生产、消费和传播的全过程。中医药文化具有深厚的理论渊源与实践基础，经历了漫长的历史演进过程，富含中华文明最深层的价值意蕴，中医药文化绵延千载，其重要原因在于自身拥有持续的生命力。

四、推进燕赵中医药文化的创新性发展

（一）燕赵中医药文化理论创新

提升我国哲学社会科学的思想引领力，加强对燕赵中医药文化的学术研究，使之成为我国哲学社会科学新的理论增长点。深入研究燕赵中医药文化的理论渊源、历史背景、哲学体系、思维模式和价值观，致力于打造具有中国特色的中医药文化学术研究体系。燕赵中医药文化理论创新是在面对当前燕赵中医药文化发展所面临的现实问题，在坚持中医药文化发展道路的基础上有序进行的。燕赵中医药文化理论创新要明确其自身的历史定位，某种程度而言，中医药文化的发展过程也是推进理论不断创新的过程，中医药历经几千年发展正是在丰富的实践基础上逐渐进行理论的深入研究。列宁在《怎么办？》一书中提出了"没有革命的理论，就不会有革命的运动"这一重要论断，深刻揭示了理论创新对实践发展的重要性。进入新时代，推进中医药文化繁荣发展成为中国特色社会主义文化建设的重要任务，作为具有独特地域特色优势的燕赵中医药文化进行理论创新顺应了

时代发展趋势。燕赵中医药文化理论创新的基本前提是厘清燕赵中医药文化的基本发展规律及其同外部事物的必然联系。

提升燕赵中医药文化理论的学术自信。回顾燕赵中医药文化理论的发展史，其精神内涵始终彰显着医学对于个体生命存在的价值探寻和终极关怀。因此，选择以何种手段将中医药文化这一灿烂的文化传统呈现在社会公众面前，最根本的是要形成一套以扁鹊文化为核心的系统完善的燕赵中医药文化理论体系，探究燕赵中医药文化的产生渊源，把握其在传统文化体系中的价值定位、现实场域和功能审美。美国传播学家帕特丽夏·盖斯特·马丁在《健康传播：个人、文化与政治的综合视角》一书中阐述了文化在健康传播感知互动过程中的重要作用，而由此产生的深刻影响得到了学科领域的广泛认同。燕赵中医药文化理论是在几千年历史演进中发展形成的，要深入研究中医药文化理论，以文化理论引领中医药文化的传播发展。扁鹊文化是燕赵中医药文化的核心内容和文化要素，燕赵中医药文化要深入挖掘经典典籍和文化遗产等的深层精神意蕴，打造具有燕赵中医药文化特色的精神标识。面对国际国内发展的新形势，燕赵中医药文化为谋求自身发展，既需要坚持自己的文化传统，又要与时俱进做到创新发展。新时代推进燕赵中医药文化创造性转化和创新性发展需要不断促进中医药的理论创新与实践创新，不断创新燕赵中医药理论，依据当前出现的新情况和新问题，使燕赵中医药理论紧随时代要求，把握中医药发展规律，不断尝试和探索理论创新并展开科学全面的学理阐释。

燕赵中医药理论作为中华民族独特的优势资源，对其价值标准的界定主要以临床实践为根本，在临床实践中把握中医药理论的基本原理，坚持中医药理论自身的哲学基础、原创思维和诊疗手段。以理论创新引领实践发展，提升中医诊疗疗效，搭建具有中医特色的综合治疗平台，紧密结合当前我国发展形势和中医药发展实践，积极探寻中医药发展的多维路径。在理论与实践的创新互动中不断推进燕赵中医药的理论创新。将中医药事业的发展上升为国家重要发展战略，推动中医药事业的传承创新，鼓励推进中医药文化的守正创新。当前我国的中医药事业仍然面临着基础理论薄弱、科研进展缓慢、临床实践滞后和中医药文化传承保护不到位等难题，解决这些问题的根本方法在于加强中医药文化理论创新，从国家和社会等不同维度去认识和把握中医药文化发展的规律，保持中医药文化的特色属性和内在优势，立足中医药临床实践基础。同时，发挥中医药文化理论在社会利益关系调整、社会公众的精神建构和思想品格的塑造上的突出优势。促进中医药文化理论创新，需要借助反映现实的社会意识形态和具有深刻价值内涵的先进思想观念，并运用生动、活泼的形象塑造来使中医药文化将其自身的思想属性和文化属性进行深度彰显，给社会公众带来正面价值导向。

（二）燕赵中医药的现代化发展

中医药文化是中华民族的独特标识，具有卫生资源、经济资源、文化资源、科技资源和生态资源等多重优势。作为中医药发展新模式，中医药现代化涉及经济发展格局、文化自信等重要内容，燕赵中医药文化理论为建构文化认同奠定了坚实的学理基础，推进燕赵中医药现代化发展，有助于在互动交流中促进社会公众及国际社会对中医药的普遍接受，为建构中医药文化认同、推进"双创"方针提供了可能性空间。

在建立中医药统一标准上有所作为。建立明确的评价标准是任何一门学科发达的标志。中医药现代化并非狭隘地局限于现代医学的病理药理，而是在"维护中医理论全部实质"的前提下，站在系统科学的高度，建立中医药的"通用语言"，借助现代化生动的元素去丰富和发展中医药理论体系，跨语境衔接和构建现代科学的话语体系，以此来阐发、释义中医药理论原本晦涩难懂的抽象概念，并做出对中医药临床的客观评价。目前，临床证据是治疗安全有效的评判标准，而现代医学理论与实践的主推范式是以科学证据为核心的循证医学模式。与之不同的是，中医药是在人们与疾病做斗争的长期实践中总结而来的一门民族医学，其涉猎范围之广，早已不局限于单纯的医学范畴，而是涉及"天文""地纪""人事""阴阳""脏腑"与"经络"等，可称作一个包罗万象的文化体系。中医药国际化的功效已然受到了世界的认可，但在与国际医学理念及评价体系的匹配上仍亟待深化。推进燕赵中医药现代化，走向国际化发展是建设中医药强省的必由之路。

燕赵中医药现代化并不是中医药文化"现代"与"传统"的博弈与对峙，实质上是中医药在现代科技飞速发展的条件下对社会发展潮流所做出的功能上的适应。张伯礼认为，实现中医药现代化，致力于使中医的望闻问切有现代科技支撑，中医药的守正创新，必然要走上与现代科技相结合的道路，中医药的现代化之路，也绝不是遵循现代医学的发展逻辑，套用西方国家实践的模板，试图饰演一个现代化进程中西方医学的"他者"角色，而是构筑中医药主体性存在的合理身份标识，提升国内外公众对中医药的文化认同。中医药现代化使中医药已不能停留在只知经验而不求根据的发展层面，对现代化的审思必然要回归中医药文化传统中去寻找答案。著名社会学家爱德华·希尔斯在《论传统》一书中谈到，一直以来备受人们崇尚的科学与理性俨然成为"统治个人和社会生活的法则之本源"，而中医药作为"传统"所规定的精神、思维范型及"技术惯例"的"延传对象"[1]，应保持其"传统"的鲜明特色，不"以西律中"，同时在"传统"之上致力于超越"传统"，如若在现代化浪潮中束之于"传统"甚至"闭门复古"，则会严重阻碍中医药生命创造力的持续发挥。因而，应明确中医药与传统文化的内在统一，夯实中医药的文化根基，以文化"双创"方针促进中医药现代化。

燕赵中医药现代化也要正确处理守正与创新的辩证关系。守正是燕赵中医药文化"双创"的客观前提，创新是燕赵中医药文化"双创"的不竭动力，守住中医药文化的文化根基、原创思维，燕赵中医药现代化要始终遵循中医药文化的客观发展规律，全面把握燕赵中医药的发展文明。世界上存在的任何一种文化在发展中都具有相对独立性，并非与社会发展始终亦步亦趋，推动燕赵中医药文化的发展要坚持在守正的基础上创新，注重将传统的燕赵中医药文化延伸到未来发展的各个领域，同时要坚持推陈出新，为中国乃至人类社会贡献中医药独特的智慧，从而提升燕赵中医药文化的影响力和话语权。

---

[1] 希尔斯.论传统[M].傅铿，吕乐，译.上海：上海人民出版社，1991.

五、加强中医药文化人才队伍建设

（一）院校教育与师承教育相融合

中医药人才培养是影响和制约中医药业态高质量发展的关键因素。教育在一定意义上体现着对民族文化基因保存与继承的能力，为个体素质提升与能力发挥带来现实的可能性。当前，中医药人才培养主要以院校教育与师承教育两种模式来开展，师承教育是千百年来传统中医药文化薪火相传、延续至今的主要教育方式，院校教育相较于师承教育而言起步时间较晚。坚持院校教育与师承教育相结合，建构适应中医药发展的高等中医药教育体系。发挥师承教育在人才培养中的独特作用，加强对传统中医药文化理念的引导和对中医药课程理论的学习，使一代代中医人满怀信心，积极参与到中医药事业的振兴发展中。院校教育在中医药人才培养目标设置上要始终坚持提升中医药健康服务水平，以中医药的经典内容展开，夯实中医药人才培养的理论基础。新时代中医人在对中医药文化的价值意义与生命力的坚定信仰下，肩负拯救患者生命和仁爱为医的责任，应做到对患者生命意义与价值追求的透彻把握，掌握丰富的中医与现代医学知识，形成坚定的中医药文化自信，创造出严谨科学的理论成果和真实可信的临床实效，坚持走向世界的国际视野，最终成为能够从事医学临床或科学研究工作的复合型中医药学人才。此外，中医药文化教育需要以传统优势学科为基础，通过传统文化学科和中医学的交叉和渗透，带动中医药文化的发展，打造让中华文化走向世界的专业中医药文化人才队伍。

（二）从医者文化身份建构

从医者文化身份建构实际上是从医者作为主体进行文化选择和认同的过程，从医者只有与其所处环境产生深度互动后才可建构与之协调的文化身份。英国文化研究学者斯图亚特·霍尔认为，文化身份置于特定文化实践内部，处于生产和再生产的建构过程之中，而这一活动是始终进行的。由此可知中西医者文化身份建构也并非一成不变，而是在实践的基础上不断调整自身价值理念和态度看法而发生改变的。我国中医药现代化的进程不断加速，中西医并重已成为一种势不可挡的发展趋势，应在多元乃至跨文化的场域下，建构中西从医者的文化身份。不同的文化身份会衍生出相应的社会反响，从医者对待中西医学的态度和价值观念是自身文化身份的外在表征。

加强中西医并重，在建构中西从医者文化身份上有所作为。传统中医与现代医学的较量是近代史上影响较大的事件，事实上，中国传统医学是遇见了西方医学才有了中医这个称谓。中西医是人类医学的两种范式，"当求天下再无病患"是为医者的永恒追寻。张岳先生在《文化学概论》中认为，从属于不同范畴的文化之间，抑或同一文化体系中的不同文化群体之间，在接触与互动中往往上演着不尽如人意的"和谐"剧情，正如任何一个医学体系都是在遵循自身生命观的原则下，实现对生命本体的价值追寻。长期以来，社会舆论环境中始终存在对中西医孰是孰非的激烈争论，形成了"中医黑""中医粉"两个非黑即白的对抗立场，在文化构成的范围内存在"紧张、对抗现象"，对中医药的信任与尊重，至今尚未形成一种普遍的共识。尤其要注意的是，在医学体系的框架下，学西医与学中医的双方主体依旧保持着对彼此的偏见，究其根本，冲突产生的根源，不仅是对各自医学文化体系的表面性关注，而且是主体双方自发地从本身的知识结构、文化背景和生命体验出发，进行了偏重本体价值阐释的深层反映。现象学创始人胡塞尔先生认为，在人类生活中有两种发现并使用且必然使用的真理，即"处境真理"和"科学真理"❶。医疗从某种程度而言，是技术问题与社会行为的内在统一，中医揭示的是历史相承的处境真理，而西医则为科学真理，二者在现实较量中都陷入了各自的哲学危机。现代医学是科学品质强而哲学品质"相对弱"，中医药虽为具有自主知识产权的科技资源，但在科学品质上仍需提升。此刻，实现科学的哲学化或哲学的科学化是一个值得探索的问题❷，不仅可以消除各自的哲学危机，还可以在一定程度上减少二者在科学上的对立和冲突，在平等尊重的基础上，协力交流医学治疗的经验，共享医学成就。

---

❶ 胡塞尔.生活世界现象学［M］.倪梁康，张廷国，译.上海：上海译文出版社，2002.
❷ 殷忠勇.传统中医药文化的当代哲学诠释与时代意蕴［J］.哈尔滨工业大学学报（社会科学版），2019，21（5）：91-99.

第三节　河北中医药建设成果的分享与传播：
　　　　讲好燕赵中医药故事

一、讲好燕赵中医药故事的逻辑理路

（一）何为燕赵中医药故事

讲好燕赵中医药故事，是我国中医药国际话语体系构建和国家文化软实力的生动展现。讲好燕赵中医药故事，首先要明确何为燕赵中医药故事、何以有底气讲好燕赵中医药故事，只有弄清这一本体论问题才能真正讲好燕赵中医药故事。燕赵中医药故事是中医药故事在特定地域的典型代表，实际上也是中国故事的具体缩影。讲好中医药故事不仅要停留在中医药文化浅层传播层面，还需要深耕厚植更多带有鲜明地缘特色的地方中医药文化资源来拓展中医药文化的外延，从而向公众展示出更加全面、多元的中医药文化体系。燕赵中医药文化是中医药文化中带有明显地域特色的文化资源，中医药文化相较于传统文化所涵盖的其他类型的文化而言，有其"文化的特殊性"和"应用的普适性"。讲好新时代燕赵中医药故事就是要讲好中华民族创造和发展中医药文化的历史故事、讲好我国中医药繁荣发展的故事和中医药积极参与全球抗疫的生动故事等，扁鹊文化是"燕赵中医药故事"的主要内容来源，其中包括极具东方思想魅力的中医名家故事、中医典籍故事、中医药材故事、中医神话故事、中医哲理故事等，如扁鹊与其《难经》、刘完素与《素问》等，集中反映了燕赵中医药文化发展完善的演进历程，展示出燕赵大地几千年中医药文化的历史脉络。讲好燕赵中医药故事，推进燕赵中医药文化的大众化，扩大燕赵中医药文化的传播范围，遵循中医药发展规律，随着我国中医药文化对外传播的不断深入，应掌握讲好中医药故事的叙事方法和传播策略，实现讲好燕赵中医药故事的美好愿望。

讲好燕赵中医药故事是站在意识形态建设高度，着眼打造讲好燕赵中医药故事的多元主体与话语体系，是创新对外宣传方式，提升国际传播能力的重要举措。中医药是中华民族进行精神生产所创造出的兼具文化与技术双重范畴的知识系统，凭借其在个体生命与疾病中所呈现的突出医学效用，进一步彰显出传统中医药的魅力。在国家宏观层面，调动各方力量助力中医药现代化进程，建构燕赵中医药文化的主体性以及从医者的文化心理与身份认同，提升公众对中医药的认同感，要求我们讲好燕赵中医药故事，不仅要对内讲，还要跨越时空、文化的藩篱对外讲，形成以燕赵中医药故事为内容主线，"讲"的行为系统与好的评价体系相融通的三维价值体系。同时，我们也要清楚地看到，仅仅讲好燕赵中医药故事是不够的，还要不断激发燕赵中医药文化的创造性，谋求燕赵中医药在技术和文化等维度延伸的发展空间。

（二）何以有底气讲好燕赵中医药故事

中华优秀传统文化有丰富的累积，中医药文化是中国传统文化延续至今的重要文化形态，蕴含丰富的原创思维、哲学思想、思维方式和养生观念，具有强大的文化价值功能。中医药文化是中华民族原创的优势资源，具有不可复制性和模仿性，是历代医家通过实践探索不断总结而产生的理论体系，是理论、历史与实践的逻辑统一。燕赵中医药文化的指导理念贯穿于中医临床的全过程，讲好燕赵中医药故事是新时代赋予我们的使命。燕赵中医药文化在燕赵大地发展而来，这里医家辈出，现已拥有众多的中医药文化资源，其中以扁鹊、刘完素、王清任等为典型代表医家，在燕赵地区依旧保留和保存着他们的历史文化遗迹和中医药经典典籍。中医药文化的原创思维、精神内核和理论本质都是燕赵中医药故事的重要内容，中医药不同于其他医学，它有鲜明的人文价值属性，中医药文化在历史上曾陷入被质疑、被否定的困境，因此势必要主动推进自身的现代化进程，以自证存在的客观合理性和历史必然性。与讲道理不同，通过讲故事的叙事方式能够更加凸显出中医药文化的底蕴和精神品格。

第一，我国中医药文化事业高质量发展。十八大以来，我国将中医药事业提升到国家战略发展层面取得了一系列的历史性成就,河北省聚焦中医药发展实际,依据中医药服务的客观需求,不断提升中医药服务质量与水平,现已建成具有大范围覆盖率的基层服务站及中医诊所等,改善了人民群众就医看病的环境。同时,中国始终以积极的姿态投身于世界建设,将中医药列为我国开展对外援助工作的重要项目之一,目前对外援助的数量不断攀升,规模也随之扩大,为中医药事业的创新性发展带来新的经济增长点和文化扩展点,进一步提升了中医药文化的传播力、影响力,扩大了中医药文化产品的输出范围,中医药文化也因此成为中华传统文化"走出去"的"先行者",呈现出中医药文化事业大发展的繁荣局面。任何一种文化都是特定社会发展的产物,某种稳定的、长期占主导地位的文化环境一经产生,就会自然而然地渗透到人们的精神生活领域,在一定程度上影响人们的社会心理与社会行为的形成。要灵活运用燕赵中医药的文化要素,采用生动形象的叙述和呈现样式,同时要求讲故事的主体充分发挥自由创造性,随着时代内容的变化而及时调整更新,使燕赵中医药文化能够与时俱进,让燕赵中医药故事更加生动、具体和深入人心。此外,在近代很长一段时间,中医和西医曾一度陷入尴尬的相互排挤状态,中医也在某种程度上经历了主体性失语危机,从而一部分有关中医药故事的内容缺乏客观性。当前,中医药正处于重要的战略机遇期,就需要中医药主体摆脱过去被动的姿态,牢牢把握中医药的话语权,去主动诠释真实、立体的燕赵中医药故事。

第二,疗效是中医药永续生存的根本源泉。检验真理的标准是实践,而检验医学的标准在于疗效,从古至今,人类对医学的专业化始终保持着敬仰,对医学科学宣称拥有真理的确信。当前,人们对健康的需求愈加强烈,中医药在未病、常见病、慢性病、传染病等系列优势病种的预防、治疗及康复过程中发挥了独特优势。中医药在长期的临床实践中积累了攻克天花病毒、乙型脑炎、麻疹、流行性感冒等传染性疾病的宝贵经验,诞生了《伤寒论》《温疫论》《温病条辨》等经典著作,创造性地提出了独具优势的中医疫病理论体系及诊疗方法,为应对突发传染性疾病等全球卫生事件提供了新的思路与实践指南。在我国新冠肺炎疫情防控期间,中医药全程参与治疗,中西医优势互补,生动展现了中医药独特的治疗优势。因此,应提升中医药文化的服务力,特别是医疗服务能力,形成全社会信任中医、认同中医的普遍共识，生产和供给高质量的中医药文化产品，满足人们对健康的新需求，为建设健康中国贡献出中医药力量。

二、燕赵中医药文化传播的话语建构

（一）燕赵中医药文化的共情传播

燕赵中医药文化的共情传播是依托信息媒介技术打破区域地理界限，借助共情传播促进燕赵中医药文化传播的过程。地方媒体应把握时代契机，根据地缘性资源发挥本土原创内容优势，贡献地方媒体具有地域性特色的对外传播方案，助力国家主流媒体渠道的发声，以此展示更加全面、立体的国家形象。深耕燕赵中医药文化资源，梳理燕赵中医药文化演进脉络，充分借助燕赵中医药文化宣传的主流媒体，致力于打造现代化的中医药传播体系。一直以来，西方国家主张话语霸权，进而使中医药文化传播在国际上，呈现出自身蕴含的价值内涵与其客观现实产生的影响力不符的失语落差。因此，应打造燕赵中医药文化传播媒体，促进中医药传播话语体系的现代化，借助海外媒体平台运用新媒体的表达优势，借助音频、视频、图片等传播媒介，进行中医药理论大众化的阐释和解读，采用人们所普遍接受的方式推进燕赵中医药的国际传播，"一带一路"建设为中国走向世界及加强世界联系提供了一条重要通道。燕赵中医药文化要在同其他国家开展经济贸易交流、建设中医药服务出口基地等走向世界的过程中，寻求文化共鸣，讲好燕赵中医药故事，增强燕赵中医药文化的传播效果，提升国际受众对中医药文化的认同。

共情传播适应中医药文化宣传的内在逻辑，有助于提升中医药文化对外传播的现代阐释力。德国美学家劳伯特·费肖尔提出了共情概念，这一概念在初期从属于心理学范畴，后逐渐拓展至传播学等领域。讲好燕赵中医药故事需要通过共情传播来使公众实现情感认同。在燕赵中医药文化基础上巧妙地设置共情点，以此来提升燕赵中医药文化的影响力和亲和力，提升中医药的话语权。随着传播媒介的发展变革，逐渐打破了传播的时空界限，燕赵中医药文化传播要坚持专业化和大众化传播相结合，新媒体是中医药文化传播的主要媒介，发挥着舆论宣传的重要作用。"媒介依赖理论"由美国传播学家桑德拉·鲍尔-洛基奇（Sandra Ball-Rokeach）和梅尔文·德弗勒（M. L. DeFleur）所提出，主要是指通过大众媒体向个人、社会组织等主体进行信息的传播和扩散，从而所产生的人与媒介的依赖关系。当前，社交短视频平台凭借其实时性、互动性、社交性等自身属性，日益融入人们的日常生活之中，成为人们接收外界信息，与外部环境交流的重要媒介，燕赵中医药文化也应借助信息媒介来进行共情传播。燕赵中医药文化的共情传播应注重把握个体多元价值观特征，要把握好定义中医药文化的新语汇，坚持国际语言与中国范式相融通，以人类卫生健康共同体为道德高地，增强在国际舆论场的文化引导力。讲好中医药故事要依据具体情况，需要传播媒体挖掘鲜明的地缘性文化资源，选择合适的语境场域，努力打造内宣外宣相同步的新格局，凝聚人们对中医药文化的价值共识，筑牢我国中医药文化传播的外宣阵地，不断提升讲好中医药文化故事的话语表达能力，推动中医药"走出去"战略的实施。任何事物都具有两面性，网络新媒体的多元化给人们提供了新的选择方式。但当前网络空间也传播着有关中医药文化的消极内容，受多元文化观念影响，部分人对非理性、伪科学的东西没有免疫力，他们往往会在无意中按照自身主观的条件需要来确立自己的价值判断标准，而这种标准可能会与中医药主流价值文化相违背，甚至是尖锐对峙、背道而驰。因此，要有勇气和底气讲好燕赵中医药故事，将公众所关注关切的话题借助丰富的中医药理论知识予以阐释，增强对于社会舆论的把控力、引领力，选择公众所接受的话语表达方式，抓住时机，更好地讲好燕赵中医药故事。

燕赵中医药文化作为一种具有传统文化属性的话语资源，势必要通过文化的传承与创新来建构国家形象的文化符号，充分发挥中医药文化符号的传播优势。发挥国家主流媒体的引领作用，地方媒体在发挥协同作用的同时，也要争当先行者。首先，讲清楚燕赵中医药文化的理论渊源、历史演进、社会方位和未来走向的故事，形成系统的中医药成果展示。其次，把握文化传播的客观规律和受众的思想认知状况，在讲好燕赵中医药故事的内容选择上，不断深化燕赵中医药文化的内涵，例如，讲好燕赵名医医家、药材种植等中医药发展故事，坚持因时因地

第十章　河北中医药强省建设实践：中医药文化传承与发展

制宜，以世界不同国家的思维模式和话语体系来进行故事的讲述。最后，开展多形式、多渠道的中医药文化交流活动，鼓励孔子学院、文化企业和非营利性的公益组织等主体推进中医药文化的对外传播。此外，华人华侨和华文媒体的作用也不容忽视。由于中医药文化自身所具有的民族政治属性所导致的意识形态的对立，燕赵中医药文化走出去就意味着燕赵中医药文化的传播必须打破世界民族间的壁垒，走出燕赵中医药文化走向世界的传播困境。

（二）燕赵中医药文化的叙事策略

燕赵中医药文化的叙事策略选择是构建我国对外话语体系的重要课题。中医药文化核心价值观是我国中医药对外话语体系的核心和灵魂。话语最初是基于人们进行价值认识、思想传播等主体间社会交往的现实需要产生的。按照法国哲学家米歇尔·福柯（Michel Foucault）的观点，话语本身包含一个产生和扩散的过程，反映相关的社会关系，特别是体现出一系列社会力量及意识形态环境中的相关影响关系[1]。事实上，几千年的中华文明早已形成我国的对外话语体系，但在如今经济全球化、网络信息化，尤其是在以西方话语体系为主导的背景下，迫切需要我国的中医药文化话语叙事策略实现转型，构建系统的现代化中医药文化对外话语体系。

坚持燕赵中医药文化传播宏大叙事与微观叙事的辩证统一，转变长期以来以宏大叙事为主导的中医药文化对外传播的叙事范式。叙事，顾名思义就是叙述故事，是叙事主体依据事实和现实情节以讲故事的思维方式，借助语言、文字等符号载体，对受叙者进行话语表达的一种叙事行为。话语是主要依托的载体，应考虑选择何种叙事方式，如何讲好中医药故事、如何生动地将燕赵中医药的文化精髓和精神实质阐释出来，突破国际舆论场对我国的压制，获得中医药文化在国际舆论场的话语权。燕赵中医药文化的宏大叙事，是对燕赵中医药文化传统以历史纪事为框架进行的宏大主体叙事，诠释其贯穿于中医药文化发展始终的东方思维魅力、蕴含的深刻价值理念和旺盛的生命创造力，提供给人

---

[1] 申文杰.马克思主义意识形态话语权理论阐释与实践探索［M］.北京：人民出版社，2017.

们认识世界和改造世界的中医药智慧。与之不同的是，微观叙事会从燕赵中医药文化的某一具体的文化现象、现实对象等内容展开，包括对故事发展的情节把握，尝试进行具有高度审美的话语表述。宏大叙事与微观叙事是叙事的两类不同的策略，二者在中医药文化传播中密不可分，宏大叙事为微观叙事进行方向、内容的界定和升华，微观叙事为宏大叙事增添具体的、特殊的内容[1]。讲清楚何为中医药故事、何以有底气讲好中医药故事，要把握好定义中医药文化的新语汇，坚持国际语言与中国范式相融通，选择真实的人物生活事例，以微观视角展示宏大主题，使中医药故事的讲述有故事可支撑，赋予中医药故事更丰富的思想内涵。

长期以来我国传统中医药文化传播始终保持宏大叙事的叙事风格来实现自身的形象塑造，更加注重对中医药文化进行成就式的宣传，有时不免流于形式，此时就需要借助微观叙事来引导受众见微知著，在燕赵中医药文化的具体语境和内容细节中去理解和认同燕赵中医药文化。燕赵中医药文化在主体选择上要突破意识形态的限制，采取多元的叙事方式，中医药文化的对外传播在以西方为主导的多元话语格局的国际语境中展开，因语言类型、民族文化传统等方面的差异，我国早期传统的中医药文化话语体系在同外部世界对话中缺乏吸引力，话语体系不够系统。为了突出传播受众的主体性，往往需要融情，避免泛政治化的隐喻表达和过多的中医药文化核心价值观念的输出，从而使中医药文化自身的价值内涵与实际的影响力相匹配。因此，要不断创新中医药文化对外传播的手段和途径，创新中医药文化对外传播话语体系。以故事叙事引共情，增强燕赵中医药文化的对外影响力。以讲故事而非讲道理的形式，充分挖掘燕赵中医药文化适应当前社会发展趋势和符合国家受众接受习惯的内容资源。讲好"燕赵中医药故事"，向公众展示真实、全面的燕赵中医药文化，是立足当前中医药发展实际，将中医经典典籍专业难懂的术语变为社会公众普遍可以接受的生活化语言，从当前中国政治、经济、科技、文化等方面来解读中医药发展，为人们普及健康的中医养生理念和知识，阐释燕赵中医药文化的思想渊源和发展历程。

---

[1] 孔明安.论马克思主义的三重辩证叙事方式［J］.学术前沿，2021（11）：9.

三、构建人类卫生健康共同体

（一）中医药文化的民族性传承与世界性传播

传统医学情境中的世界意义是为人类谋求健康福祉，是构建人类卫生健康共同体。马克思曾指出："各民族的精神产品成了公共的财产。"[1]随着物质生产力的进步，资本在全球范围内的流通使人类社会打破了曾经封闭的地域状态，从而形成了世界普遍交往的发展格局。中医药文化作为中华民族创造形成的宝贵精神产品，反映了中华民族独特的价值观念和精神世界。中医药文化既是民族的，也是世界的公共产品。

辩证认识中医药文化民族性与世界性的关系。中医药文化既要保持自身鲜明的民族特色，也要具有贴近当下现实的时代感，实现传统向现代的创造性转化。中医药文化的民族性是中华民族对中医药文化所形成的价值判断和认同心理。中医药文化几千年所积累的厚重历史，在不同发展阶段调整和增添了新的内容，先有中医药文化的民族性，通过民族性的普遍适应和开放，从而转化为世界性。而中医药文化实现真正的创新发展，往往需要其向横、纵向两个维度转化，即横向要实现"文化的民族性向世界性的转化"，纵向要实现"传统文化向现代化的转化"[2]。世界一切客观存在中，医学尚没有民族、国家、社会制度之界，具有一定的开放性，人类卫生健康共同体的构建，在狭义层面上，所探讨的是医疗领域的专业化问题，从宏观意义来看，是国家在制度建设、国家治理与国际关系处理等重大问题上的深度映射。人类卫生健康共同体理念彰显了中国智慧，中医药作为中华民族的原创品牌是"民族性与世界性的辩证统一"，这一响亮的名片也已逐渐得到世界人民的认可。

构筑中医药文化"走出去"与异质文化的对话模式。人类文明的多元性与复杂性使文化的对话沟通成为必要，在这种良性的交往互动过程中，不同文化主体都呈现出某种自觉抑或不自觉地汲取或消化世界民族文化有利因素以此发展自身

---

[1] 中共中央马克思恩格斯列宁斯大林著作编译局. 马克思恩格斯选集：第一卷[M]. 北京：人民出版社，1972.

[2] 丰子义. 中国文化如何走向世界[J]. 前线，2019（6）：34–37.

的倾向。当前,中医药临床思维所强调的整体观越发受到现代医学的认可,单纯依赖现代医学的还原研究方法已不能满足对临床实践中所面临的棘手难题的有效解决的需求,从中医整体观视角来看,使束手无策的问题有了解决的可能性。在构建人类卫生健康共同体的背景下促进中西医结合,推进中医药文化传播,为世界各国人民提供中医药服务。从古丝绸之路到"一带一路"建设将中医药文化传播到世界各国,进一步向世界展现了中医药文化所独具的魅力,促进了我国中医药事业的发展和世界文化间的交流借鉴,也对沿线各国的健康事业产生了重要影响。

马克思的世界历史理论科学预示了人类卫生健康共同体构建下中医药文化的前途命运。在当前大好的发展机遇下,中医药应坚持守正创新,在"守"的基础上坚持中医药的文化根基、原创思维、基础理论和历代中医精诚为医的职业道德等,不断扩大发展空间,充分汲取现代科学的先进技术成果,致力于打造传统中医与现代医学"合作式对话"范式,进一步促进医学主体间的和谐互动,以此提升文化适应力,立足新的研究领域创造出更多的中医药原创成果。中医药致力于探索出一条为国家乃至世界人民健康服务的中医药发展之路。讲好中医药故事是讲好中国故事的重要组成部分,要紧跟时代要求,加快中医药强省的建设,肩负以中医药文化为代表的民族传统文化推动中华文化"走出去"的重要使命。

(二)燕赵中医药文化走向世界

在世界交往格局下文化越来越成为国际竞争力和影响力的关键因素,应深入挖掘本民族的文化资源,推动燕赵中医药文化走向世界。探索当前世界发展形势的时代诉求,对国家间的文化交流和文化发展进行规律性的认识,掌握对外传播的国家或区域对象的实际情况,从而做到知己知彼进行有效的对外宣传和文化产品输出,选择受众普遍接受的话语体系,富含真挚情感和人类共同的美好理念,加快中医药走向世界的进程。

人类卫生健康共同体是习近平总书记为应对新冠肺炎疫情,在全球公共卫生领域提出的具有中国智慧的解决方案。以对话互鉴来消除语言、国界和文化背景等意识形态所衍生的价值分歧。中医药文化走向世界,以开放包容、兼收融通的文化胸襟和人类关怀进行文明间的交往互动，为国际应对重大公共卫生安全危机提供了独特的中医药救治思路与方法。人类卫生健康共同体着眼于当前世界发展格局，是建立在马克思主体性思想基础上，对马克思"真正共同体"思想的延续创新，"真正共同体"思想的形成建立在人的"类特性"基础上，"秉承了马克思的'类哲学'思想，承载了中华优秀传统文化中的'和合'价值思维"[1]，是在世界范围内凝聚价值共识、探索文化共性的新型理念。

保障人的生命健康安全是每一个国家、民族或地区所追求的价值目标。马克思将实现人的自由全面发展作为其一生研究的重要内容，坚持人的主体性，维护人民的生命安全。中医药拥有丰富的疫病经验。从古代社会早期人类便开始与传染性疾病进行激烈的抗争，面对来势汹汹的新冠肺炎疫情，在抗击新冠肺炎疫情的过程中，中医药始终坚持"以人为本"的价值观，在救治过程中始终将患者的生命健康放在首位，以人的生命价值为最终关怀，极力挽救患者的生命和减轻病痛所带来的伤害。在疫情暴发初期，在救治患者的同时，中医药主体还积极探索新冠肺炎的防治方法，以此进行疾病初期的预防，为疫情防控提供科学合理的措施，积极发挥其未雨绸缪的"治未病"优势，对疾病进行了早期的严格干预和把控，一部分治愈的患者完全采用中医疗法。此外，中医药坚持"辨证施治"与整体观念相结合的诊疗理念，根据每一患者的实际状况来开展综合治疗，同时在患者愈后采用针灸、拔罐等方法来缓解其病痛，主张通过具有中医药特色的太极拳等锻炼方式来增强人们的免疫力。

燕赵中医药文化"走出去"为跨越世界各民族间意识形态的藩篱描绘了新的可能愿景。"文明冲突论"一直是"西方社会看待文明关系范式的概括"[2]，在现实生活中无时无刻不上演着因民族与民族、中西方文化间的误解而产生的冲突。事实上，中医药文化"走出去"不可避免地会受到来自异域文化群体的排挤。长期以来，人们在关于东、西方文化关系的认知上往往带有一种进行"优

---

[1] 刘同舫.全球现代性问题与人类命运共同体智慧[J].福建论坛（人文社会科学版），2019（9）：5-14.

[2] 王公龙.推动构建人类命运共同体历史进程中的伟大斗争[J].马克思主义研究，2020（11）：40-49.

劣区分"的惯性思维，呈现出对立双方在自身畛域极力架筑"高墙"与"深沟"的排斥状态，人为地阻断世界文明的向前发展。作为中华文化不可或缺的代表性元素与文化符号，中医药文化的"走出去"战略并非有意加固标准制度壁垒，而是具有战略价值与文化深意，旨在打破僵局为中医药增进全人类健康开辟道路。"中国处方"极力走出一条现代化道路并非径情直行，所遭遇的不仅是文化差异的排挤，还有难以逾越的国际标准壁垒。近几年在"一带一路"倡议下，中医药文化的海外传播已遍及世界上近 200 个国家与地区，得到了国内外民众的欢迎与认可。

  在跨文化的姿态选择上有所作为。按照马克思的观点，人们对自身历史的创造，常常是"在直接碰到的、既定的、从过去承继下来的条件下创造"❶。现代医学虽与中医的历史文化背景不同，但作为人类知识系统的重要组成部分，二者的关系既不对立也不相悖。中医药的现代化也并不是在现代科学逻辑思维主导下对中医药进行形而上的学术阐明与经验解读，而是在"对话范式"的视域下推动中西文化、生命科学与中医学的交流与对话。历史表明，中医药具有海纳百川的理论品格，已具备与现代生命科学对话的能力。虽与现代医学作为不同的研究体系具有"不可通约性原则"❷，但正如国医大师王琦所言，中医的体质学研究与现代医学的人体健康间的深入对话，将推动生命科学实现创新的认知，而中医药力图在科技视野和当代语境中谋求更高圈层的跃升，势必要推动自身所属的文化群融入更深层次的文化群。中医药走向世界必然要拆除阻碍东西方文化交流的"高墙"，发扬"锯子精神"，而决定成功与否的关键在于锯木时"推"与"拉"的动作发生，锯子正是在来回"推拉"的这种"反向作用力"下才能实现向前发展❸，而这一"推拉"的过程在某种程度上是哈佛大学政治哲学教授迈克尔·桑德尔所提出的"合作式对话"思维的深刻反映。不仅如此，今天我们所谈的中医药走向国际化更是高度的专业化，受到社会及世界的认可。丰富发展的

---

 ❶ 中共中央马克思恩格斯列宁斯大林著作编译局.马克思恩格斯全集：第八卷［M］.北京：人民出版社，1961.
 ❷ 张其成.中医文化精神［M］.北京：中国中医药出版社，2016.
 ❸ 滕守尧.文化的边缘［M］.南京：南京出版社，2006.

本质也并不是对个体固有文化属性的根本性颠覆，中医药文化在跨文化交流的同时，要摒弃先入为主地去预设文化存在优劣之分的行动自觉。

坚持中医药文化的民族性传承与世界性传播，在燕赵中医药文化"走出去"战略的国际化进程中实现与外部世界的互动对照。中医药文化作为推动人类健康文明繁荣发展的重要力量，充分展现出平等交流互鉴的对话姿态，探寻"美美与共"的发展空间，此为中医药文化在新时代的自觉担当，也是未来世界医学的美好愿景。以人类卫生健康共同体为道德高地，讲好中医药故事，让古老传统的中医药焕发时代光芒，使中医药在人类健康版图中占据重要一席，为世界医学的发展贡献中医药智慧，扩大中华文化的国际影响力。

参考文献

[1] 王海莉，李根林.中医药文化探微［M］.郑州：河南科学技术出版社，2022.

[2] 李艺，傅勤慧，宋欣阳.中医药在马耳他［M］.上海：世界图书出版公司，2020.

[3] 韩兴贵，何召叶，密丽.中医药故事［M］.天津：天津科学技术出版社，2019.

[4] 李诚敏，沈琴峰.中医药在泰国［M］.北京：世界图书出版公司，2020.

[5] 李红坡.经验分享：社区中心如何搞中医药建设［J］.医师在线，2020，10（21）：2.

[6] 曹明祥，陶彦军.综合医院如何做好中医药建设［J］.当代医学，2009，15（34）：38.

[7] 宋汉晓，张少鹏.广东中山加快中医药建设步伐［J］.中国医药指南，2007（7）：138.

[8] 刘刚，徐秋培，夏少岭，等.乡镇卫生院中医药建设的现状和建议［J］.中国初级卫生保健，2014，28（9）：39-42.

[9] 童文祥，管德印，徐彬.师以下部队中医药建设及思考［J］.人民军医，2007（5）：256.

[10] 司富春.加强文化宣传力度，推进中医药建设［J］.协商论坛，2008（3）：10.

[11] 王瑾德，苏小英.信息技术在中医药建设中的应用研究［J］.医学信息，2007（11）：1874-1876.

[12] 祝文燕.加强中医药文化建设 提升中医药特色服务［J］.中医药管理杂志，2022，30（13）：235-237.

[13] 管弦.以中医药文化传承为导向建设与管理中医药类高校中医药档案[J].黑龙江教师发展学院学报,2022,41(2):154-156.

[14] 周祖亮,刘石美,李硕.中医药院校文化建设浅述[J].中国中医药现代远程教育,2022,20(20):156-158.

[15] 黎斌宁,吴玉丰,柳春,等.甘肃中医药大学机构知识库建设初探[J].甘肃科技,2022,38(10):88-90.

[16] 应叶盛.我院中医药文化建设现状与对策研究[J].中医药管理杂志,2022,30(4):241-243.

[17] 唐清.药剂专业开展中医药文化建设的意义与对策研究[J].才智,2022(35):184-186.

[18] 朱丹,张宏,赵宝林,等.中医药高职院校生物化学课程思政建设思考[J].中医教育,2022,41(3):46-49.

[19] 土青厶.甘肃加强基层中医药服务能力建设[J].中医药管理杂志,2022,30(8):182.

[20] 沈大雷.江苏开展中医药文化建设发展行动[J].中医药管理杂志,2022,30(9):56.

[21] 王昱婷,马利,刘柯辛,等.新疆生产建设兵团中医药事业发展现状探讨[J].中医药管理杂志,2022,30(19):200-203.

[22] 姚玲,黄文雅,朱文静.中医药院校来华留学生第二课堂建设[J].成功,2022(9):3.

[23] 胡正塬,杨逢柱,姚雅婧,等.广西中医药健康发展法治环境建设问题及建议[J].环球财经,2022(10):7.

[24] 毛和荣,刘娅,宋勇刚,等.新时代中医药文化国际传播力建设研究[J].中国社会医学杂志,2022,39(5):495-498.

[25] 李静妍,林靖婷.珠海建设中医药文旅产业集聚区的思路与构想[J].企业改革与管理,2022(5):162-164.

[26] 王祎然.中医药事业推动高地建设,彰显独特优势[J].中国卫生,2022(9):62-64.